Hanne Reinhardt

DU bist der Meister!

Die Wunder der Neuen Energie

Bitte fordern Sie unser kostenloses Verlagsverzeichnis an:

Smaragd Verlag
In der Steubach 1
57614 Woldert (Ww.)
Tel.: 02684.978808
Fax: 02684.978805
E-Mail: info@smaragd-verlag.de
www.smaragd-verlag.de

Oder besuchen Sie uns im Internet unter der obigen
Adresse.

© Smaragd Verlag, 57614 Woldert (Ww.)
Deutsche Erstausgabe Juni 2008
Fotos Cover: © Clivia - Fotolia.com
Umschlaggestaltung: preData
Satz: preData
Printed in Czech Republic
ISBN 978-3-938489-65-9

Hanne Reinhardt

DU bist der Meister!

Die Wunder der Neuen Energie

Smaragd Verlag

Über die Autorin

Hanne Reinhardt, Jahrgang 1955, geboren in Köln, verheiratet, Mutter eines Sohnes, wohnt heute, nachdem sie über zwanzig Jahre auf der Insel Langeoog gelebt hat, im beschaulichen Ostfriesland.
Dort arbeitet sie als spirituelle Lebensberaterin, gibt spirituelle Workshops und als REI KI Lehrerin der 8. Generation Usui auch REI KI Seminare.
Zudem erstellt sie energetische Heilbilder,die sie als Medium empfängt, und in ihrer Freizeit wunderschöne Elfen- und Engelbilder.
Gemeinsam mit ihrem Mann ist sie Herausgeberin des „Auricher Forums" – einer Art Rundbrief für spirituelle Menschen.

Inhalt

Vorwort

Ihr wunderbaren Engelwesen,

so manch einer von euch denkt vielleicht, gerade habe ich das Mysterium der Spiritualität begriffen, nun kommt sie uns mit Neuer Energie?

Was soll das denn?

Zugegeben, es mag etwas befremdlich wirken, aber es gibt sie nun einmal, die sogenannte **Neue Energie.** Und da ich immer bemüht bin, alles, was ich weiß, auch mit meinen Mitengeln zu teilen, kann ich gar nicht anders, als über die neue Energie zu sprechen und, in diesem Fall, zu schreiben. Ich bin nun mal ein sehr mitteilungsbedürftiges Wesen. Und das ist auch gut so.

In diesem Buch mag es für aufmerksame Leser einige Widersprüche geben, aber dennoch zeigt sich am Ende, dass es in Wahrheit keine sind. Nur zu gerne teile ich mein Wissen mit euch, und ich teile es so, wie es mir eingegeben wird. Daher resultieren die scheinbaren Widersprüche. So ist es auch nicht als Widerspruch anzusehen, wenn auf der einen Seite über die Unsinnigkeit der Religionen gesprochen wird, auf der anderen Seite aber mehrmals die Worte von Jesus zitiert werden.

Nicht alles, was in der Bibel steht, ist verfälscht worden. Gerade die Worte des großen Meisters Joshua beinhalten eine große Weisheit. Nur ist diese Weisheit oft falsch interpretiert worden.

Um die Neue Energie „verstehen" zu können, rate ich euch, dieses Buch nur mit dem Herzen zu lesen, denn euer Verstand wird manches Mal bereit sein, das Weite zu suchen. Denn, hier kommt eine Warnung: Tatsächlich wird das gesamte Weltbild auf den Kopf gestellt. Nichts ist mehr so zu sehen, wie wir es gewohnt sind, und damit ist unser Verstand erst einmal überfordert. Auch werden einige von euch erschreckt sein von der Klarheit, mit der ich die Dinge zur Sprache bringe. Einige werden diese Klarheit auch mit Härte verwechseln.

Dazu kann ich nur sagen, dass die Neue Energie die Menschheit aus ihrer, nun sagen wir einmal vorsichtig, bis jetzt vorherrschenden „Verblendung und Schein-Heiligkeit" herausträgt.

Ich wünsche euch trotzdem, oder gerade deshalb, viel Freude beim Lesen, und mögen wunderbare Erkenntnisse in euch Einzug halten.

Hanne Reinhardt

Einführung

Ich kam an einem heißen Sommertag, Ende Juli, vor genau 52 Jahren zur Welt.

Den Erzählungen nach war ich, kaum dass ich endlich da war, auch schon sofort wieder bereit, dieser schnöden Erde anstandslos den Rücken zu kehren. Ich soll todkrank gewesen sein. Dem Wieder-Hinübergleiten näher als dem Leben, so erzählte es mir viele Jahre später mein Vater.

Zu allem Übel trennte man mich von meiner Mutter, was mir auch nicht sonderlich bekam, da ich dadurch das wunderbare Urvertrauen, das jedes Neugeborene durch die Nähe und Zuwendung der Mutter erfährt, nicht entwickeln konnte.

Es müssen jedenfalls den Erzählungen nach dramatische Stunden und Tage gewesen sein, in denen mein Leben wirklich am berühmten seidenen Faden hing.

Damit aber nicht genug. Ich hatte mir auch noch ausgesucht, unehelich zur Welt zur kommen, was für die damalige Zeit ein böser Makel war...

Um es kurz zu machen: Ich betrat die Bühne der Welt mit den berühmten Pauken und Trompeten.

Während der nächsten Wochen entschloss ich mich dann aber doch, auf der Welt zu bleiben. Sicherlich hatte ich mich viel zu schnell dafür entschieden, wieder auf die Erde zu gehen, und eigentlich wollte ich gar nicht mehr hierherkommen, aber ich wusste auch, dass, wenn ich wieder verschwinden würde, ich nicht darum herumkam, es erneut zu versuchen. Schließlich hatte ich einen Auftrag und einiges Unerledigtes zu erfüllen. So konnte ich ebenso gut gleich hierbleiben, zumal ich nun schon mal da war und sowieso nichts Besseres vorhatte. Warum also nicht das Beste daraus machen?

Und so wurde ich zunehmend kräftiger und mit der Zeit auch gesund.

Während meiner schweren Krankheit war das Jugendamt nicht untätig geblieben. Es durchleuchtete die Lebensumstände meiner Mutter und befand, dass eine alkoholabhängige Frau wohl kaum in der Lage wäre, mich, ihr mittlerweile fünftes Kind, wohlbehütet aufzuziehen. Und so folgte der Beschluss, mich zu meinem Schutz und zu meinem WOHL in ein Waisenhaus zu geben.

Da war ich nun.

Mutterseelenallein, niemand, der mich liebte, und niemand, der mir das Gefühl der Geborgenheit geben konnte.

Ich erinnere mich an eine furchtbare Einsamkeit. Stundenlang ließ man mich einfach in meinem Bettchen liegen. Angst war mein Begleiter.

Würde der Tag kommen, an dem man mich total vergaß? Aber viel schlimmer noch – würde ich es eines Tages ganz allein mit meinen vollen Windeln aushalten müssen? Käme niemand mehr, um sie mir zu wechseln? Oh je...

Es stellte sich heraus, dass meine Ängste unbegründet waren. Ein Schlachtschiff von Pflegeschwester hatte unter anderem auch die Aufsicht über mich. Und sie vergaß mich nie. Schließlich bereitete es ihr grenzenloses Vergnügen, dem kleinem, auch noch schwarzhaarigen (wie sich später herausstellte, habe ich indische Vorfahren), nichtsnutzigen Balg das zarte Leben zur Hölle zu machen.

Ich gab ihr täglich die Möglichkeit, ihren Fremdenhass auszuleben. Schließlich war ich auch noch recht hübsch – wie es ja oft bei Dunkelhäutigen zu finden ist –, was ihre Wut, die sie offensichtlich gegen Andersartige hatte, noch mehr anstachelte. Und sie war kaum zu bremsen. Sie beschimpfte mich auf das Wüsteste und Lauteste, ging ziemlich roh mit mir um und erreichte eine Stimmgewalt, die meinen zarten Babyohren äußerst weh tat.

Lange Jahre danach zuckte ich noch zusammen und zog mich in mich selbst zurück, wenn mich jemand anbrüllte. Jedes Mal fiel ich in den damaligen Schock zurück. Ich fing an zu zittern und die Tränen liefen.

Der Zufall sollte mir später eine „Schwester" bescheren, die mich aus heiterem Himmel in Grund und Boden schreien konnte. Das ging mir buchstäblich durch Mark und Bein und katapultierte mich in die Schreckenszeit des Waisenhauses zurück. Und je älter ich wurde, desto größer wurde meine Bereitschaft, sie dafür umzubringen!

Nun, irgendwie überlebte ich dieses Grauen und war mittlerweile zwei Jahre alt.

Als Löwin mit Aszendent Löwe war mir doppelter Mut in die Wiege gelegt worden, und ich fing schon recht früh an, mich gegen diese Behandlung aufzulehnen.

Zur Strafe habe ich Stunden bei verschlossener Tür

im Schlafsaal verbringen müssen, oder meine Betreuerin ließ mich ewig lange im eiskalten Wasch- und Toilettenraum auf einem Töpfchen sitzen. Heute noch sehe ich die sauberpolierten weißen Kacheln vor mir und empfinde die Größe dieses kalten Raumes.

Und immer wurden die Türen zugesperrt. Man schnitt mich buchstäblich von dem bisschen Welt ab, das ich hatte. Jeder möchte doch zu irgendjemandem dazugehören, nicht wahr? Ich auch. Da war ich keine Ausnahme!

Ich hatte ja nur die Welt des Waisenhauses. Mich aber dann von den andern Kindern zu trennen, war für mich eine Katastrophe. Dadurch hatte ich buchstäblich das Gefühl, nicht mitleben zu dürfen. Viel zu oft hörte ich die Geräusche des Lebens – wie Füßchen trappeln, Kichern und Spielen durch die verschlossene Tür. Bis heute habe ich eine Aversion dagegen, wenn jemand eine Tür schließt und ich noch im Raum bin. So prägend können solche Ereignisse sein.

Mit jeder Träne, die ich vergoss – und ich habe viel geweint –, stieg meine Wut gegen diese ungerechte Behandlung, aber auch der Wille, mich nicht unterkriegen zu lassen. Und so kam es, dass ich mit zwei Lenzen, die ich mittlerweile zählte, als schwer erziehbar galt. Beinahe wäre mir das zum Verhängnis geworden. Aber nur beinahe.

In regelmäßigen Abständen kamen Menschen zu Besuch, die sich uns Kinder ansahen. Jedes Mal zog eine aufgeregte Stimmung durch das ganze Haus. Alle Kinder

wurden sonntagsfein angezogen, und allen wurde einge-
schärft, nur die Schokoladenseiten zu zeigen. Wir wollten
doch schließlich Eltern bekommen, oder?

Eltern? Was war das? Ich jedenfalls hatte keine Ahnung, was Eltern waren. Für mich waren das fremde Leute
aus einer andern Welt. Und so stand ich eher trotzig als
erfreut zwischen all den andern Kindern herum.

„Die Kleine da...", hörte ich eine sanfte Stimme und
sah den Finger auf mich gerichtet. In mir zog sich alles zusammen. Oh Gott, da wollten wildfremde Menschen mich
aus meinem Zuhause wegholen. Ich fing an zu zittern.

Wenn man nicht weiß, was auf einen zukommt, gerät
man in Panik. Und das tat ich.

Gott sei Dank hörte ich dann, wie die Heimleitung sagte: „Um Himmels Willen, dieses Kind kann ich Ihnen nicht
geben. Mit ihr werden Sie Ihres Lebens nicht mit froh.
Sie ist jetzt schon schwer erziehbar. Also bitte, hier sind
tausend andere Kinder, schauen Sie sich noch einmal in
Ruhe um."

Die Frau, die schönes schwarzes Haar hatte und noch
viel schönere warme, schwarze Augen, beriet sich kurz mit
einem jungen Mann, der neben ihr stand, und ich trium-
phierte schon. „Ja, ja, such dir ein anderes Kind aus. Ich
will gar nicht mit dir gehen..." Aber die Freude währte nicht
lange. Die Frau nickte dem jungen Mann zu, wendete sich
der Heimleitung zu, lächelte sie liebenswürdig an und sagte sehr bestimmt: „Die oder keine!" Mir sackte mein Herz
in die Hose. Meine Welt brach innerhalb von Minuten wie
das berühmte Kartenhaus zusammen.

Es ist nun einmal so, dass, ganz egal, wie schlecht die Lebensumstände eines Kindes sind, es ja nichts anderes kennt. Und so war mein Heimleben meine einzige Sicherheit, die ich hatte. Wie alle Kinder zog ich diese schlechte Situation allem Neuen gegenüber vor, und ich wollte nicht da herausgerissen werden.

Und so kam es, dass ich in Angst und Schrecken vor dem Tag X lebte. Hinzu kam, dass meine Pflegerin die Welt nicht mehr verstand, dass ausgerechnet ich ausgesucht worden war, und mich noch mehr piesackte als vorher. Ich wäre etwas, was man ganz bestimmt nicht in seiner Familie haben wollte, und ich wäre mit Sicherheit schnell wieder hier. Und so grub sich mir dank meiner „Pflegerin" nun bewusst das Gefühl ein, nichts wert zu sein.

Zugegeben, die Aussicht, dass mich keiner haben wollte, tröstete mich damals eher...

Trotzdem kam der Tag, an dem ich unter Tränen und völlig verängstigt auf den Armen des jungen Mannes das Heim verließ. Ich bestand tatsächlich nur aus Angst. Zwei Jahre war ich alt, kannte nur das Heim und sollte nun in eine Welt, von der ich nicht einmal wusste, was das für eine Welt war. Und damit begann ein neues Leben. Nein, treffender gesagt: Damit erst begann mein Leben.

Trotz meiner unsäglichen Angst spürte ich doch, dass ich willkommen war. Alle Erwachsenen hatten liebe Augen und kümmerten sich rührend um mich. Und es gab noch ein Kind in dieser Familie. Es war genauso alt wie ich, hatte auch schwarze Haare und schien keineswegs erfreut über den plötzlichen Zuwachs zu sein.

Das Schwingungsmuster war mir sehr vertraut, schließlich war ich mit genau der gleichen Abneigung zwei Jahre lang behandelt worden. Und so flog meiner neuen Schwester mein Herz zu. Zugegeben, es scheint sehr schizophren... (die Psychologen unter euch werden mich verstehen).

Nun, ich hatte jedenfalls vom ersten Tag an in meiner neuen Familie meine Sicherheit gefunden. Da war ein Wesen, das mich als Eindringling empfand und mich keineswegs so freudig aufnahm, wie es der Rest meiner neuen Familie tat.

Heute weiß ich natürlich, dass sie einfach nur ihre Felle wegschwimmen sah. Genau wie ich war sie von meiner Familie aus einem Heim geholt worden und hatte bis zu meinem Erscheinen die absolute Prinzessinnenstellung inne, die sie natürlich hingebungsvoll genoss. Mit meinem Erscheinen auf der Bildfläche ahnte sie mehr als dass sie wusste, dass es damit vorbei war, denn nun waren wir zu zweit. Nix mehr mit Sonderstellung. Ihren Ärger darüber ließ sie mich immer wieder mal spüren.

Natürlich habe ich all die kleinen Nickeligkeiten größtenteils vergessen, aber ich hatte ja noch eine große Schwester, die mir später die eine oder andere Anekdote erzählte.

Ja, meine kleine Schwester war wohl sehr erfinderisch darin, mir mein Leben wenigstens ab und zu mal zu vermiesen. Was mir selbst aber in prägender Erinnerung geblieben ist war, dass sie mich manches Mal in Grund und Boden geschrien hat. Diese Anfälle kamen selbst für mich, die ich schon als Kind die außergewöhnliche Begabung des Fühlens hatte, immer ohne Vorwarnung. In diesem Fall nützte mir meine Begabung gar nichts, und so war für mich nie abzusehen, wann der nächste Anfall kommen würde, so dass ich buchstäblich aus heiterem Himmel in meinen alten Schockzustand versetzt wurde, was mich total hilflos machte. Mir wackelten die Knie, mir wurde schlecht, und ich konnte nur noch in Tränen ausbrechen. Später habe ich es gehasst wie die Pest. Und ich hätte sie – natürlich immer erst, wenn ich zu mir zurückgefunden hatte – dafür umbringen mögen.

Die zweite Schrecklichkeit, die sie mir mit diebischer Schadenfreude antat, war, sich meine Spinnenphobie zu Nutze zu machen. Und ich hatte eine, die sich gewaschen hatte. Ich brauchte Spinnen nicht einmal zu sehen... ich erspürte sie, egal, in welchem versteckten Winkel sie saßen. Wenn sich in unserem Keller auch nur eine bewegte, fing ich oben an zu kreischen... Angesichts dieser Tatsache muss mein Schwesterherz triumphiert haben. Ich sehe sie förmlich vor mir, wie sie mit einem Grinsen auf ihrem Gesicht in den Keller schlich, um auf Spinnenfang zu gehen. Und so konnte es passieren, dass, wenn wir uns im Laufe des Tages über irgendetwas gestritten hatten, ich als Dankeschön abends eine dicke, fette Spinne in meinem Bett liegen hatte. Gut, sie war wenigstens schon tot, aber trotzdem reichte es aus, um mich in helle Panik zu versetzen.

So gestaltete sich meine Kindheit sehr abwechslungsreich. Ich glaube, es dauerte nicht allzu lange, bis ich meine Familie abgöttisch liebte. Natürlich auch meinen kleinen Quälgeist. Hier waren Menschen, die mich liebten, die mich schätzten, die mir ein Zuhause gaben und auf die ich ungeheuer stolz war.

Und so vergaß ich mit der Zeit, höchstwahrscheinlich recht schnell sogar, dass es nicht meine richtigen Eltern waren, und trotzdem hatte ich in der Zeit des Heranwachsens sehr oft das Gefühl, ausgeschlossen zu sein. Nicht dass es einen Anlass dafür gegeben hätte, aber ich fühlte, dass die Verbindung von meinen beiden großen Geschwistern zu meinen Eltern eine andere war als zu uns beiden Kleinen.

Und so tat ich alles, um mich ins rechte Licht zu rücken. Ich überschlug mich förmlich damit, meiner Mutter eine Freude zu machen. Meiner gleichaltrigen Schwester erging es ebenso. Wir waren beide weltmeisterlich darin, unserer Mutter so viel wie möglich abzunehmen. Und das alles nur, weil wir nach ihrer Liebe hungerten. Natürlich liebte sie uns auch so, aber wir hatten ja beide ein riesiges Defizit, und jede von uns brauchte ihre Extraportion. Und die bekamen wir dann auch prompt.

Trotz unserer psychischen Störungen befanden wir uns in einer heilen Welt. Meine Schwester hatte Einschlafstörungen und von daher ein ständiges Schlafdefizit. Außerdem litt sie lange Jahre noch an Hospitalismus, während mir eine ständige Verlustangst zu schaffen machte.

Wenn meine Eltern mal wegfuhren und uns mit unserer Oma allein ließen, lebte ich nur in Panik. Würden sie auch wiederkommen?

Wie oft saß ich als Kind im Auto und wartete darauf, dass meine Eltern zurückkamen. Ich erinnere mich daran, Rotz und Wasser im Auto geweint zu haben, weil ich wirklich dachte, sie würden mich einfach vergessen.

Solchen Situationen war ich Gott sei Dank aber nicht allzu oft ausgesetzt, und so fühlte ich mich im Großen und Ganzen in meiner Familie sehr, sehr wohl.

Wir waren im klassischen Sinn eine Großfamilie. Meine Eltern nahmen später noch zwei Kinder zu sich, und somit waren wir sechs Kinder. Zwei erwachsene, die ihre eigenen waren, meine Schwester und ich, und später kamen noch zwei kleinere dazu. Drei Hunde und eine Oma. Alle unter einem Dach. Herrlich!

Wir hatten ein eigenes Haus mit großem Garten und unendlich viel Abwechslung. Wie das so ist in Großfamilien, war bei uns immer etwas los.

Früh zeichnete sich in meinen Fall ab, dass ich sehr schön malen konnte und mir das Schreiben lag. Auch war ich sehr musikalisch und spielte mehrere Instrumente. Die Welt der Buchstaben war, sobald sie sich mir erschlossen hatte, mein, während ich mich mit Mathematik schwer tat. Meine Mutter und ich verbrachten viele, viele quälende Stunden damit, mir die Zahlenwelt zu erschließen. Im

Nachhinein bewundere ich meine Mutter zutiefst. Sie hatte eine Engelsgeduld und ich immer öfter Wut auf sie, weil sie mich nicht eher entließ, bis ich meine Aufgaben wenigstens einigermaßen begriffen hatte...

Später schrieb ich dann einfach von meiner Schwester ab, die ein Ass in Mathe war. Ja, warum quälen, wenn es auch einfach geht?

Unsere Pubertät muss für meine Eltern, besonders aber für meine Mutter, eine katastrophale Zeit gewesen sein. Gleich zwei Teenager, noch dazu einen solchen Trotzkopf wie mich, dabeizuhaben muss ihr eine Menge abverlangt haben.

Ich war, um es einmal schlicht auszudrücken, unausstehlich und unberechenbar und bekam unkontrollierte Wutanfälle. Später stellte sich dann heraus, dass ich zu Jähzorn neigte, was für meine Mitmenschen unvorhersehbare Ereignisse schuf.

So durfte zum Beispiel mein kleiner „Quälgeist" einmal völlig unvorbereitet, dafür aber kostenlos, einen Flug die Kellertreppe hinunter erleben. Es war die Zeit, die für alle Beteiligten zur Zerreißprobe wurde.

Auf einmal war die kleine, heile Welt, in der ich doch so glücklich war, in meinen Augen spießbürgerlich und langweilig.

Auch wenn ich in meiner Pubertät ganz schön anstrengend war, so gab es doch auch viele Gelegenheiten, bei denen meine Mutter und ich wundervolle Gespräche miteinander hatten. Inzwischen wussten wir schon, dass wir Pflegekinder waren, und im Gegensatz zu meiner Schwester war ich total begeistert. Einmal, weil meine Eltern mich aus tausend anderen Kindern ausgesucht hatten, und zum anderen, weil ich stolz wie Oskar war, etwas so Besonderes gewesen zu sein, dass meine Eltern mich unbedingt haben wollten.

Und so kam es, dass ich im zarten Alter von dreizehn mit meiner Mutter über Gott und die Welt sprach. Ich war überzeugt davon, dass es ein Leben nach dem Tod gibt, meine Mutter jedoch nicht. Für mich ergab es überhaupt keinen Sinn zu leben, nur um zu arbeiten, für meine Mutter gab es keinen anderen. Fragen wie: Warum altern Menschen? Warum müssen Menschen überhaupt sterben? füllten so manche gemütliche Nachmittagsstunde.

Und so führten wir wunderbare Diskussionen über den Sinn des Lebens. Auch wenn sie meine Ansicht nicht teilte, so hörte sie mir dennoch zu, und ich glaube, sie war manches Mal überrascht über meine so reiche Gedankenwelt.

Habe ich schon erwähnt, dass ich eine streng katholische Familie hatte?

Ich wuchs also mit der katholischen Religion auf. Zugegebenermaßen war ich in meiner Kindheit eine Bilderbuchkatholikin. Mir gefiel das Spirituelle an der Kirche, und die Vorstellung, dass es einen Himmel für uns alle geben sollte, den wir mit Gott teilen durften, machte mir Freude. Dass es so etwas wie eine Geistige Welt gab, brachte alles in mir zum Schwingen. Das war mir so bekannt, alles in mir sagte JA dazu.

Und doch versetzte mich die Lehre der Kirche auch in Angst und Schrecken.

Harmlose kindliche Verfehlungen ließen mich nächtelang nicht schlafen, weil ich vor lauter Angst, Gott könnte sie gesehen haben und mich dafür in die Hölle schicken, in Panik verfiel. Der liebe Gott, das wusste ich, sah ja alles. Diese Angst war so prägend für mich, dass ich später beschließen sollte, mein eigenes Kind in keine Religion zu pressen.

Als es Anfang der achtziger Jahre so weit war, erntete ich dafür einige unschöne Auseinandersetzungen, denn zu dieser Zeit war ich da eher die Ausnahme. Aber damit konnte ich gut leben, und als mein Kind eingeschult wurde, sah man seine Konfessionslosigkeit auch schon viel lockerer.

Wenn ich so zurückdenke, war mein Leben trotz einer liebevollen Familie, sowohl als Kind wie später auch lange Jahre als Erwachsene, ständig angstbesetzt. Angst vor dem Verlust meiner Eltern, Angst vor dem Verlust meiner Lieblingsschwester, die einen schweren Herzklappenfehler hatte, Angst vor meinem Quälgeist, Angst vor allen möglichen Verlusten, und Angst vor Gott.

Natürlich war mir das lange Zeit nicht bewusst. All diese Ängste sollten später Depressionen in mir auslösen, aber da man damals so gut wie gar nichts darüber wusste, trug ich sie mit mir herum, ohne zu wissen, dass ich seelisch krank war. Auch war ich lange Jahre magersüchtig, nur kannte damals noch niemand diese Krankheit, und ich erinnere mich, dass ich schon als Kind mit dem Gedanken spielte, mich umbringen zu wollen. Zu dieser Zeit natürlich nur, wenn ich mich ungerecht behandelt fühlte. Es tat mir gut, mir meine Familie weinend an meinem Grab vorzustellen. Nicht ganz fein sonnte ich mich im Leid meiner Familie: „Das habt ihr nun davon."

Natürlich war das kindisch. Sich aus Bestrafung für andere lieber tot als lebendig zu sehen, kann ich heute überhaupt nicht mehr nachvollziehen. Aber gut, ich war ja noch ein Kind. Kinder ticken eben anders als Erwachsene.

Und ich war ein Kind, dessen Wunden nie wirklich verheilten. Zwar hatte ich in meiner Familie die bedingungslose Liebe kennenlernen dürfen, aber ich war unfähig, ihr zu vertrauen. Außerdem war ich mit ganz anderen Dingen beschäftigt. Wollte ich nicht die Welt erobern?

Kaum war ich in der Lehre, da lachte ich mir auch schon meinen ersten Freund an. Sicherlich litt ich damals zum nicht unberechtigten Entsetzen meiner Eltern an enormer Geschmacksverirrung, aber wie sich später herausstellte, blieb es nicht bei der einen...

Woher sollte ich auch damals schon wissen, dass ich jedem Menschen, der mir auch nur im kleinsten Anflug signalisierte, mich zu mögen, die Füße küssen würde?

Woher sollte ich wissen, dass es mit meinen ersten zwei Lebensjahren zusammenhing?

Heute weiß ich, es war mein Defizit an Liebe und Geborgenheit, das mich jedem „in die Arme trieb", der auch nur ansatzweise nett zu mir war.

Bitte versteht mich jetzt nicht falsch.

Ich möchte damit nur sagen, dass ich nicht gerade wählerisch war, was meine Freunde und Freundinnen anbelangte. So war ich doch tatsächlich dankbar dafür, wenn mich jemand mochte, denn Ablehnung zu erfahren war für mich etwas Unerträgliches. Und diese Dankbarkeit schlug sich darin nieder, dass ich mit einer Engelsgeduld alles für meine Freunde getan hätte und habe. Ja, ich überschlug mich genauso, wie ich es bei meiner Mutter schon tat. Wann immer meine Hilfe gebraucht wurde, ich war da. Es dauerte lange, bis ich begriff, dass das eine sehr einseitige Geschichte war.

Mehr als einmal wurde ich später von sogenannten besten Freundinnen verraten und verkauft, und jedes Mal stürzte eine Welt für mich zusammen. Dummerweise suchte ich die Schuld immer bei mir, was sich später in Panikattacken ausdrückte. Anstatt wütend auf meine sogenannten Freundinnen zu sein, war ich wütend auf mich.

Irgendwann fing ich an, mich mit der Frage zu beschäftigen: „Warum nur passiert mir immer das Gleiche? Warum mir???"

Wie Millionen andere Menschen auch versank ich in absolutem Selbstmitleid. Ich konnte ja noch nicht wissen, dass ich einem Muster folgte – dem Muster des Mangels. Und so war ich lange Zeit der Überzeugung, dass Pleiten, Pech und Pannen jeglicher Art zu meinem Leben gehörten wie die Butter aufs Brot.

Zugegeben, trotz meiner immer schon ausgeprägten Spiritualität, für mich selbst hatte ich Ewigkeiten ein Brett vor dem Kopf. Sagte ich gerade ein Brett? Falsch, eine ganze Bretterbude!

Es dauerte jedenfalls einige Zeit, bis mir ein ganzer Christbaum aufging. Und zwar zu dem Zeitpunkt, als ich anfing, mich von der Welt, die ich einst erobern wollte, zurückzuziehen.

Mit den Jahren hatte ich festgestellt, dass es nichts zu erobern gab. Ganz egal, wo ich auch war, und ich habe viele Orte kennengelernt, es war letztendlich überall gleich. Nirgends war es besser oder anders.

Da ich sehr kontaktfreudig bin, waren Umzüge für mich überhaupt kein Problem. Nebenbei bemerkt, beim dreiunddreißigten Umzug habe ich aufgehört zu zählen... Ich nahm mir trotz meiner starken seelischen Blessuren immer die Freiheit, aus Situationen auszusteigen, die mir nicht gefielen.

Waren Arbeitsumstände untragbar für mich, kündigte ich. Damals überhaupt kein Problem, denn an jeder Ecke gab es ja einen neuen Job.

Hatte ich Freunde, und die Beziehung lief nicht gut, so war es für mich keine Frage, diese zu beenden. Dabei konnte ich, wie mir im Nachhinein klar wurde, gar keine Beziehung aufbauen.

Denn ausgerechnet die Menschen, die mich wirklich liebten und meine Nähe suchten, wies ich ab. Ich ertrug einfach keine Nähe. Das ist natürlich ein Dilemma für jemanden, der so nach Liebe hungerte wie ich und sie einfach nicht fand. Ich glaube, damals wäre ich auch schlicht und einfach daran erstickt.

Jedenfalls bescherte mir mein Rückzug Zeit für mein spirituelles Wachstum. Als geborene Löwin, Aszendent Löwin, neige ich dazu, eine Einzelgängerin zu sein. Ich fand schnell heraus, dass es Spaß machte, mit mir alleine zu sein. Keinerlei Ablenkung zu haben ließ mir den nötigen Raum, mich weiterzuentwickeln.

Ich studierte (wie in jungen Jahren auch schon) wieder die Menschen, befasste mich ausgiebig mit Psychologie, ging verstärkt spirituellen Sinnfragen nach und kam somit dem Mysterium Mensch und Spirit immer näher auf die Spur.

Meine spirituelle Suche führte mich schließlich als Höhepunkt meiner eigenen Studien zu REI KI. Da war es, das Mysterium, nach dem ich immer gesucht hatte. Und damit kam eine Lawine ins Rollen. Ich, die ich selbst so viel „durchgemacht" hatte (das alles aufzuschreiben würde ein weiteres Buch füllen), verspürte den tiefen Wunsch, anderen zu helfen.

Und so begann meine Arbeit als spirituelle Lebensberaterin. Einige Jahre später wuchs in mir der Wunsch, mein Wissen mit anderen zu teilen. Inzwischen war ich zur REI KI Lehrerin geweiht worden, und mein heutiger Mann und ich fingen an, spirituelle Workshops anzubieten. Die Arbeit mit unseren Schülern und meinen Klienten war und ist das

Schönste, was ich in diesem Leben tun kann. Hätte es all die hilfesuchenden Menschen nicht gegeben, hätte ich nie herausgefunden, dass ich nicht nur spirituell, sondern tatsächlich medial veranlagt bin. Durch sie alle ist mein Vertrauen in die Geistige Welt erst gestärkt worden, während all diese Menschen wiederum das Gefühl hatten, von mir verstanden zu werden.

Man mag es nicht glauben, aber es gibt so ziemlich nichts, was ich in dieser kurzen Zeitspanne während meines Erdendaseins nicht schon erlebt habe. Das befähigt mich aber, mich in andere Menschen hineinzufühlen. Und so war mein Leben lange Jahre ein ständiges Auf und Ab.

Mein Lieblingssatz war früher immer: „Ich habe schon mehr als einmal Pferde vor der Apotheke kotzen sehen." Später sagte ich: „Ich muss im Himmel total betrunken gewesen sein, als ich mir dieses Leben ausgesucht habe."

Ja, und heute?

Heute sage ich, ich würde kein anderes Leben haben wollen. Bis jetzt war es bunt, schillernd, abwechslungsreich, abenteuerlich, schön, traurig, heftig, lustig, sogar gewaltsam, aber genauso voller Liebe, Hingabe, Verständnis, Mitgefühl, Wachstum, Erkenntnissen, Freude und Spiritualität.

Viele, viele Menschen säumten meinen Weg, und jedem einzelnen verdanke ich meinen heutigen Bewusstseinsstand. Durch sie durfte ich tiefgreifende Erfahrungen machen, und all diese Erfahrungen haben mich zu dem gemacht, was ich heute bin:

Eine Vermittlerin zwischen den Welten

Du bist schon ein Meister

Warum habe ich eingangs mit meiner Lebensgeschichte aufgewartet? Nun, ganz einfach. Oftmals ist es so, dass mediale Menschen oder spirituelle Lehrer für etwas Besonderes gehalten werden. Die Menschen, die zu einem kommen oder von einem Menschen wie mir etwas lesen, verfallen nur zu gerne in eine völlig falsche Vorstellung. Viele erstarren in Ehrfurcht, sehen sich selbst nur als kleines Licht und denken doch tatsächlich, dass sie niemals dahinkommen werden, wo sie ihre spirituellen Lehrer oder Vorbilder nur zu gerne sehen – auf einem Podest.

Nun, ich gehöre zwar überall hin, aber ganz sicherlich nicht auf ein Podest, und keineswegs waren meine ersten Worte: „OM". Der Einblick in meine Lebensgeschichte soll nur zeigen, dass jeder Mensch sein Schicksal hat.

Genau wie jeder spirituell Suchende habe auch ich lange Jahre für meine spirituelle Entwicklung gebraucht. Genau wie jeder andere auch bin ich durch Höhen und Tiefen gegangen. Mein Glück war nur, dass ich immer schon spirituell war, was übrigens meiner Meinung nach jeder Engel-Mensch ist, nur mit dem Unterschied, dass ich mir dessen immer bewusst war. Außerdem war es mir ein Anliegen, mich Ihnen, liebe LeserInnen, ein bisschen näherzubringen. Meine Wahrheit und ich dürfen in so viele Herzen sinken, warum also nicht auch mein Herz für euch öffnen? Ihr hattet so viel Vertrauen, mein Buch mit nach Hause zu nehmen, dass ich euch als Dankeschön in mein Leben blicken lassen möchte.

Es wird niemand als Meister geboren (so sagen wir immer), das erreichen wir erst im Laufe unseres Lebens – und dennoch ist in Wahrheit jeder schon ein Meister, wenn er zur Welt kommt. Zugegeben, das klingt paradox, aber ich werde versuchen zu erklären, was ich damit meine.

Du glaubst nicht, dass auch du schon ein Meister bist? Du denkst, du steckst noch mitten in diesem Aufstiegsprozess? Immerhin denkst du aber, dass du in ferner Zukunft mal ein Meister sein wirst? Das ist schon einmal sehr lobenswert und ein guter Anfang.

Es dürfte ja keine Frage mehr sein, dass wir alle aus der gleichen wunderbaren Quelle kommen. Von dieser Quelle zogen wir, die wunderbaren mutigen Engel, einst aus, um Erfahrungen zu sammeln. Viele, viele Leben. Immer wieder.

Tausende von Leben haben wir so schon gelebt. Wie ein Eselchen liefen und laufen wir der verheißungsvollen Möhre Namens Meisterschaft hinterher, um sie, genau wie das Eselchen, doch nie zu erhaschen.

Wie wäre es einmal mit STEHENBLEIBEN?

Wie wäre der Gedanke, dass alles schon da ist und es nichts gibt, dem es lohnt hinterherzurennen? Denn unglaublich aber wahr, genauso verhält es sich mit der Meisterschaft. Sie ist schon längst da und immer schon dagewesen!

Wir alle machen nur immer den gleichen Denkfehler: „Erst wenn ich dies oder das geschafft oder gelernt habe, dann bin ich...“

Falsch!

Du BIST hier und jetzt schon ein Meister.

Du kannst es nur nicht sehen, weil du die Meisterschaft im Außen suchst. Dort wird sie immer nur zum Greifen nah sein, aber sie wird nie zu deiner. Vielleicht fällt es dir leichter, diesen Gedanken anzunehmen, wenn du dir bewusst machst, ein Engel zu sein.

Du bist ein Engel!

Daran gibt es nun einmal nichts zu drehen. Wir alle sind Aspekte GOTTES. Somit ist es nur folgerichtig anzunehmen, dass jeder Einzelne von uns auch GOTT ist. Die Betonung liegt auf **auch**.

Angesichts der verzerrten Glaubenssysteme der verschiedenen Religionen, die uns erfolgreich mehr oder weniger dieses Wissen abspenstig gemacht haben, sehe ich förmlich einen Aufschrei durch die Reihen gehen.

Blasphemie!

Wie kann sie nur sagen, dass jeder Mensch auch GOTT ist? Nun, dem setze ich entgegen, dass es Blasphemie ist, etwas anderes zu denken.

Wer es nicht schafft, diesen Gedanken aufzunehmen, der wird dieses Buch nicht oder kaum verstehen können.

Alle diejenigen, die meine Ansicht nicht teilen, und ich erhebe nicht den Anspruch, dass jeder glauben muss, was ich sage, dürfen das Buch an dieser Stelle zuklappen. Für euch, meine lieben Engel, ist es noch nicht der richtige Zeitpunkt. Aber danke, dass ihr mir zumindest bis hierhin gefolgt seid.

Für alle anderen geht es jetzt weiter.

Du weißt also, du bist ein Engel, somit weißt du, du bist auch GOTT.

Wenn dieses Wissen tief in dir verankert ist, beziehungsweise wenn dieses Wissen aus deinem Inneren hervorsteigt – denn da lag es immer-, dann wird klar, warum ich sage: **Jeder ist schon ein Meister.**

GOTT ist der Meister schlechthin, wir als ein Aspekt von ihm sind folgerichtig ebenfalls Meister. Es kann gar nicht anders sein.

Sagte der große Meister Joshua, genannt Jesus, nicht schon vor 2000 Jahren: „Das alles, und noch viel mehr, könnt ihr auch tun...?"

Oh ja, wir könnten, wenn wir nur wollten. Es gibt nämlich in Wahrheit keine Meisterschaft zu erlangen. Und sieht ein Leben auch noch so sehr danach aus. Vielmehr durchleben wir alles, wenn man so will, rückwärts. Damit meine ich, dass, wenn wir uns einen Lebensplan erstellen, und davon erstellen wir tausende, ist das Ziel schon längst da, und vor allen Dingen schon erreicht. Als Auch-GOTT, als Engel GOTTES, kommen wir aus der vollkommenen Meisterschaft.

Am Ende oder, besser gesagt, am Anfang eines jeden Lebens steht immer die Meisterschaft. Die haben wir schon längst in der Tasche. Und unsere Leben sind nur dazu da, auf verschiedene Art und Weise zur schon längst erreichten, also Zurück zur Meisterschaft zu kommen!

Und sind wir nicht wunderbare Schöpfer? Wir hatten ja auch noch den Ansporn, es uns selbst so richtig schön schwierig zu machen, nicht wahr?

Völliges Vergessen unserer wahren Identität war schon mal ein absolutes Muss. Auch musste ein dicker Schleier her, damit man ja nie einen Blick auf die Wahrheit erhaschen könnte. Und?

Absolutes Einmischverbot für die Engel, die in der Geistigen Welt zurückblieben.

Was für ein herrliches Spiel.

Während die Geistige Welt alles sehen konnte, was die menschlichen Engel auf der Erde taten, blieb den menschlichen Engeln der Zugang zur Geistigen Welt lange Zeit verborgen.

Inzwischen, und damit spreche ich hier erstmalig die Neue Energie an, hat sich aber etwas Gravierendes getan. Jahrtausende haben wir immer wieder neue Reisen unternommen, immer wieder neue Leben gelebt, immer neue Erfahrungen durchgespielt, was nach all den tausenden von Jahren dazu geführt hat, dass wir uns jetzt als Engel-Menschen dem ursprünglichem Anfang nähern. Wenn man so will: Zurück in die Zukunft.

Um es verständlicher auszudrücken: Wir nähern uns dem Ende dieses Spiels, und der Schleier beginnt sich zu lüften.

Jedes Spiel ist irgendwann einmal ausgereizt. So auch das Spiel **Blinder Engel.**

Immer mehr Engelwesen erwachen aus ihrem ganz persönlichen Spiel, und damit hat sich der Schleier merklich verdünnt. Warum wohl sonst gibt es gerade in der heutigen Zeit so unendlich viele Menschen, die Botschaften aus der Geistigen Welt channeln können? Oder die in der Lage sind, anderen Menschen spirituell zu helfen? Warum gibt es diesen enormen Bewusstseinsanstieg? Weil sich immer mehr Engel die Erlaubnis geben aufzuwachen. Ihr innerstes göttliches Selbst weiß, dass das Spiel nun zu Ende geht

Schon alleine das Wissen, dass der Engel-Mensch eine Einheit von Körper, Geist und Seele ist und sich immer mehr Engelwesen an andere Engelwesen wenden, die ihnen diese ganzheitliche Hilfe geben können, zeigt unter vielen anderen Beispielen, dass die Sache langsam rund wird. Das Bewusstsein hat sich gravierend geändert. Es ist angestiegen, so könnte man denken.

Auch ich habe zugegebenermaßen diese Theorie lange für richtig gehalten. Dabei ist sie für mich so falsch wie die Annahme, die Erde sei eine Scheibe.

Richtig ist, wir bewegen uns zu unserem Ursprung hin (zurück), und das mit einem solchem Tempo, dass es uns nur so vorkommt, unser Bewusstsein würde ansteigen. Und infolgedessen erleben wir alle, dass wir wieder Zugang zu all unseren Fähigkeiten erlangen.

Wir entwickeln uns also in Wahrheit zurück, nicht vorwärts. Dieses Gedankengut ist revolutionär, und zwar deswegen, weil es unser gesamtes Weltbild auf den Kopf stellt.

Es wird eine Zeit kommen, da werden wir in der Lage sein, Dinge zu tun, von denen wir heute noch nicht einmal ahnen, dass wir es könnten. Egal, ob in der Technik, in der Medizin, ob im Klima- oder Tierschutz, alles wird sich verändern. Auch der Umgang mit unseren Reisegefährten, also mit all den anderen Engelwesen, wird sich total verändern.

Es besteht keine Notwendigkeit mehr, sich gegenseitig zu bekriegen oder Gewalt in anderer Form anzutun, auch braucht niemand mehr zu hungern, und Politiker und Religionsführer werden ebenfalls nicht mehr gebraucht. Wenn wir alle begriffen haben, dass jeder von uns Auch-GOTT ist, dann entfällt nämlich ganz automatisch die Notwendigkeit irgendwelcher Führer.

Denn: **Wir sind die Meister!**

Zugegeben, die Sache mit der Meisterschaft ist schwer zu verstehen. Es fällt sogar mir schwer, sie in Worte zu fassen. Wenn wir alle schon Meister sein sollen, warum haben wir dann nicht auch das Gefühl, wirkliche Meister zu sein?

„Nein, ich kann noch kein Meister sein. Wenn ich ein Meister wäre, dann hätte ich garantiert nicht so ein verkorkstes Leben, würde mich nicht so klein und unbedeutend fühlen und nicht mit so vielen Problemen kämpfen..."

So oder ähnlich denken jetzt bestimmt einige von euch. Mir ist es da nicht anders ergangen. Nie wäre ich (bis vor kurzem) auf die Idee gekommen, mir vorzustellen, schon ein Meister zu sein. Bestand mein Leben nicht überwiegend, um es salopp auszudrücken, lange Zeit aus lauter Pleiten, Pech und Pannen? Was bitteschön war daran meisterlich?

Gut, ich nahm zwar alles an, aber auch nur, weil ich wusste, dass ich vieles sowieso nicht ändern konnte. Warum also dagegen angehen? Niemals wäre ich auf die Idee gekommen, das alles als Meisterwerk anzusehen, noch dazu als mein eigenes.

Inzwischen weiß ich aber, dass gerade dieses, scheinbar so viele Jahre „schwierige" Leben MEIN ganz persönliches Meisterwerk ist. Und ich weiß sogar, dass ich sehr wohl etwas ändern kann.

Kein Leben ist festgelegt. Keines!

Zwar haben wir alle so etwas wie ein Rahmenprogramm, aber wir sind dennoch nicht verpflichtet, uns daran zu halten. Tatsächlich können wir jeden Tag unseres Lebens das Ruder herumreißen. Wir kommen nur nicht auf die Idee. Das heißt, wir haben uns selbst so eingeschränkt und begrenzt, dass wir wirklich und wahrhaftig davon überzeugt sind, alles aushalten zu müssen, was uns begegnet. Wir sind unfähig, auch nur daran zu denken, dass es unzählige Möglichkeiten für uns gibt.

Zum besseren Verständnis hier einmal ein einfaches Beispiel:

Angenommen, du bist in einer Beziehung, die wirklich schlecht ist. Das kann beinhalten, dass du von deinem Partner nicht ernst genommen wirst, du gedemütigt oder kaum beachtest wirst oder sogar mit Prügeln rechnen musst. Gibt es irgendeinen Grund, an so einer Partnerschaft festzuhalten? Nein? WARUM tust du es dann? WARUM steigst du nicht einfach aus? Die Betonung liegt in diesem Fall auf einfach! Denn genauso einfach ist es

nämlich! Aber du tust es nicht. Angeblich, weil deine Partnerschaft ja doch nicht so schlecht ist wie sie scheint, oder
weil ihr es jetzt schon so lange miteinander ausgehalten
habt... da kommt es auf den Rest der Lebens ja auch nicht
mehr an, nicht wahr?

Eine oft zitierte und gern genommene Ausrede sind
Kinder, denen du keine Trennung zumuten möchtest. Vielleicht hängt ihr aber auch finanziell so zusammen, dass
eine Trennung unmöglich erscheint?

Es gibt tausend Gründe, warum an kranken Partnerschaften festgehalten wird. Warum, geliebtes Engelwesen,
tust du dir das an? Weil du nicht weißt, dass du schon ein
Meister bist! Hättest du das Bewusstsein, ein Meister zu
sein, dürfte und würde niemand so mit dir umspringen, wie
du es jetzt zulässt. Wenn du dir deiner Vollkommenheit und
deiner Meisterschaft bewusst wärest, würdest du niemals
deine Macht an andere abgeben. Denn das ist es, was
getan wird. So viele Engel-Menschen fühlen sich machtlos
und versetzen sich damit selbst in eine Opferrolle. Ich viele
Jahre ebenso. Viel zu oft hatte ich das Gefühl, keine Wahl
zu haben. bis mir dämmerte, dass dem nicht so ist.

Tatsächlich haben wir jeden Tag die Chance, unzählige Möglichkeiten für unser Dasein zu nutzen. Aber zum
einen trauen wir uns nicht, denn lieber halten wir an einer
schlechten Situation fest, weil sie uns bekannt und vertraut ist und uns somit scheinbar eine Sicherheit bietet,
und zum anderem kommen wir erst gar nicht auf die Idee,
dass wir alleine, also wir selbst, die Macht haben, etwas
zu verändern.

Im Stillen warten wir doch alle auf den schon so oft zitierten Märchenprinzen, der uns auf sein edles Ross hebt und in eine bessere Welt entführt. Selbst wenn dieser Prinz bei der einen oder anderen tatsächlich vorbeigeritten gekommen sein mag, so wird auch sie festgestellt haben, dass sie irgendwann recht unsanft auf den harten Boden der Tatsachen aufgeknallt ist... (Das gilt umgekehrt für Männer natürlich genauso.)

Es gibt sie einfach nicht, die so oft erträumte Rettung von außen. Sie kann nur aus dir selbst heraus kommen.

Denn: **DU bist der Meister!**

Du weißt, wie es geht. Nur DU allein. Du musst dich nur erinnern. Warte nicht darauf, dass du eine Einladung bekommst, auf der geschrieben steht:

„Hiermit laden wir dich zu deiner Meisterschaftsfeier ein. Abendgarderobe erforderlich, Programmpunkt: Die Übereichung deiner Meisterschaftsurkunde. Anschließend feiern, bis der Arzt kommt." Sie wird nicht kommen, denn:

Du bist schon ein Meister!

Du hast dir dein Leben selbst entworfen, du hast dir soviel Spielraum gegeben, dass dir schwindelig wird, wenn du nur daran denkst (deswegen hast du es ja auch erfolgreich verdrängt).

Du kommst aus der höchsten Quelle, du bist ein Aspekt GOTTES, du bist Auch-GOTT, wie könntest du **kein** Meister sein? Egal, ob ein Leben in unserem Sinne schlecht oder schön ist, jedes Leben ist ein Meisterwerk. Jedes. Es wurde erdacht allein von dir, dem **Meister.**

Zwangsläufig ergibt sich hier die Frage: Wenn ich Auch-GOTT bin, welche Berechtigungen haben dann noch die Religionen?

Die Antwort ist einfach – keine!

Die Überflüssigkeit der Religionen

Hier warne ich alle diejenigen vor, die in irgendeiner Form religiös eingebunden sind. Es wird euch nicht gefallen, was ich über die Religionen dieser Welt zu sagen habe, aber ich bitte euch, meine Meinung wenigstens anzuhören. Sie ist allein meine Wahrheit, und ich verlange von niemandem, dass er sie mit mir teilt.

Ein weiser Mann, nämlich Voltaire, hat einmal gesagt: „Ich missbillige, was du sagst, aber ich werde bis in den Tod hinein dein Recht verteidigen, es zu sagen." Hier muss keiner sein Leben lassen, nur um meine Meinung anzuhören. Es reicht, wenn ihr einfach nur zuhört.

Zugegeben, jede Religion war am Anfang etwas wirklich Wunderbares. Sie brachte den Menschen nicht nur ein Verständnis für GOTT, sondern enthielt unzählige Lebenshilfen. Jeder der großen Propheten, der seine ganz persönliche Meisterschaft zu Lebzeiten schon annahm, hatte, nachdem er danach zu den sogenannten Erleuchteten gehörte, den tiefen Wunsch, sein Wissen weiterzugeben. Da der Mensch dazu neigt, alles festhalten zu wollen, entstanden so unzählige sogenannte Heilige Schriften. Manche von ihnen sind inzwischen über 2000 Jahre alt.

Sorry, aber wie könnt ihr auch nur ansatzweise daran glauben, dass diese Schriften heute noch Gültigkeit haben?

Zu der Zeit, als die Religionen entstanden, waren sie noch absolut lebendig und auch berechtigt. Diese Botschaften waren für die damalige Zeit genau das Richtige und ein wirklicher Segen für die Menschen, die sie hören wollten. Zu glauben, dass sie heute noch unverändert anzuwenden und vor allem zu verstehen sind, grenzt fast schon an Blasphemie. Denn in Wahrheit klammert sich der Mensch an etwas, das schon lange im übertragenen Sinne tot ist.

Eine Religion macht nur Sinn, wenn sie auch gelebt wird. Über all die Jahrtausende ist aber jede Religion erstarrt, und zwar zu Tode erstarrt. Ständig wiederholen sich die gleichen Rituale, immerzu werden die gleichen Gebete heruntergeleiert und die gleichen Feiern abgehalten.

Da ich katholisch erzogen worden bin, kann und will ich hier nur von der katholischen Kirche sprechen. Unabhängig davon, dass die katholische Kirche die Lehre Christi total verzerrt, sie lange Zeit Angst und Schrecken ausgesät, mit dem Schwert missioniert und die Inquisition ins Leben gerufen hat, nur um damit Macht über die Menschen zu erlangen, fragt man sich, wie es in unserer heutigen, so aufgeklärten Zeit möglich ist, Menschen zu finden, die tatsächlich Wort für Wort an die Heilige Schrift glauben. Nebenbei bemerkt, Glauben heißt: NICHT wissen...

So habe ich zum Beispiel eine sogenannte Sandkastenfreundin, mit der mich bis heute eine großartige Freundschaft verbindet, die allerdings eine Zeitlang auf eine wirklich harte Probe gestellt wurde, weil sie sich im Laufe ihres Lebens ganz der Kirche verschrieben hatte.

Gegensätzlicher konnten zwei Freundinnen gar nicht sein. Und folgedessen kam es sogar bis vor kurzem zu mehr als einer heftigen Auseinandersetzung. Erstaunlicherweise war immer sie es, die hochging wie eine Rakete. Sobald sie an den Punkt kam, dass sie mich Heidin, also das verlorene Schaf, wohl doch nicht bekehren konnte, war es aus mit der viel zitierten Nächstenliebe. Da wir aber Freundinnen sind, finden wir trotzdem immer wieder zurück zu einem liebevollen Umgang miteinander.

Ich will damit nur sagen, dass oft gerade die Menschen, die eifrig zur Kirche gehen und sich für gläubige Christen halten, die toleranzlosesten Menschen sein können.

Natürlich längst nicht alle, das sei hier auch gesagt. Es gibt ebenso viele, die im wirklichen Sinne nach Jesu leben. Auch diese Menschen säumten meinen Weg.

Meine Freundin aber entwickelte sich anfangs in Richtung Missionarin. Sie kannte und kann jeden Psalm und jeden Vers auswendig, ließ kaum eine Gelegenheit aus zu missionieren und vergaß ihre Lehre von der Nächstenliebe, sobald sich jemand ihrem Glauben widersetzte. Und das entsetzte mich, da ich meine Freundin zeitweise für so fanatisch hielt (wohlgemerkt hielt!!), dass ich ihr zutraute, wenn man ihr ein Schwert in die Hand geben würde, es ohne zu zögern auch zu benutzen.

Aber nicht nur das erschütterte mich. An meiner Freundin zu sehen, was eine tote Religion anrichten kann, tat weh. Aus dem einst so hübschen Mädchen, das so viel von sich hielt, ist, für alle sichtbar, mit der Zeit eine sogenannte Betschwester geworden (nichts für ungut, liebe Freundin, aber die Wahrheit will gesagt werden). Damit meine ich, dass sie sich all die kleinen Eitelkeiten verkneift, die das Frausein doch so schön machen.

Und sie tat mir unendlich leid, denn sie ist von Haus aus ein Mensch, der GOTT immer gelebt hat, und hat so viel Liebe zu geben, dass sich so manch einer von ihr regelrecht erschlagen fühlte. Sie hätte gar nicht erst anfangen müssen, GOTT im Außen zu suchen. Sie hat ihn gelebt, ohne es zu wissen.

Die Suche nach GOTT im Außen ist zwangsläufig zum Scheitern verurteilt. Dort wird ihn niemals jemand finden. Nie und nimmer.

Wie alle Religionsanhänger auch ist sie immer auf der Suche. Das ist es, was mich so traurig stimmt. Egal, ob es sich um meine Freundin handelt oder um andere Engelwesen, es macht mich traurig zu sehen, wie bei allen die Verzweiflung wächst, denn es ist die nackte Verzweiflung, die die Suchenden manchmal so rabiat werden lässt.

Nie würde ich auch nur einen von ihnen überzeugen wollen, dass GOTT so nahe ist.

Ich kann nur immer Hinweise geben, aber ich darf nicht erwarten, dass ich gehört werde. Jedes Wesen hat ein Recht auf sein persönliches Leben und seine persönliche Entwicklung! Andere von meiner Meinung überzeugen zu wollen wäre daher anmaßend und unrecht. Und genau deswegen erwarte ich im Gegenzug dazu von dir, geliebtes Engelwesen, dass auch du mir meine ureigene Auffassung lässt, die da lautet:

Jede Religion ist tot!

Und jeder, der an sie glaubt, ist es meiner Meinung nach früher oder später ebenfalls, und zwar sichtbar für alle. Am Anfang steht den meisten die Verzweiflung ins Gesicht geschrieben, diese Verzweiflung wandelt sich irgendwann in Bitterkeit, und so findet man anstatt strahlender Gesichter, die all die Gläubigen doch haben müssten, wenn sie ihr Heil wirklich gefunden hätten, oftmals sehr, sehr verhärmte und traurige Gesichter. Und das alles nur, weil man sich an Worte klammert, die für die heutigen Engelwesen keine Gültigkeit mehr haben **können**. Die meisten wurden für Menschen vor über 2000 Jahren geschrieben.

Anstatt jede neue spirituelle Erkenntnis aufzuschreiben und in die heiligen Bücher mit einzubeziehen, damit die Religionen am Leben erhalten werden können, berief und beruft man sich auf Schriften, die so alt sind wie Methusalem. Übrigens, die immer gleichen Rituale zeigen keineswegs auf, dass die Religion noch lebt. Vielmehr ist jedes dieser alten Rituale zum Sterben verurteilt. Es ist nur noch ein leeres Programm, das abgehalten wird. Und mal eine Frage an alle Christen unter euch Lesern. Und bitte, beantwortet sie euch ehrlich: Wer von euch hat sich nicht schon in den Gottesdiensten zu Tode gelangweilt?

Immer dasselbe aufzutischen fängt früher oder später an zu langweilen. Und sobald etwas langweilt, ist es ein Zeichen dafür, dass unser Herz nicht mehr dabei ist. Die Sache ist buchstäblich stagniert, festgefahren, tot. Warum also an einer Religion festhalten, die nichts mehr für unsere Herzen zu geben hat? Die nicht mit unserem Bewusstsein und unserer Entwicklung mitfließt?

In Wahrheit blockieren alle Religionen das Bewusstsein der heutigen Engelwesen.

Sind also eher hinderlich als förderlich.

Was aber ist nun wahre Religion?

Hierzu sei gesagt, es gibt keine EINE Religion, an die alle Menschen glauben könnten. Was du glaubst, das glaube ich noch lange nicht, und umgekehrt. Aber es gibt dennoch einen Richtwert, wahre Religion zu leben.

Wenn wir den Wortsinn von Religion verstehen, kommen wir der Sache auf die Spur.

Das Wort leitet sich von „religere" ab, und religere bedeutet: **wieder verbinden.**

Womit sollen wir uns nun aber verbinden? Ganz einfach: mit uns selbst.

Denn jedes Engelwesen trägt die Quelle seines SEINS und Alles-was-ist in sich. Du kommst doch aus dieser wunderbaren Quelle. Du bist die Quelle. Du brauchst dich nur wieder mit ihr zu verbinden. Das ist es, was Religion in ihrem Ursprung bedeutet: **wieder verbinden!**

In dieser Botschaft verbirgt sich auch eine gewisse Komik, denn: **Alles, was du suchst, hat dich schon längst gefunden.**

Es ist in euch, in dir, in jedem von uns. Wir alle sind Auch-GOTT. Warum vergeblich und mühselig im Außen suchen?

GOTT ist und war immer schon da. Das zu erkennen verhilft zu einer unbändigen Lebensfreude. Wer verstanden hat, dass er als Engelwesen in Menschengestalt auf der Erde wandelt, der wird sich mit allem verbinden, was ihm begegnet. Denn alles, was er wahrnimmt, ist GOTT.

Die Entdeckung zu machen, alles GÖTTLICHE in sich selbst zu tragen, verleiht buchstäblich Flügel. Und das ist auch der Grund, warum ich hier von der Neuen Energie spreche.

Bis vor kurzem gab es nur den sogenannten Dreiklang: Körper, Geist und Seele.

Nun fügt sich ein viertes Element hinzu, nämlich SPIRIT, oder auch GOTT genannt. Das Bewusstsein, auch GOTT zu sein, verleiht uns tatsächlich Flügel. Wir erweitern uns, und damit fallen automatisch sämtliche, von Menschen geschaffenen Begrenzungen weg.

Wir brauchen keine Vorbeter mehr, keine Priester, Päpste, keine Rabbis oder Mullahs, und Politiker schon mal gar nicht... aber dazu komme ich später noch. Wir brauchen tatsächlich nicht einen von ihnen!

Und auch die heiligen Schriften, die nachweislich von Menschen für Menschen geschrieben wurden und nicht von GOTT, sind für uns nicht mehr die richtigen Bücher. Das waren sie nur zu der Zeit, in der sie geschrieben wurden.

Indem wir anerkennen, dass auch wir GOTT sind, bekennen wir uns zum Leben und zur Liebe. Wir übernehmen zwangsläufig die Verantwortung für alles, was uns widerfährt. Und wir wissen, dass wir keinen Vermittler zwischen uns und unserem GOTT in unserem Inneren brauchen.

Kein Priester dieser Welt kann wissen, was GOTT in uns für uns geplant hat. Und kein Priester ist in der Lage, die Verbindung zu GOTT für uns herzustellen. Die können nur wir selbst herstellen. Wie müssen uns mit IHM verbinden. Wir allein. Wenn man so will, hat jeder Mensch seine eigene Religion. Selbst wenn wir scheinbar einem Atheisten begegnen.

GOTT hat mindestens so viele Aspekte wie es Menschen, Tiere und Sensationen gibt. Unvorstellbar grandios. Und jeder Einzelne von uns ist ein Aspekt von IHM. Was brauchen wir da noch die toten Schriften unserer Religionen?

Ihr werdet feststellen, dass gerade im Zeitalter der Neuen Energie die Alte Energie sich gewaltig aufbäumt. Sie weiß schon lange, dass sie weichen muss, aber sie mag es nicht kampflos tun.

Daher erlebt die katholische Kirche gerade so etwas wie einen Boom. Aber nicht nur die katholische Kirche, auch der Islam ist auf dem Vormarsch.

Überall auf der Welt stehen Christen auf und verkünden lauthals ihre Botschaft.

Der Papst erklärt den katholischen Glauben für den einzig wahren, was übrigens Millionen von Muslimen ebenfalls tun. Auch für sie ist ihr Glaube der einzig seligmachende...

Beide großen Religionen nehmen für sich in Anspruch, die Welt von den Ungläubigen befreien zu müssen. Und der Druck wird größer.

Warum so daran festgehalten wird?

Weil niemand bereit ist, seine Macht abzugeben. Es lebte sich doch Jahrtausende so schön mit ihr. Und reich wurde man so ganz nebenbei auch noch. Ist der Vatikanstaat nicht der reichste Staat der Welt?

Trotzdem, auch wenn man sich heftig aufbäumt, es gibt nichts, wovor wir Angst haben müssen. Selbst wenn wir uns mitten in einem Krisengebiet befinden würden, es gibt nichts, wovor sich Meister wie wir fürchten müssten.

Wir sind alle da, wo wir sein wollten. Nämlich immer am richtigem Ort.

Und selbst wenn wir mitten in einem Hexenkessel leben würden mit der Aussicht, nicht lebend herauszukommen, der Tod hat für Meister, wie wir sie sind, keinen Schrecken mehr. In Wahrheit gibt es den Tod nicht. Es kann ihn gar nicht geben. Er ist nur eine Illusion.

Die Illusion des Todes

Der Tod scheint das letzte große Geheimnis der Menschheit zu sein. Da niemand weiß, was Sterben ist, wie es sich anfühlt, und vor allen Dingen, was mit uns geschieht, ist es nur verständlich, dass viele von uns Angst vor ihm haben, denn es ist nur natürlich, sich vor etwas zu ängstigen, das wir nicht kennen.

Was geschieht mit uns?

Wo gehen wir hin?

Gehen wir überhaupt irgendwo hin?

Oh ja, das tun wir. So viel ist schon mal sicher, wir lösen uns nicht auf. Wir bestehen auch weiterhin. Energie ist unvergänglich, sie kann nicht sterben, sie kann sich nur umwandeln.

Und so hat der Tod überhaupt keine Ähnlichkeit mit dem, was wir unter ihm verstehen. Es gibt ihn schlichtweg nicht.

Wir können niemals sterben, wir können nur von einer Dimension in die nächste gehen. Das ist es, was im Tod passiert, wir wechseln einfach nur die Ebenen.

Wenn wir uns aufmachen zurückzugehen, dann lassen wir unseren Körper hier zurück, weil wir ihn dort, wo wir hingehen, nicht mehr brauchen. Das heißt, nur unsere Hülle bleibt zurück, wir aber steigen in andere Dimensionen auf.

Unser Körper ist nur ein Gefäß für unser wahres Sein, denn ohne ihn wäre es uns nicht möglich, uns auf der Erde aufzuhalten.

Da wir alle unseren Ausflug als Mensch auch irgendwann wieder beenden wollen, haben wir uns selbst diese Möglichkeit des Aussteigens geschenkt. So, wie wir Nacht für Nacht aus unserem Körper aussteigen, so gehen wir im Augenblick des Todes für immer. Wir bleiben also in unserer wahren Heimat. Tod, wo ist also dein Schrecken?

Immer schon hat es hellsichtige Menschen gegeben, Menschen, die Visionen vom Jenseits hatten, und nicht immer war das, was sie zu berichten hatten, himmlisch.

Ich schätze mal, dass auf Grund dieser Berichte die Angst langsam um sich griff. Und ich muss gestehen, sie ist nicht ganz unberechtigt, denn der Tod ist letztendlich das Wichtigste im Leben eines Engelwesens.

Es kommt darauf an, WIE, also mit welcher Einstellung oder Gesinnung, man dieses Leben hier verlässt.

Menschen, die nicht daran glauben, dass es ein Weiterleben nach dem Tod gibt, verirren sich sehr oft in der sogenannten grauen Zone. Diese liegt im erdnahen Bereich, wie viele andere Ebenen auch. Unvorstellbar, aber wenn man so will, gibt es für jeden Menschen einen eigenen Bereich. Wenn ich zum Beispiel nicht daran glauben würde, liebevoll empfangen zu werden, käme ich in einen Bereich, in dem ich wirklich ganz alleine wäre. Zumindest würde ich dies so empfinden.

Natürlich stehen immer liebevolle Lichtwesen bereit, um uns nach Hause zu führen, aber wie will man jemanden führen, der nicht weiß, dass es Hilfen gibt? Der infolgedessen auch niemanden sehen kann?

Unsere Ängste lassen uns manches Mal nicht erkennen, dass wir nur unsere Hand auszustrecken brauchen, um in Sicherheit zu sein.

Seelen, die nicht mehr auf der Erde sind, aber auch noch nicht im Himmel, also ziellos, verängstigt und traurig herumirren, stellen für mich die oft zitierte Hölle dar.

Wir erschaffen uns also mit unseren Gedanken auch in der Geistigen Welt eine Realität. Das ist unendlich wichtig. Das muss sich einfach herumsprechen!

Denn wenn jeder Mensch weiß, dass es unendlich wichtig ist, wie er sich die Geistige Welt vorstellt, weil das Auswirkungen auf sein „neues" Dasein hat, dann könnte vieles einfacher verlaufen.

Natürlich bleibt niemand bis zum St. Nimmerleinstag in diesem erdnahen Bereich, das ist das Tröstliche an der Geschichte. Aber warum erst an so einen einsamen Ort gehen? Warum nicht gleich über die Brücke der Blumen und nach Hause gehen, noch dazu, wenn man doch auch mit einer Party begrüßt werden könnte?

Auch wenn ich sonst immer dazu neige, nur das Schöne in der Geistigen Welt zu sehen, muss ich trotzdem sagen, es gibt sie eben auch, diese andere Seiten.

Aber das nur, weil wir sie mit unseren Ängsten und unserem Gedankengut erschaffen. Damit sind wir wieder beim Schöpfer, beim Meister-Sein.

Ohne uns darüber im Klaren zu sein, erschaffen wir zu Lebzeiten schon unsere himmlische Welt. Nun könntet ihr sagen: HALT! Ich komme doch aus den höchsten Höhen, wieso gehe ich nicht, egal, welche Vorstellung ich vom Himmel habe... schnurstracks dahin zurück? Weil, geliebtes Engelwesen, du der Schöpfer bist.

Du bist der Meister!

Du erschaffst dir allein durch deine Gedanken deine Welten, sowohl hier auf der Erde, wie auch in der Geistigen Welt. Nach wie vor gilt: Wie unten, so oben.

Wenn du nicht daran glaubst, dass du unsterblich bist, wenn du nicht daran glaubst, ein Wesen des Lichts zu sein, wenn dich Todesängste vor dem Tod plagen, wirst du sie mit hinübernehmen. Angst, das wissen wir, ist ein schlechter Ratgeber. Wer verängstigt ist, hat keinen klaren Kopf mehr, sieht auch nicht mehr, wohin er gehen kann. Deswegen ist es so wichtig, wie man diese Erde verlässt.

Natürlich ist auch irgendwann diese Angst vorbei, und ihr werdet alle ins Licht geführt, aber wenn sie sich allein durch ein anders Bewusstsein vermeiden lässt, wäre das eine unendliche Hilfe für alle Engelwesen. Niemand braucht Angst vor seiner Heimat zu haben. Wenn du so willst, bist du schon längst gestorben. Und zwar schon viele, viele tausend Male.

Steigst du herab, bist du nicht mehr im Himmel, steigst du wieder auf, bist du nicht mehr auf der Erde. Kannst du verstehen, dass du einfach nur die Ebenen wechselst? Von hier nach da und umgekehrt? Das machst du jeden Tag. Oder, besser gesagt, jede Nacht.

Jede Nacht schwingst du dich auf, um in deiner geistigen Heimat zu verweilen. Hier tankst du auf, besuchst liebe Freunde und kommst gestärkt zurück. Das machst du so lange, bis du dich entschließt, genug als Mensch gelebt zu haben.

Manchmal kommst du von deinem nächtlichen Ausflug nicht mehr zurück, und manchmal suchst du dir andere Wege, hier Abschied zu nehmen. Aber immer BIST du da. Du kannst nicht sterben. Du bist Auch-GOTT, und deswegen bist auch DU ewig.

Der Tod ist tatsächlich nur eine Illusion. Also bitte, schafft endlich die Todesstrafe ab, sie ist nämlich unter diesem Gesichtspunkt regelrecht lächerlich, weil unwirksam. Wenn nun der Tod schon eine Illusion ist, wie sieht es dann mit dem Leben aus?

Ist das denn wenigstens real? Schauen wir mal…

Die Illusion des Lebens

Du glaubst, das Leben, das du führst, sei real?
Na klar, wer würde das nicht glauben. Bis vor kurzem dachte ich das ja auch noch.

Und wären da nicht leise Zweifel in mir aufgestiegen, würde ich diese Frage heute von ganzen Herzen bejahen. Natürlich ist jedes Leben real. Schließlich muss sich ja jeder von uns mehr oder weniger durch sein Leben schlagen, oder? Und wer mit dem Kopf gegen eine Tür rennt, verspürt den Schmerz nur allzu real, oder?

Aber stimmt das wirklich? Ist unser Leben tatsächlich so real, wie wir es empfinden? Nach meinen neuesten Erkenntnissen kann ich nur sagen: Ja und Nein.

Was wäre, wenn alles nur eine großartige und umwerfende (umwerfend, weil so real) Illusion wäre? Wenn all unsere Leben nur holografisch existieren würden? Allein nur für uns erschaffen, damit wir ein Erfahrungsfeld haben? Und was wäre, wenn wir in diesem Moment nicht nur dieses eine Leben leben würden, sondern gleichzeitig viele andere? Unvorstellbar?

Nun, der Gedanke ist keineswegs so abwegig, wie es auf den ersten Blick scheint.

Hier einmal eine Gegenfrage: Warum sollte es denn nicht so sein?

Nur weil wir es nicht sehen können, heißt das noch lange nicht, dass es nicht dennoch so sein könnte. Wenn wir uns für ein Fernsehprogramm entscheiden, sehen wir alle anderen Programme ja auch nicht mehr, und trotzdem

wissen wir, dass es noch jede Menge andere Programme gibt. Niemand von uns würde auf die Idee kommen, dies anzuzweifeln. Denn in diesem Fall **wissen** wir, dass sie da sind. Wir brauchen ja nur aufs Knöpfchen drücken, schon sind wir in einer anderen Welt.

Ist es nicht so, dass wir aus der höchsten Quelle kommen, wir Aspekte GOTTES sind und somit auch über all SEINE Fähigkeiten verfügen? Warum sollten wir also nicht gleich tausende von Lebenspotenzialen auf einmal führen können? Und zwar alle zur gleichen Zeit? Warum sollten Geschöpfe wie wir uns begrenzen?

Wobei ich hier eben einräumen muss, dass, auch wenn alle unsere vielen Leben gleichzeitig existieren, immer nur das Leben von Bedeutung ist, dessen wir uns bewusst sind. Also dieses! Und trotzdem könnten wir auf die vielen Potenziale zurückgreifen.

Wie wir ja wissen, gibt es die Zeit, wie wir sie verstehen, in Wirklichkeit gar nicht. Alles, was jemals geschieht oder geschehen ist, passiert im HIER und JETZT. Also alles zur gleichen Zeit. Und so lässt sich erklären, warum wir viele Leben gleichzeitig leben. Das heißt, wir sind umgeben von Potenzialen, die greifbar neben uns liegen. Wenn wir auch nur einen Schritt aus unserer jetzigen Realität herausgehen könnten, einfacher wäre natürlich auf ein Knöpfchen zu drücken, würden wir uns auf anderen Lebensebenen wiederfinden.

Du denkst, deine Kindheit ist vorbei? Unwiderruflich? Falsch. In Wahrheit ist sie nämlich immer noch da. Sie liegt nur auf einer anderen Ebene. Du denkst, alle deine Leben, die du jemals gelebt hast, sind verlöscht? Falsch. Auch sie existieren noch auf anderen Ebenen.

Was bedeutet das? Nun, schlicht und einfach gesagt, sehr viel, denn wir könnten uns all das zunutze machen.

Ich nehme einmal DAS Beispiel schlechthin:

Wenn du krank geworden bist, und zwar so krank, dass man dir aus menschlicher Sicht nicht mehr helfen kann, so hättest du mit diesem Wissen einen Schlüssel in der Hand, der dir ganz unkompliziert einen Weg aufzeigen könnte, wie du wieder auf einfache Art und Weise gesund werden kannst, sofern du das für dich wählen würdest.

Wenn wir davon ausgehen, dass die meisten Menschen gesund zur Welt kommen und dieses auch lange Jahre bleiben, und wenn wir davon ausgehen, dass alle Potenziale eines Lebens immer noch da sind, so wäre es doch nur logisch, sich mit dem gesunden Potenzial zu verbinden und es in diese Realität einzuladen. Meiner Meinung nach ist nämlich in unserem Neuen Zeitalter nichts mehr unmöglich.

Die Frage ist nur, wie macht man das? Per Knopfdruck wäre schön. Aber ganz so einfach ist es nun leider nicht.

Nun, ich werde euch später eine Lösung dazu anbieten. Jetzt möchte ich erst einmal bei diesem Thema bleiben. Erinnert ihr mich wieder daran?

Um darauf zurückzukommen, wie real unser Leben eigentlich ist, stelle ich hier die Frage, warum Engelwesen sich freiwillig einer Wirklichkeit aussetzen sollten, die ihnen

Schaden zufügen könnte? Das ergibt für mich überhaupt keinen Sinn, denn das würde bedeuten, dass GOTT in uns masochistisch veranlagt ist...

Nein, in diesem wunderbaren Spiel geht es einzig und allein darum, so viele Erfahrungen wie möglich zu machen. Und, noch spannender: so echt wie möglich.

Wenn das Leben nämlich so real wäre, wie es uns erscheint, dann würde so manches Engelwesen ganz schön zerrupft nach Hause kommen und es sich sicherlich zweimal überlegen, ob es noch einmal zur Erde gehen möchte. Außerdem müsste der Himmel ja nur noch aus Sanitätern bestehen, die bis zum Umfallen damit beschäftigt wären, einen Notfall nach dem anderen aufzunehmen.

Sicherlich gibt es im Jenseits die Hallen der Heilung, aber auch sie sind anders zu verstehen, als ich bisher angenommen habe.

Da uns das Leben so echt erscheint, haben viele von uns bei der Rückkehr Probleme, sich wieder in der Geistigen Welt zurechtzufinden. Damit meine ich jetzt nicht, dass wir alle ziellos umherirren, nein, ich meine, wir stecken in der vermeintlichen „Realität" fest, wodurch wir auch noch nach unserer Rückkehr in die Geistige Welt davon überzeugt sind, **Menschen** mit einem Leben gewesen zu SEIN. Wir sind so in dieses Spiel involviert, dass viele selbst beim Übergang nicht begreifen: Das Spiel ist aus. Ja, sie begreifen nicht einmal, dass es nur ein Spiel war.

Daran kann man nur erahnen, wie großartig und perfekt das Spiel des Lebens ist.

In den heiligen Hallen der Heilung wird nichts anders getan, als uns Schritt für Schritt erkennen zu lassen, dass unser Leben nur eine Illusion war. Natürlich werden so ganz nebenbei unsere Seelen auch geheilt. Denn die Schrecken, die manche von uns erlebt haben, sind ja tatsächlich so real gewesen, dass sich so manches Trauma auf unsere Seele gelegt hat. Deshalb brauchen wir auch als Engel diese besondere Zuwendung. Beides zusammen, also die liebevolle Zuwendung wie auch das sanfte Vorbereiten darauf, dass wir nur einer perfekten Illusion aufgesessen sind, lässt uns in der Regel ganz schnell wieder auf unsere nicht mehr vorhandenen Beine kommen. Wer dann immer noch leise Zweifel hat, darf den in der Geistigen Welt sehr beliebten Aufklärungskurs **Der Witz des Lebens** belegen.

Die neue Annahme, dass alles real und doch nicht real ist, verlangt uns eine Menge ab. Ich denke sogar, ich habe hier nur die Spitze des Eisberges angekratzt und es gibt noch weit unvorstellbarere Dinge als dieses neue Gedankengut.

Wir sind alle multidimensional. Wir existieren auf vielen Ebenen. Alles, was wir jemals gelebt haben, existiert, und wenn man dann noch weiß, dass unser größter Anteil niemals aus der Geistigen Welt hinausgegangen ist, dann könnte einem wahrhaftig schwindelig werden.

Ungeahnte Möglichkeiten würden sich daraus ergeben. Zum Beispiel könnten wir Zeitreisen aller Art unternehmen, sei es in vergangene Leben, sei es in andere

Galaxien. Oder wir könnten uns anstatt nachts im Schlaf ganz bewusst am Tag in die Geistige Welt hinaufbeamen. Und von all unseren Reisen könnten wir uns Potenziale in dieses jetzige Leben mitbringen.

Wir schöpfen einfach nur aus dem, was schon IST, und bringen es auf die Erde.

Wir möchten noch mal zwanzig sein? Kein Problem mehr. Zurück in das Feld der zwanziger Jahre, einpacken, mitnehmen, auspacken, anwenden.

All dies ist nur möglich, weil wir auf dem Weg zurück in die Zukunft sind. All unsere vergessene Göttlichkeit kommt nun zu uns zurück, genannt: die Neue Energie.

Die Neue Energie ist mit der Alten Energie überhaupt nicht zu vergleichen. Während die Alte Energie linear verlief, so ist die Neue Energie reine Quantenphysik, das heißt, sie weitet sich aus, dehnt sich in alle Richtungen aus und bietet uns von daher all die wunderbaren neuen ungeahnten Möglichkeiten. Denn durch die Ausdehnung der Neuen Energie wird uns über kurz oder lang nichts mehr unmöglich sein.

Wir werden nicht mehr den Kopf darüber schütteln, dass wir an zwei, drei, vier Stellen oder mehr gleichzeitig SEIN können, denn wir werden es ganz bewusst erleben.

Übrigens, Wissenschaftler, die sich mit der Quantenphysik auseinandersetzen, haben dieses Phänomen schon längst entdeckt, wissen aber genau wie ich noch nicht so recht, was sie davon halten können oder sollen. Fest steht nur, dass die Frage, ob unser Leben nun wirklich so real ist wie wir annehmen, schlichtweg eher doch mit NEIN zu beantworten ist.

Wir leben in einer gigantischen Illusion, die nur dazu da ist, Erfahrungen zu sammeln.

Nichts ist wirklich da, und doch ist alles vorhanden, und zwar in so einer Großartigkeit, dass es unseren menschlichen Verstand total überfordert. Noch!

Liegt nicht eine wunderbare Botschaft darin? Denn auch wenn wir noch nicht daran glauben, was alles in naher Zukunft möglich sein kann, so haben wir dennoch den Trost, dass wir alle zurück zur Quelle gehen, oder, anders gesagt, die Quelle zu uns kommt. Wir werden uns über kurz oder lang wieder ganz mit ihr verbinden. Der Kreis schließt sich. Wir sind zu Hause, und zwar ohne durch das Hintertürchen Tod gehen zu müssen.

Natürlich wachen wir nicht eines Morgens auf und, schwupp, hat sich alles verändert.

Nein, vielmehr muss man verstehen, dass die Neue Energie zwar da, aber trotzdem nicht für jeden attraktiv ist. Jeder, der möchte, kann sie sich zwar zunutze machen, aber nicht alle möchten das.

Denn wer die Neue Energie annimmt, der sieht sich früher oder später gezwungen, das Spiel der Dualität aufzugeben, und damit sind viele Engelwesen noch nicht einverstanden, was natürlich ihr gutes Recht ist.

Alles ist nur ein Spiel!

Die Aufhebung der Dualität

Was bedeutet nun die Aufhebung der Dualität? Heißt das, wir werden Tag und Nacht nicht mehr haben? Gut und Böse entfällt? Freud und Leid gibt es nicht mehr? Krieg und Frieden wird auch nicht mehr gespielt?

Auch hier kann ich wieder nur sagen, JA und NEIN.

Es wird sie weiterhin geben, die gute alte Dualität, denn längst nicht alle Engelwesen sind bereit, jetzt schon aufzuwachen. Für all diejenigen, die noch Zeit brauchen, müssen die alten Werte bestehen bleiben. Und das tun sie auch.

Die Dualität wird also weiterhin Bestand haben. Und doch können wir aus ihr aussteigen. Wir brauchen nur aus unserem so beliebten Bewertungskarussell aussteigen. „Nur" ist gut, denn das ist mit das Schwierigste.

Sind wir nicht alle immer schnell bei der Hand, die Ereignisse um uns herum zu kommentieren?

„Schulzes lassen sich scheiden, die **armen** Kinder...", oder wenn wir in unseren Zeitungen eine Hiobsbotschaft nach der anderen lesen: „Meine Güte, die Welt wird auch immer schlechter", usw. Beispiele für unsere Bewertungen gäbe es zuhauf. Und genau dies sollten wir tunlichst vermeiden. Denn woher wollen WIR wissen, dass Schulzes Kinder in Zukunft arm dran sein werden? Vielleicht genießen sie es ja, endlich ohne die täglichen Streitereien der Eltern leben zu können, was sogar höchstwahrscheinlich der Fall sein wird! Wir wissen es aber nicht. Warum also ungefragt ein Statement abgeben? Noch dazu ein schlechtes.

Nun könnte man auf die Idee kommen und sagen: Okay, dann werde ich in Zukunft nur noch positiv reagieren.

STOPP!

Auch das wäre falsch.

Zu sagen „Was für ein Glück für Schulzes Kinder, endlich kehrt für sie Ruhe ein", wäre ebenfalls wieder nur eine Bewertung. Je nachdem, ob wir positiv oder negativ bewerten, jedes Mal bekommt die Dualität Gewicht in ihre Waagschale gelegt. Und so lange dieses geschieht, kann es keine Aufhebung geben.

Nun ist das Bewerten ja das Lieblingsspiel aller Engelwesen, und ihr werdet merken, dass es unendlich schwer sein wird, damit aufzuhören. Habt einfach nur Geduld mit euch. Irgendwann seid ihr an dem Punkt, an dem ihr nichts und niemanden mehr bewertet.

Denn alles, ja, wirklich alles, was geschieht, hat seine Berechtigung.

Wenn wir, gerade was andere betrifft, vollkommen urteilsfrei werden, neutralisieren wir damit die Dualität. Vergesst nicht, dass jedes Engelwesen seinen ureigenen Lebensplan und das Recht auf seinen freien Willen hat.

Sicherlich ist es schrecklich, das Leid anderer mit ansehen zu müssen, und wir sollen uns keineswegs zu Wesen entwickeln, die das Schicksal anderer völlig kalt lässt, nein, das nicht, aber was wir mit der Zeit entwickeln sollten, wäre unendliches Mitgefühl. Mitgefühl für unsere Reisegefährten, die ihr ganz persönliches Spiel spielen.

Auch wir haben einst alle diese Spiele gespielt. Auch wir haben schon viele, viele Male Kummer und Leid erlebt.

Während viele von uns noch im Sandkasten spielen, sind eben andere nun einige Stufen weiter. Für alle diejenigen, die nun aber im Stillen denken: „Ja, aber ich kann doch meine Augen nicht verschließen, wenn ich Elend sehe, da muss ich doch helfend eingreifen", nein, geliebtes Engelwesen, das musst du nicht. Indem du eingreifst, mischst du dich in das Spiel anderer ein. Eingreifen darfst du nur, wenn du darum gebeten wirst, und zwar persönlich gebeten. Nicht durch irgendeine Hilfsorganisation oder Ähnliches. Denn diese „Hilfe" fällt sozusagen in ein riesiges Loch, was immer größer zu werden scheint.

Kaum einem Land, das schon seit Jahren mit der sogenannten Entwicklungshilfe unterstützt wird, geht es wirklich besser. Aber diejenigen, die vor Ort sind, die sich mit den dortigen Engelwesen hinsetzen und gemeinsam nach Lösungen suchen, die sind sehr erfolgreich. Zugegeben, es ist eine Gratwanderung.

Du dürftest zum Beispiel immer deine Hilfe anbieten aber niemanden dazu überreden, sie auch anzunehmen. Anderen die Hand zu reichen ist sogar wünschenswert, nur sie davon zu überzeugen, dass sie Hilfe brauchen, ist der falsche Weg, denn wir können niemals wissen, ob der andere tatsächlich Hilfe haben möchte. Infolgedessen ärgern wir uns nur zu oft, wenn wir einerseits großzügig mit unseren Ratschlägen um uns werfen, aber andererseits niemand sie haben möchte. Um es salopp auszudrücken, ist das verschwendete Energie. Die hohe Kunst, alles, was um uns herum geschieht, anzunehmen, muss wirklich erst mühsam erlernt werden.

Vielleicht hilft es euch ja, wenn ihr euch vorstellt, dass alles, was geschieht, einfach nur IST. Punkt. Alles IST.

Wenn es Tag ist, dann IST Tag. Wenn es Nacht wird, dann IST Nacht. Hat jemand einen Diebstahl begangen, dann IST das ein Diebstahl. Erst durch unsere Bewertung geben wir allen Ereignissen ein Gewicht und teilen es auf in Gut oder Schlecht. Ziel soll sein, alles als IST-Zustand wahrzunehmen.

Dein Kind mag keinen Spinat?

Gut, dann IST das eben so.

Dein Nachbar geht fremd?

Gut, dann IST das eben so.

Im Irak wird Krieg gespielt?

Gut, dann IST das eben so, usw.

Ich weiß, dass sich das fast schon unzumutbar an-hört, aber nur so heben wir mit der Zeit die Dualität auf. In Wahrheit bewerten wir immerzu in sich reine, also neutra-le IST-Zustände. Erst durch unsere Bewertungen in Gut oder Schlecht erwecken wir diese, in ihrer Ursprungsform neutralen IST-Formen zum Leben. Machen sie also zu schlechten oder guten Ereignissen. Das tun wir natürlich nicht nur in unserem Umfeld, nein, auch für uns persönlich teilen wir die Geschehnisse in zwei Lager auf. Entweder sind wir vom Pech verfolgt, oder aber Glückspilze.

Wer sich über sein vermeintliches Pech beklagt, der wird erleben, dass er damit eine Kettenreaktion auslöst. Nicht umsonst heißt es: Ein Unglück kommt selten allein, während im anderem Falle von einer Glückssträhne ge-sprochen wird.

Es kann ja auch gar nicht anders sein, du selbst bist ja der Meister. Du selbst machst es erst möglich, dass Alles-was-ist zum Leben erweckt wird. Das muss dir einfach bewusst werden, wenn du nicht weiterhin hilflos auf den Wellen des Lebens hin und her schaukeln möchtest. Du bist der Schöpfer von allem, was dir widerfährt. Alles, was du sagst, denkst oder tust, findet in der noch bestehenden Dualität seine Resonanz und kommt zu dir zurück.

Gibst du in alles, was dir widerfährt, Energie hinein, anstatt es nur willkommen zu heißen, kommst du nicht aus der Dualität heraus.

Ja, ich weiß, ich verlange euch eine Menge ab. Wer heißt schon die „schlechten" Dinge in seinem Leben willkommen? Wer von uns könnte zum Beispiel im Falle einer Trennung gelassen vor sich hinsummen: „Es IST, wie es IST?" Davon sind wir alle noch weit entfernt. Und trotzdem, genau da sollten wir hinkommen.

Klammern wir uns an den anderen, stärken wir damit wieder nur die Dualität. Gerade am Beispiel der Geschlechter haben wir die Dualität sichtbar vor unseren Augen. Wir „klammern" uns nämlich in Wahrheit nur an die jeweilige andere Seite, weil wir noch nicht verstanden haben, dass wir selbst beides in uns vereinen.

Außerdem ver-lieben wir uns immer nur in den Aspekt, den wir bei uns nicht sehen können oder wollen, je nachdem. Der Liebespartner ist somit in Wahrheit „nur" ein Spiegel für uns.

Hat ein Mann zum Beispiel einen sehr ausgeprägten weiblichen Aspekt, finden wir oftmals eine Frau an seiner

Seite, die ganz klar die Hosen an hat, also deutlich mehr männliche Züge aufweist als ihr Mann. In ihr kann er seine ungelebten männlichen Teile wenigstens sehen. Sie repräsentiert also für ihn im Außen, was er im Inneren vernachlässigt, während sie an ihm ihre ungelebte weibliche Seite findet.

Es hilft also nicht, die Aspekte, die man nun mal hat, zu verleugnen, sondern hier hilft nur ein Anerkennen. Ein Annehmen-was-IST.

Denn wenn einem der andere so deutlich den Spiegel hinhält, kommt unweigerlich der Tag, an dem Frau ihren Mann verächtlich als Weichei bezeichnet und Mann unter seiner beherrschenden Frau leidet.

Selbst wenn das duale zwischenmenschliche System ausgeglichen scheint, so wird es dennoch in Anbetracht der Auflösung der Dualität innerhalb der Beziehungen eine Wende geben. Wir sind ja heute schon wenigstens so weit, dass wir uns auf kein Lebenslänglich mehr einlassen, und das ist auch gut so. Denn die Erfindung der Ehe hat nicht gerade dazu beigetragen, uns glücklich zu machen.

Und hier kommt die ungeschminkte Wahrheit, warum Partnerschaften sich überhaupt entwickeln konnten. Haltet euch fest, denn so rosig, wie die „Liebe" immer dargestellt wird, ist sie nicht. Kann sie nicht sein, denn die Wahrheit sieht tatsächlich recht nüchtern aus.

Wenn wir uns in jemanden ver-lieben, so verlieben wir uns in den seltensten Fällen in das andere Wesen, sondern in Wahrheit in uns selbst. Wir treffen auf jemanden, der all die Aspekte verkörpert, die wir in uns nicht leben lassen, und, oh Wunder, da stellt sich doch glatt das Kribbeln im Bauch ein, Schmetterlinge wehen sanft um uns herum, und wir lassen uns von rosa Wolken tragen: Ach, was für ein herrliches Geschöpf!

Was liegt näher, als das wunderbare Geschöpf einzupacken, festzuhalten und mit nach Hause zu nehmen?

Und so wundert es nicht, dass so viele Ehen oder Partnerschaften zerbrechen. (Ausnahmen bestätigen wie immer die Regel.) Denn was wir anfangs am anderen so geliebt haben, nämlich uns selbst, können wir früher oder später nicht mehr ertragen. Immerzu den Spiegel vorgehalten zu bekommen, lässt uns schnell ermüden und ebenso schnell ernüchtern. Kommt es zu keiner Ernüchterung, halten viele von uns (unbewusst) an den Partnerschaften nur fest, weil sie einen Zweck erfüllen. Nämlich, uns ganz heil zu fühlen. Immerhin können wir uns aber schon mal im Außen vorbehaltlos lieben.

Erst wenn wir anfangen, unsere eigene innere Dualität aufzulösen, kann der Wandel kommen, denn dann beruht jede Partnerschaft auf Freiwilligkeit. Sie ist nicht mehr zweckgebunden. Und zum ersten Mal verstehen wir es, wahrhaftig zu lieben, was jeder Partnerschaft eine neue Qualität gibt. Zudem hat dieses neue Miteinander den großen Vorteil, sich nicht mehr verbiegen zu müssen. Die kleinen oder größeren Machtkämpfe entfallen komplett, und damit entfällt auch, sich selbst aufgeben zu müssen und/oder zusätzlich auch noch zu stagnieren. Denn all die alten **festen** Partnerschaften führen leider oftmals auch dazu, dass wir stagnieren. Wir fahren uns fest. Liegen wir im Hafen der Ehe oder in einer festen Beziehung, ist oftmals keine Weiterentwicklung mehr möglich.

Da wir uns in Sicherheit wiegen, verabschieden wir uns oft vom eigentlichen Leben und geben obendrein auch noch eine Menge von uns selbst auf. Erstaunlicherweise sind es gerade die Frauen, die sich allzu oft ihren Männern zuliebe aufgeben. Damit leben sie selbst aber nur noch auf Sparflamme.

Im Zeitalter der Neuen Energie wird es solche Verschwendungen nicht mehr geben. Denn wenn wir erst verinnerlicht haben, dass wir auch GOTT sind, dass wir die Meister sind, werden wir aus reiner Selbstliebe nie wieder zulassen, uns selbst zu beschränken oder uns von anderen einschränken zu lassen.

Nie wieder – denn dazu wird die Liebe zu uns selbst viel zu groß sein.

Die große Liebe erleben

Liebe zu sich selbst?

Hier wird der eine oder andere sich sagen: „Stopp, was soll das denn jetzt wieder?

Selbstliebe?

Nein, das kann es ja wohl nicht sein. Ich fange doch nicht an, mich selbst zu lieben. Auf die Idee würde ich nicht kommen, und außerdem wüsste ich nicht einmal, was ich an mir lieben könnte. Und überhaupt, wozu? Reicht es nicht, dass ich andere für das, was sie sind, lieben kann?“

Nein, geliebtes Wesen, das reicht eben nicht. Warum verschenkst du Gefühle, die eigentlich für dich selbst gedacht sind, an andere? Du musst verstehen, dass, wenn du dich nicht selbst lieben kannst, du in Wahrheit unfähig bist, ein anderes Wesen zu lieben. Erst wenn du für dich selbst Schmetterlinge im Bauch hast, wenn du dir bewusst wirst, was für ein großartiges Wesen DU selbst bist, dann bist du frei. Erst dann kann die bedingungslose Liebe für ein anderes Wesen kommen. Anders herum gesagt oder gefragt, wie kannst du jemals von einem anderen Wesen erwarten, dass es dich liebt, wenn du selbst so gar nichts Liebenswertes an dir findest?

Viele von euch werden hier die Nase rümpfen: „Was erzählt die denn da? ICH liebe meine Frau, ICH liebe meinen Mann! Meine Kinder, meine Freunde usw. Will sie mir hier das Gegenteil erzählen?“ Oder: „Mein Mann/meine Frau liebt mich, das weiß ich ganz genau.“

Vergesst bitte nicht, dass ja so gut wie alle Beziehungen auf dem Mangel der Selbstliebe aufgebaut sind. Seid ihr immer noch so sicher, geliebt zu werden und wahrhaftig zu lieben? Auch das ist leider nur eine Illusion. Denn die Liebe, nach der wir uns alle sehnen, ist ebenfalls nicht im Außen zu finden.

Warum hat dann aber das System Beziehungen über all die Jahrtausende Bestand gehabt? Weil es für den damaligen Bewusstseinsstand genau das Richtige war. Es war nichts Falsches daran, sondern nur die Vorbereitung für die Neue Zeit.

Wir wissen alle, wie es sich anfühlt zu lieben. Das haben wir in unseren Partnerschaften erfahren dürfen. Nun erklimmen wir aber eine neue Ebene. Die Ebene der absoluten Freiheit.

Bindungen, wie wir sie über Generationen für selbstverständlich gehalten haben, wird es im Zeitalter der Neuen Energie kaum noch geben. Man kann diese Entwicklung ja schon seit Jahren beobachten. Nie hat es so viele Singles gegeben wie in der heutigen Zeit.

Anstatt jetzt zum Therapeuten zu rennen und euch bescheinigen zu lassen, dass ihr bindungsunfähig seid, solltet ihr dieses wunderbare Geschenk Willkommen heißen. Auch hier ist der Schlüssel zum Erfolg: das Annehmen!

Keine Zeit ist wertvoller als die Zeit, die du mit DIR alleine verbringen darfst. Denn, geliebtes Wesen, sobald du aufhörst, dem „Glück" hinterherzujagen, wird das Glück zu dir finden. Du kannst auf eine wunderbare Entdeckungsreise gehen. Nämlich auf die Reise zu deinem ICH.

Wer bist DU?

Woher kommst DU?

Was kannst DU?

Warum bist DU hier?

Was willst DU?

Ich brauche niemandem mehr zu erzählen, dass er ein Engel ist, dass er Auch-GOTT ist. Das habe ich schon oft genug deutlich gemacht. Trotzdem komme ich immer wieder darauf zurück, denn ich kann es nicht oft genug sagen:

Ihr alle seid Auch-GOTT!

Ihr alle seid Engel auf Erden!

Allein diese Tatsache müsste euch vor euch selbst in Ehrfurcht erstarren lassen!

Du hast dich nur so gut getarnt oder verkleidet, dass du dich selbst nicht erkennen kannst. Die anderen wunderbaren Wesenheiten dich aber leider auch nicht...

Und du hast diesen Weg genommen, weil du an diesem herrlichen Spiel teilnehmen wolltest. Du bist nur so gefangen in diesem Spiel, dass du dich selbst aus den Augen verloren hast, weil du irgendwann damit begonnen hast, dir selbst keine Bedeutung mehr beizumessen. Andere Wesen waren dir viel, viel wichtiger als du selbst.

Selbstredend, dass hier die Gesellschaft und auch die Religionen dazu beigetragen haben, dir einzuimpfen, niemals um Himmels Willen so egoistisch sein zu dürfen und zuerst an dich zu denken. Sie fürchteten das gewaltige Potenzial, das dahinter steht, deswegen wurde die Selbstliebe als etwas Verpöntes dargestellt.

Übrigens rede ich hier nicht von einem ausgeprägten Egoismus. Ich rede hier von der Selbstliebe, was ein großer Unterschied ist.

Egoisten setzen immer ohne Rücksicht auf Verluste ihren Kopf durch, während jemand, der sich selbst liebt, alles dafür tut, dass er sich immer wohlfühlen kann, und zwar ohne andere damit zu verletzen. Denn er versteht es, **andere zu lieben wie sich selbst.**

Fangt an, euch vor einen Spiegel zu stellen, euch in die Augen zu schauen, lernt euch anzunehmen wie ihr seid. Ein paar Pfunde zuviel? Okay, dann seid ihr eben pfundige Wesen. Zu dürr? Okay, dann gehört eben Klappern zu eurem Handwerk.

Hört auf, ständig und immerzu an euch herumzumäkeln. Lernt, euch anzunehmen, wie ihr seid. Hört auf, euch im Außen zu orientieren. Messt euch nicht mehr an anderen. Das ist nämlich total unwichtig und führt nur in die Irre. Und dazu, dass alle irgendwie gleich aussehen und alle den gleichen vermeintlichen Idealen nachjagen. Jeder ist so, wie er ist, total in Ordnung. Warum also dank der Schönheitschirurgie ein Double von Claudia Schiffer und Co. werden wollen?

Ihr als die Meister habt euch so geschaffen, wie ihr seid, und ihr habt euch etwas dabei gedacht. Ihr wolltet so aussehen, wie ihr es jetzt tut. Ihr seid so, wie ihr seid, einzigartig! Unverwechselbar! Und so sollte es bleiben. Also bitte, mäkelt und schnippelt nicht mehr an euch herum, versucht euch anzunehmen, wie ihr seid, und putzt euch stattdessen heraus. Das müsst ihr euch einfach wert sein. Legt in

Zukunft Wert auf ein gepflegtes Äußeres. Denn eure äußere Hülle ist für alle sichtbar die Visitenkarte eures Inneren. Jeder zeigt im Außen, wie er sich innerlich fühlt.

Bei vielen Promis sieht man nur noch erstarrte Gesichter, maskenhaft schön, aber eben leblos. Erstarrt. Tot. Manche von ihnen können sogar Dank der vielen Liftings nicht einmal mehr herzhaft lachen, weil sie Angst davor haben müssen, dass es ihnen ihre arg gespannte Gesichtshaut zerreißen würde. Und das nur, weil der Jugendwahn um sich gegriffen hat.

Wer an der Jugend festhalten möchte, hat versäumt, zum Leben JA zu sagen. Ich gehe sogar so weit zu behaupten, der hat das Leben nicht begriffen. Das Leben besteht nämlich nicht nur aus der Jugend. Vielmehr ist die Jugend ein Bestandteil des Lebens und gehört zur Entwicklung eines reifen bewussten Lebens. Mehr nicht.

Menschen nicht mehr reifen zu lassen, ihnen die nächste wichtige Phase ihres Lebens zu nehmen – und gerade die Filmindustrie hat damit angefangen, älter werdenden Schauspielern kaum noch Rollen zu geben – war der Startschuss für den heutigen Jugendwahn. Das hat nichts mit Leben-genießen zu tun, sondern mit Quälerei. Immerzu jung sein zu sollen, beinhaltet nämlich auch, keine Schwächen zulassen zu dürfen. Schließlich ist man doch jung und dynamisch, nicht wahr? Da ist ein Kürzertreten nicht drin...

Also bitte, genießt jede Lebensphase in vollen Zügen, verleugnet nichts mehr an euch, nehmt euch so, wie ihr seid, und macht immer das Beste daraus! Putzt euch heraus, pflegt euch! Es ist nichts Verwerfliches daran, sich zu pflegen, im Gegenteil.

Ist es nicht traurig, dass mittlerweile mancher Obdachlose gepflegter aussieht als einige Menschen, die ein Dach über dem Kopf haben?

Ich will hier ganz bestimmt nicht anfangen zu bewerten, aber mich erschreckt es immer wieder, wenn ich mit ansehen muss, wie nachlässig manche mit sich selbst umgehen. Hartz IV-Empfänger zu sein heißt nicht zwingend, sich selbst herunterzuwirtschaften. Denn ebenso fällt mir auf, auch mit wenig Geld kann man sich immer noch pflegen.

Vergesst nie, ihr seid die Engel auf Erden! Habt ihr schon einmal einen Engel mit fettigen Haaren und viel zu engem, noch dazu verschlissenen Gewand, aus dem die Fettpolster quellen, abgebildet gesehen?

Nein? Ich auch nicht! Warum also hier auf der Erde so herumwandeln? Euer Engel in eurem Inneren weint sich die Augen aus dem Kopf.

Sich äußerlich so gehen zu lassen, lässt das innere Wesen verblassen.

Erlaubt euch also zumindest, im Außen ein Licht zu sein, denn damit gebt ihr ganz nebenbei auch anderen die Erlaubnis, dasselbe zu tun.

Habt ihr euch erst einmal im Außen liebevoll akzeptiert, also wenn ihr euer Reisevehikel, euren Körper, ohne Wenn und Aber annehmen könnt, dann erfolgt automatisch die Reise ins Innere.

Natürlich gilt das Gleiche auch anders herum.

Wer sich als etwas Wertvolles sehen kann, der wird nicht darum herumkommen, das auch im Außen zu zeigen. Tatsächlich wird er in der Lage sein, einen schlichten Kartoffelsack mit so viel Würde zu tragen, dass niemandem auffällt, es ist ein Sack.

Es geht also nicht darum, sich in Armanianzüge und Gucci-Kleidchen zu stürzen, sondern es geht einzig darum, sich selbst zu lieben. Du bist ein Engel, also verleihe dir auch den Glanz, der dir gebührt! Und zwar innen wie außen! Und bitte, greife auf natürlichen Glanz zurück! Kein Botox, keine Schnippeleien.

Die Schönheitschirurgie ist für Engelwesen, die durch Unfall oder angeborene Schäden entstellt sind, gedacht, nicht aber für dich!

Du bist ein Engel, und dieses Wissen muss dir einfach in Fleisch und Blut übergehen.

Du musst dir deiner Großartigkeit bewusst werden und es dann SEIN. Du bist ein herabgestiegener Engel, der all seine Fähigkeiten aufgegeben hat, nur um auf der Erde sein zu können. Du wolltest vielleicht hier sein, um andere Engelwesen zu unterstützen, vielleicht aber auch, um selbst noch einige Erfahrungen zu machen, aber in jedem Fall bist du hier, weil du zusammen mit anderen Engelwesen das Spiel der Materie erfahren wolltest. Du selbst hast dir den Schleier des Vergessens auferlegt, und das war auch angemessen.

Das Bewusstsein zu haben, ein Engel auf Erden zu sein, wird euch automatisch die Liebe zu euch selbst bringen. Denn sich dafür entschieden zu haben, Mensch zu sein, ist der größte Liebesdienst an das gesamte Universum und die Quelle, aus der wir einst kamen.

Alles, was wir hier erleben, hat seine Auswirkungen auf die Quelle, aus der wir einst fortgingen, um zu lernen. Die Quelle lernt also von uns! Auch dieser Gedanke ist neu und scheint schier unmöglich.

Erwähnte ich schon, dass die Neue Energie alles jemals Angenommene auf den Kopf stellen wird?

So sind wir keineswegs nur hier, um Erfahrungen für uns selbst zu machen – auch wenn es noch so sehr danach aussieht –, sondern alles, was wir erleben, sind Erfahrungen, die unserer geliebten Quelle zugute kommen.

Die Quelle selbst ist vollkommen. Aber es war der Wunsch der Quelle, ihre Vollkommenheit zu erfahren. Und wir, die wunderbaren Engelwesen, haben aus Liebe zur Quelle diesem wunderbaren Experiment zugestimmt.

Wir alle sind Boten der Quelle. Oder, salopper ausgedrückt, wir handeln im Auftrag Seiner/Ihrer Majestät.

Wenn das kein Grund ist, uns selbst die Füße zu küssen und uns auch als Botschafter zu kleiden und für ein gepflegtes Äußeres zu sorgen?

Die Quelle kommt zu uns

Was bedeutet das nun genau? Was heißt das, die Quelle kommt zu uns? Dachten wir nicht immer, dass wir alle eines Tages zurück zur Quelle gehen? Und nun heißt es hier aber das genaue Gegenteil? Wie das? Und überhaupt, wie und wann soll das funktionieren?

Hier kann ich nur sagen, es hat bereits begonnen!

Ich erwähnte ja schon, dass alles, was wir hier auf der Erde tun, auch eine Auswirkung auf die Geistige Welt hat.

Bis dato dachten wir immer, dass die Geistige Welt perfekt ist und wir die kleinen Lichter sind, dazu verurteilt, hier auf der Erde herumzukrebsen und uns das Himmelreich schwer verdienen zu müssen.

Falsch!!!

Denn in Wahrheit sind WIR die großen Lichter. Nur WIR hatten den Mut, unsere Heimat, die Geistige Welt, die Quelle, zu verlassen.

Es war die Quelle, die sich gefragt hat, was alles möglich sein könnte. Es war die Quelle, die den Wunsch verspürte, andere Ausdrucksformen zu erfahren. Es war die Quelle, die den Wunsch hatte, Allem-was-ist eine Form zu geben.

Die Quelle ist in ihrer Art absolut perfekt. Sie ist alles, und sie ist nichts. Was ihr fehlte, war das Erfahren von Allem-was-ist, und so zogen wir einst aus, um der Quelle zu dienen. Erst unser Dienst an ihr, nämlich unsere Menschwerdung, machte und macht der Quelle verständlich, WAS sie IST.

Es lässt sich schwer beschreiben, wie das nun wirklich zu verstehen ist. Einerseits ist die Quelle Alles-was-ist, müsste also perfekt sein, andererseits lernt sie aber von uns. Schon in der Kabbala, der ältesten mystischen Lehre des Judentums, wird gesagt, dass GOTT von uns lernt. Dort heißt es, dass GOTT seine Schöpfung, also die Welt und uns, im Himmel erschuf, aber auch sogleich alles wieder zerstörte. Alles, was GOTT jemals geschaffen hatte, zersprang in unzählige Funken und trieb in die Leere. Das bedeutet, dass wir tatsächlich einst aus den höchsten Höhen gefallen sind, aber nicht, weil wir in Ungnade fielen, wie die Kirche es uns glauben machen möchte, sondern weil GOTT selbst herumexperimentiert hat. Jeder von uns ist also der Kabbala nach nichts anderes als ein Funken, der zurück zu GOTT strebt.

Der Kabbala nach befinden wir uns immer noch in der Zerstörung, ganz klar, noch leben wir ja nicht unser göttliches Potenzial, und viele von uns wollen von GOTT und der Geistigen Welt nichts wissen, aber GOTT, und jetzt kommt es, GOTT selbst hatte sich, der Kabbala zufolge, einen Strich durch seine Rechnung gemacht. Nachdem er seine Schöpfung zerstörte, musste ER nämlich einsehen, dass nichts verlorengehen kann. Alles, was er erschuf, hatte Bestand, weil es lebte. Und so ist GOTT derjenige, der von uns, seinen Schöpfungen, lernt, und nicht anders herum. Ganz klar heißt es, dass wir GOTT beeinflussen können. Ist es nicht erstaunlich, was „alte" Mystiker schon ahnten?

Um es einfacher auszudrücken, und um den Sinn besser verstehen zu können, kann man die Quelle mit einem
Wissenschaftler vergleichen. So wie bei einem Wissenschafter, der etwas erfunden hat und danach natürlich
ausprobieren möchte, ob auch alles so funktioniert, wie
er sich das gedacht hat, so ähnlich verhält es sich nun mit
der Quelle. Sie erschuf Leben und machte die Erfahrung,
dass es nicht zu zerstören ist. Also beobachtet die Quelle unsere Entwicklung. Und wir? Wir leben als Menschen
einfach nur alle denkbaren Potenziale für die Quelle aus.
Die Quelle lernt also von uns, immer im Bestreben, alles
besser und noch perfekter zu machen. So wie ein Wissenschaftler, der eben auch davon beseelt ist herauszufinden,
was seine Schöpfung alles kann.

Die Akasha-Chronik ist voll von all unseren gelebten
Erfahrungen und das hinterlegte, nachzulesende Ergebnis
von allem, was möglich ist. Kein Leben ist jemals vergeu-
det, kein Leben ist sinnlos. Jedes Leben dient allein der
Quelle, denn alles, was wir jemals erlebt haben, war in seinem Urzustand immer schon da, es ist nur nie zum Leben
erweckt worden. Das war erst durch unsere Bereitschaft,
Mensch zu spielen, möglich, und erst dadurch wurde all
diesen Potenzialen das Leben eingehaucht. Und haben wir
nicht wirklich alles schon durchgespielt? Ob als Krieger,
Friedensstifter, Liebender, Hassender, Kranker, Süchtiger,
Armer, Reicher, Gesunder, Opfer, Täter, Gläubiger, Atheist,
usw. Alles haben wir durchgespielt. Jeder von uns hat der
Quelle andere Erfahrungen mit nach Hause gebracht, und
alles wurde in der Akasha-Chronik festgehalten.

Ich erwähnte eingangs ja schon, dass jedes Spiel einmal ein Ende hat.

Wir sind nun über die Jahrtausende an den Punkt gekommen, an dem es bestenfalls noch Wiederholungen geben kann. Denn mittlerweile IST alles Erfahrbare in der Materie gelebt worden. Das Spiel ist aus. Zumindest für viele von uns. Ein kleiner Trost: Alle anderen werden uns aber in ihrem Rhythmus und in ihrer Zeit folgen.

Wir sind also am Ende des Experiments angekommen. Wie ich ja schon erwähnte, hebt sich nun der Schleier. In der Neuen Zeit wird er immer dünner, wir bekommen also immer mehr Zugang zur Quelle.

Wir werden uns noch darüber wundern (oder auch nicht), dass es für uns immer selbstverständlicher wird, auf all unsere vergessenen Fähigkeiten zurückgreifen zu können, was in Zukunft möglich sein wird. Das hat mit der Aufhebung des Schleiers zu tun. Und wieder könnte man meinen, dass wir uns auf die Quelle zubewegen. In Wahrheit sieht es aber anders aus.

Ich sagte ja auch schon, dass wir uns zurückbewegen, zurück in die Zukunft. Und genauso ist es. Wir bewegen uns nicht vorwärts, sondern zurück zu unserem Ursprung. Damit ist klar, warum sich in Wahrheit die Quelle auf uns zubewegt. Nicht wir entwickeln uns zur Quelle hin, sondern die Quelle kommt zu uns.

Um es zu vereinfachen, könnte ich auch sagen, wir bedingen einander. Auf Grund unserer Entwicklung ist nun die Zeit gekommen, in der sich Geist und Materie aufeinander zubewegen.

Wie schon erwähnt, Alles-was-ist befindet sich in einem Wechselspiel. Wäre die heutige Menschheit noch nicht so weit, wie sie nun mal ist, könnte uns auch die Quelle noch nicht näherkommen. So aber kommt sie uns unserer Entwicklung nach als Dankeschön entgegen. Gleichzeitig wird auch Mutter Erde dazu beitragen, die Wahrheit an die Oberfläche zu bringen. Nach und nach werden Geheimnisse aufgedeckt werden, die über Jahrtausende irgendwo gut verborgen lagen. So wird zum Beispiel gemunkelt, dass unter der Sphinx wertvolle, bahnbrechende, geheime Schriften liegen, die aber erst zum Vorschein kommen, wenn das menschliche Bewusstsein auch bereit dafür ist.

Die ägyptische Regierung ist seit Jahren bemüht, die ständig bröckelnde Pranke der Sphinx wieder instandzusetzen. Schade – würde sie dies einmal lassen, kämen wir wahrscheinlich einer Offenbarung nahe. Aber wie heißt es so schön? Alles zu seiner Zeit. Die Wahrheit kann nämlich auch total überfordern, wenn das menschliche Bewusstsein noch nicht entwickelt ist. Außerdem offenbart sich die Wahrheit ja auch auf anderen Wegen.

Selbst wenn ich hier von der Neuen Energie spreche, so ist sie dennoch nicht neu.

Sie zeigt sich nur zum ersten Mal so offensichtlich! Sie war schon immer da und wird immer bestehen, denn Wahrheit IST. Und wenn wir glauben, dass wir eines Tages, also wenn unser Auftrag als Mensch abgeschlossen ist, zur gleichen Quelle zurückkehren, die wir einst verlassen haben, so irren wir gewaltig. Sie kann niemals die gleiche Quelle sein, aus der wir einst auszogen, um für sie Erfahrungen zu sammeln, denn sie hat von Anfang an mit oder, besser gesagt, an uns gelernt. Ihr Bestreben ist und war, sich selbst zu erfahren, sich zu verbessern und gleichzeitig sich auszudehnen. All das brachte auch der Quelle ein anderes Bewusstsein. Wie unten, so oben!

Spätestens hier müsste (oder auch nicht) jedem klar werden, warum also alle Religionen dieser Welt keinen Sinn machen. GOTT, wie er dort dargestellt wird, ist nicht allmächtig, und er ist auch nicht als eine Einzelperson zu sehen. Besser noch, es gibt ihn so, wie er dargestellt wird, schlicht und ergreifend nicht.

Um noch einmal auf die Kabbala zurückzukommen, sei hier noch erwähnt, dass sie GOTT ganz natürlich weibliche Anteile zuspricht. Diese sind allerdings von der Kirche kurzerhand gestrichen worden. Und so glauben alle Christen an einen männlichen GOTT. Dabei gehört zum Leben unbedingt der weibliche Aspekt dazu, denn erst das weibliche Element hat die Macht, Leben zu spenden.

Weder gibt es einen strafenden, noch einen liebenden Gott. Es gibt nur die Quelle, die davon beseelt ist, sich zu perfektionieren und auszudehnen. Und wir alle sind Teil dieser Quelle.

Als wir so tief in die Materie eintauchten, dass unsere Verbindung zu unserer Herkunft buchstäblich gekappt wurde, da erst wurden die GÖTTER und später der eine GOTT erfunden. Denn dass es etwas geben musste, warum man sich überhaupt auf dieser Welt befand, beschäftigte die Menschheit trotz aller Vergesslichkeit. Die Amnesie bezog sich also in Wirklichkeit nicht darauf, die Menschheit vergessen zu lassen, dass GOTT oder die Quelle vergessen wurde, sondern vielmehr darauf, die Menschheit vergessen zu lassen, selbst Auch-GOTT zu sein. Wir sind ein Teil dieser Quelle, somit ist folgerichtig jeder von uns auch GÖTTLICH. Wir holen uns also im Zeitalter der Neuen Energie quasi selbst ab.

Ich weiß, dass meine Worte für manchen unglaublich bis hin zu unzumutbar klingen, mich selbst hat es ja auch schier umgehauen. Aber tatsächlich wird unser gesamtes Weltbild auf den Kopf gestellt. Was oben war, erscheint plötzlich unten, wir bewegen uns nicht vorwärts, sondern rückwärts, nicht unsere Fähigkeiten erwachen, sondern wir bewegen uns nur zurück zu unserem Ausgangspunkt, und zu guter Letzt ist GOTT nicht im Außen zu finden, sondern im jedem von uns. Das ist schon stark und verlangt eine Menge von jedem von euch ab. Darüber bin ich mir im Klaren. Aber ich bin so mitteilungsbedürftig, dass ich gar nicht anders kann, als über meine Erkenntnisse zu schreiben. Niemand ist gezwungen, mir zu glauben. Mir reicht es, wenn euch Jahre später einfällt, nämlich dann, wenn ihr euch ebenfalls zurück in die Zukunft entwickelt habt, da war doch mal was? Habe ich nicht mal vor Jahren etwas darüber gelesen...? Bis dahin sei euch aller Zweifel dieser Welt erlaubt.

Es ist, wie es IST.

Die Kunst, zu leben und leben zu lassen

Ist es nicht so, dass viele Engelwesen in Wahrheit nicht verstehen zu leben? Zwar existieren wir alle, aber für das Leben selbst haben viele von uns keine Augen.

Eine große Anzahl von uns steckt so in ihren Lebensfilmen fest, dass das eigentliche Leben an uns vorbeirauscht, ohne uns auch nur gestreift zu haben. Was übrigens oftmals mit ein Grund dafür ist zu erkranken oder neidisch auf andere zu blicken...

Entweder jagen wir von einem Termin zum anderen, oder aber wir sind so gebeutelt von unseren Schicksalsschlägen, dass wir resignieren. Wo bleibt die Freude am Leben? Die Freude am SEIN? Die Freude darüber, dass wir nicht alleine sind? Die Freude darüber, dass wir hier auf der schönen Erde sein dürfen?

Ich habe diese Lebens-Freude bei meinen Reisegefährten immer schon vermisst. Doch mit der Neuen Energie kommt sie endlich wieder zurück. Treffender müsste ich sagen, wir erinnern uns nun daran, dass alles nur ein Spiel ist und es nichts gibt, das es wert ist, die Freude am SEIN zu verlieren. Denn, man mag es nicht glauben, in erster Linie war unsere irdische Existenz dafür gedacht, uns Freude zu machen.

Wir sollten Spaß an all unseren Entdeckungen haben, aber dieser Spaß ist uns gründlich abhanden gekommen. Und zwar zeitgleich mit unserem Vergessen, woher wir eigentlich kamen. Das irdische Leben wurde für uns so real, dass wir es nur noch ernst nehmen konnten.

Sätze wie: „Du bist doch nicht zum Spaß auf der Welt, also sieh zu, dass etwas Vernünftiges aus dir wird!" haben wir alle entweder selbst schon zu hören bekommen oder aber zu unseren Kindern gesagt. Glauben nicht sogar viele von euch, dass sie zur Strafe hier auf der Erde sein müssen und etwas „gutzumachen" hätten? Dem kann ich nur entgegensetzen: Völliger Blödsinn!!! Kein Engelwesen hat und hatte jemals etwas gutzumachen. Keines. Wir sind alle freiwillig hier. Weil wir hier sein wollten!

Viele von uns haben tausende von Leben gelebt, und viele davon waren ganz bestimmt kein Zuckerschlecken, aber das lag nur daran, weil wir vergaßen, dass in Wahrheit unsere Leben nur eine Illusion sind. Wir sind hier, um Erfahrungen für die Quelle zu sammeln, mehr nicht.

Wenn ich nun sage, die ganze Welt ist ein unendlich großes Hologramm, so ist dies wahr und auch wieder nicht. Dieses Hologramm wurde so täuschend echt entworfen, genau wie unsere irdische Existenz als Mensch, dass wir fest davon überzeugt sind, Menschen zu sein, die auf der Erde wandeln.

Die Kunst des Lebens besteht darin, alles, was kommt, anzunehmen. Und zwar ohne zu bewerten. Denn alles, was uns widerfährt, ist in seinem Urzustand zunächst einmal NICHTS. Es IST einfach nur.

Unglaublich, aber wahr, wir als die Meister, wir erwecken alles erst zum Leben.

Bewerten wir in Gut oder Schlecht, haben wir selbst uns ein Potenzial erschaffen, mit dem wir spielen können.

Es liegt immer nur an uns selbst, ob uns etwas Gutes oder Schlechtes widerfährt.

Nun verhält es sich zudem aber oft so, dass wir, anstatt nur bei uns zu bleiben, womit wir eigentlich schon genug zu tun haben, uns in die Dramen der anderen verstricken lassen. Schaut doch mal zurück auf eure Schultern. Na, liegen da nicht zentnerweise Säcke drauf? Oh ja, da liegen sie, die Sorgen und Nöte anderer. Alle hübsch auf euren Schultern. Wen wundert es, dass ihr euch oft so gebeutelt fühlt? Ihr macht nämlich in Wahrheit die Probleme anderer zu euren eigenen. Habt ihr nicht genug mit euch selbst zu tun?

Ah, ihr wisst ja noch gar nicht, wer ihr wirklich seid. Ihr seid ja so abgelenkt von den Dramen anderer, dass ihr gar nicht zu euch finden könnt. Verstehe...

Wenn ihr euch dessen bewusst werden könnt, dass vieles von dem, was ihr mit euch herumschleppt, gar nicht zu euch gehört, dann dürfte euer Leben erheblich leichter werden. Ihr müsst verstehen lernen, dass jedes Engelwesen seinen ureigenen Spielplan hat. Ihr müsst lernen, tiefes Mitgefühl für sie zu entwickeln, aber nicht ihr Leid auf EURE Schultern zu nehmen. Natürlich dürft ihr immer zuhören, immer helfen, wenn ihr danach gefragt werdet, aber niemals solltet ihr die Sorgen und Nöte anderer zu euren eigenen machen. Das erschwert euch nur unnötig, und mal ehrlich, wem ist damit geholfen, wenn ihr vor lauter Mitleiden euer eigenes Leben nicht mehr leben könnt? So hart wie das klingt, aber wem hilft es, wenn ihr euch die

Augen aus dem Kopf weint angesichts des Elends anderer? Wenn ihr euch um sie Sorgen macht?

Ihr müsst verstehen lernen, dass ihr nur dann Hilfe geben dürft, wenn ihr darum gebeten werdet. Und ihr müsst verstehen, dass es niemandem hilft, wenn ihr vor lauter Herumgrübeln, wie ihr helfen könntet, graue Haare bekommt.

Genau das Gleiche gilt für den persönlichen Alltag. Es hat euch nicht zu interessieren, was euer Nachbar WIE macht. All das Gerede um Nachbarn, was sie anhaben, wohin sie in Urlaub fahren, welche neue Freundin abgeschleppt wurde usw. geht euch in Wahrheit nichts an. Lasst jeden so leben, wie er möchte. Lasst jedem seine Meinung. Und hört auf, über andere zu tratschen und euch ungefragt in das Leben anderer einzumischen. Denn energetisch gesehen tut ihr euch und dem anderen Wesen keinen Gefallen damit.

Lasst also jeden so SEIN, wie er ist. Ich verlange hier nicht, dass ihr in Zukunft alle Wesen von Herzen lieben sollt. Das wird gar nicht verlangt. Was verlangt wird, ist der Respekt vor dem anderen Leben; zu lernen, es so anzunehmen, wie es IST.

Jeder von uns ist hier auf der Durchreise, jeder von uns mit einem anderen Auftrag. Jeder Einzelne von uns hat seine Daseinsberechtigung. Warum einander also mit Spott oder Häme begegnen? In der Anerkennung und der Bewusstmachung, dass jedes Wesen einzigartig ist, liegt der Schlüssel zu einem friedfertigen Umgang miteinander.

All die Einmischungen, die wir uns täglich, meistens auch noch ungefragt, erlauben, führen zu nichts. Außer, dass wir ständig mit den Dingen anderer beschäftigt sind und sie dadurch, energetisch gesehen, verstärken.

Wie willst du, geliebtes Wesen, jemals zu dir selbst finden, wenn du immer nur nach anderen schaust? Du wirst deine wahre Natur so niemals erfahren, und das macht dich auf die Dauer traurig, deprimiert und schlimmstenfalls krank. Du bist hier, um DEIN Leben mit allem, was es dir zu bieten hat, zu genießen.

Und alles, was du jemals erlebst, sind wunderbare Erfahrungen. Selbst, wenn du zum Beispiel auf einer Bananenschale ausrutschen solltest und dir unsanft dein Steißbein prellst, so ist das nichts, worüber es sich zu jammern lohnt. Freu dich vielmehr, dass du nun WEISST, wie es sich anfühlt, schmerzhaft auf den Po gefallen zu sein.

Ja, tatsächlich, das ist die einzig wahre Sichtweise von allem, was uns widerfährt.

In Wahrheit gibt es nämlich nichts, worüber es sich aufzuregen lohnt.

Dieses zu erkennen ist von hoher Wichtigkeit, denn wenn es uns gelingt, die Dinge einfach nur anzunehmen, und zwar ohne Wenn und Aber, bleiben sie in ihrer Potenz neutral. Und das ist es, wohin die Neue Energie uns führt: In den totalen neutralen Bereich. Und damit erschließt sich uns eine vollkommen neue Lebensqualität. Sobald wir aufhören, uns und andere zu bewerten, kann sich die Dualität aufheben und uns dahin führen, dass wir endlich wirklich leben können.

Natürlich werden Fragen aufkommen wie: „Verstehe ich das richtig? Ich darf mich nicht mehr darüber aufregen, dass in anderen Ländern Kinder verhungern müssen? Dass andere Länder Kriege führen? Oder dass mein Nachbar ein Trunkenbold ist und regelmäßig seine Frau und seine Familie verprügelt?"

Genauso ist dies zu verstehen. Um es noch einmal hart auszudrücken: Es geht dich einfach nichts an. Um es milder zu formulieren: Verstehe bitte, dass jedes Wesen sein eigenes Spiel spielt. Es ist das Spiel der anderen, nicht deines.

Achte, ehre und liebe sie dafür, habe auch ein tiefes Mitgefühl für sie, aber mische dich nicht ein, indem du deine Bewertung abgibst. Das ist damit gemeint, wenn ich sage: leben und leben lassen.

Jedes Wesen ist hier, um seine ureigenen Erfahrungen zu machen. Lasst sie ihnen. Es sind ihre, und wenn es uns noch so wehtut, sie mit ansehen zu müssen.

Auch wir waren einstmals da, wo sie jetzt sind. Auch wir haben all die Dramen schon durchgespielt. Was mit ein Grund ist, warum wir immer meinen, uns helfend einmischen zu müssen. Wir wissen nur zu gut, wie es sich anfühlt, daher unser Helfersyndrom.

Liebt jeden Einzelnen dafür, schenkt ihm euer Mitgefühl, aber mischt euch nicht mehr ungefragt ein, weder mit Worten, noch mit Taten. Lasst jedem Wesen sein Leben und lebt euer Leben in vollen Zügen aus.

Keine Angst vor dem Menschsein

Wir wissen ja nun, wir wandeln als Engelwesen hier auf der Erde, um Erfahrungen zu machen. Nun verhält es sich aber so, dass gerade oft die spirituellen Menschen verstärkt meinen, sie dürften ihr Menschsein nicht mehr leben. Da wird auf Alkohol und Fleisch verzichtet, da wird sich mit Meditationen gequält (gequält deswegen, weil manche extra dafür morgens um vier Uhr aufstehen), und da wird mit aller Anstrengung, die dazu gehört, wenn man natürliche Bedürfnisse unterdrückt, versucht, rund um die Uhr ein Gutmensch zu sein. Vor lauter Aufpassen, ja auch schön spirituell zu leben, bleibt das wahre Menschsein oftmals auf der Strecke. Aber wir sind nun mal auch Menschen. Und zum Leben gehört, genau das zu genießen.

Warum nicht mal über die Stränge schlagen und selig beschickert morgens um vier Uhr nach Hause kommen? Warum nicht mit Genuss ein Stück Fleisch verzehren? Warum nicht flirten, was das Zeug hält? Warum nicht seinen Unmut ausdrücken? Warum jegliche Spontaneität ausschließen? Weil wir doch ach soo spirituell sind?

Nun, leider muss ich hier sagen, dass so gar nichts Spirituelles daran ist, das Leben nicht zu genießen. Ja, schlimmer noch, in dem Moment, wo wir die Spontaneität aus unserem Leben ausschließen, haben wir schon verloren.

Denn Leben bedeutet: Im Fluss zu sein.

Und das ist kaum noch jemand. In diesem Fall ist es sogar egal, ob es sich nun um besonders spirituelle oder ganz normale Menschen handelt. Denn so weit mein Auge reicht (und ich kann sehr weit sehen), stagniert das menschliche Leben. Fast überall stelle ich dies fest und finde es sehr, sehr bedauerlich. Unser aller Leben beinhaltet größtenteils nicht das Leben, sondern festgefahrene Rituale.

Es fängt schon damit an, dass wir immer zur gleichen Zeit aufstehen, sofern wir nicht gerade ein Wochenende vor uns haben oder uns im Urlaub befinden. (Und selbst dort müssen wir um vier Uhr unseren Kaffee oder unseren Tee zu uns nehmen...)

Ist es nicht so, dass wir in den meisten Fällen die Uhr nach unserem ach so geregelten Tagesablauf stellen können? Warum fahren wir immer den gleichen Weg zur Arbeit? Wieso zieht es viele von uns immer an den gleichen Urlaubsort? Wir gehen in die gleichen Lokale, treffen uns mit den gleichen Menschen und bereden in der Regel auch immer das Gleiche. Da frage ich euch, wie kann das Leben zu euch kommen, wenn ihr euch immer im selben Dunstkreis bewegt? Ich wundere mich, dass nicht viele einfach aus Langeweile sterben. Denn so muss man diese Art zu leben sehen.

STINKLANGWEILIG!!!

Ihr nehmt euch selbst die Chance, euer Leben zu bereichern. Aus Angst vor dem Neuem, dem Ungewissen bleibt jeder nur innerhalb seines Radius' und fürchtet sich davor, über den Tellerrand zu schauen: „Neues? Geh weg, ich kenn dich nicht...“

Nur, ihr Lieben, damit seid ihr alle zu „Selbstmördern"
geworden. Ihr seid jetzt schon tot. Lebende Zombies.

Es gibt so vieles zu entdecken, neue Menschen, neue
Situationen, neue Welten usw.

Indem ihr dies alles für euch ausschließt, seid ihr schon
gestorben. Der Spontaneität keinen Raum zu geben, ist
Gift für jeden von uns. Denn nicht nur, dass ihr keinen Mut
habt, die Außenwelt, also das Mehr da draußen, kennenlernen zu wollen, nein, ihr habt folgerichtig auch nicht den
Mut, zu euch selbst zu stehen. Ihr traut euch nicht, das
auszusprechen, was ihr wirklich denkt, wollt und fühlt.

Ihr traut euch nicht, euer Menschsein zu leben.

Immer seid ihr damit beschäftigt, euch zurückzuhalten.
Lieber schluckt ihr so manche bittere Pille, oft des lieben
Friedens willen, anstatt zu euch selbst zu stehen.

Ja, und viele Spirituelle unter euch haben es sich auf
die Fahnen geschrieben, immerzu milde lächelnd alles
hinzunehmen. Man ist ja schließlich spirituell, nicht wahr?
Wie ich schon einmal sagte, es ist nicht Spirituelles daran,
sich selbst zu verleugnen.

Was habt ihr nur alle gegen euch selbst? Was ist so
verwerflich daran, zu sich selbst zu stehen, indem man
sich und seine Gefühle ausdrückt?

Es ist nicht Erhellendes daran, anderen zuliebe sich
selbst zurückzunehmen. Im Gegenteil, ständig auf Sparflamme zu leben bedingt das Erlöschen derselbigen.

Außerdem seid ihr euch und anderen gegenüber auch
noch total unehrlich. Wahrhaftig zu sein bedeutet, zu seiner WAHHEIT zu stehen.

Du bist nun mal ein Hitzkopf? Okay, dann IST das eben so! Keine Sorge, deine Mitmenschen können schon mit dir umgehen.

Du bist leicht verletzlich? Okay, auch damit kann jeder umgehen.

Du bist ein Träumer? Okay, auch das ist kein Beinbruch, sondern das bist DU!

Du hast eine andere Meinung? Dann sag sie auch!!! Wenn du sie nicht zum Ausdruck bringst, wirst du nie erfahren, wie andere sie auffassen.

Wo wir gerade bei Ausdruck sind: Wir alle, wir, die wunderbaren Engelwesen in Menschengestalt, wir haben im Grunde genommen nur eine einzige Aufgabe in unserem Leben, nämlich, uns zum Ausdruck zu bringen. Durch ständiges Unterdrücken unseres Wesens unter-drücken wir aber unser Licht, und das permanent. Es ist also wahrhaft nichts Großartiges daran, sich selbst zu verleugnen, und anderen zuliebe schon mal gar nicht.

Ihr müsst euch das ungefähr so vorstellen, als wenn ihr eine Traumreise gebucht habt, aber das Flugzeug nie verlasst. Ihr seid zwar an eurem Traumziel, habt aber nicht den Mut auszusteigen.

Ja, und so sitzt ihr die Zeit ab, bis zum Rückflug aufgerufen wird...

Genauso verlaufen viele Leben. Zwar wird viel darüber gesprochen, wird es sich sogar in den schönsten Farben ausgemalt, nur **erfahren** wird es nie. Auch das ist mit ein Grund, warum so viele Menschen erkranken. Schuld sind nämlich nicht selten die völlige Selbstaufgabe und die Stagnation. Wir sind zum Ausdehnen hier, nicht, um uns fest-zusetzen. Ausdehnung heißt im alltäglichen Leben, sich Raum zuzugestehen für spontane Dinge.

Ihr wisst alle, dass immer, wenn sich etwas völlig Spontanes, also etwas nicht Geplantes, in eurem Leben ergeben hat, dies eure schönsten Erlebnisse waren. Hört auf zu planen, steigt aus diesem starren Programm aus, wo immer es für euch möglich ist. Fangt an, offen und neu-gierig für die Welt und das, was sie euch zu bieten hat, zu werden. Wen kümmert es, ob ihr gerade euren Hausputz machen wolltet, wenn liebe Freunde euch zu einem Tag am See einladen wollen? Nehmt den Tag am See! Der Hausputz läuft euch nicht weg, aber ihr habt einen schö-nen Tag in der Natur gehabt.

Fangt an, das Leben zu genießen, mit allem, was es für euch hat. Fangt an, mit dem Leben zu fließen.

Ihr dürft eure wildesten Träume HIER und JETZT wahr-machen. Nicht später, nicht irgendwann. JETZT ist die Zeit zu leben!!!

Fangt an, euch zu trauen, zu euch selbst zu stehen. Zeigt der Welt euer wahres Gesicht. Es ist nämlich gar nicht so schrecklich, wie viele von euch denken.

Und schreibt euch hinter eure Engelohren, dass es nichts gibt, wovor ihr Angst haben müsstest. Nicht vor der Welt, nicht vor dem Leben, und schon gar nicht vor euch!

Die dunkle Seite anerkennen und annehmen

Viele von uns haben nur deswegen Angst, sich auszudrücken, weil sie sich vor sich selbst fürchten. Sie fürchten natürlich nicht die lichte Seite, sondern haben eine Heidenangst davor, der dunklen Seite in ihrem Inneren zu begegnen. Aber, ihr lieben Wesen, sie ist nun einmal da. Wir haben beide Aspekte in uns, und wir dürfen auch beide Aspekte nutzen.

Es ist uns nicht damit geholfen, unsere dunkle Seite zu verleugnen oder gegen sie anzukämpfen. Das war lange Jahre wohl angemessen, schließlich gehörte dies zur Alten Energie, im Zeitalter der Neuen Energie aber gilt es, diese beiden Seiten in uns zu etwas Neuem verschmelzen zu lassen. Um sie zusammenzubringen, müssen wir uns aber erst mit unserer dunklen Seite beschäftigen. Wir müssen aufhören, sie ständig zu verleugnen oder sie gar zu bekämpfen. Das führt nämlich zu nichts, außer, dass die dunkle Seite in uns sich auf andere Weise ihren Weg sucht, sich ausdrücken zu dürfen.

Mal ehrlich, macht es nicht auch einmal Spaß, ein kleines Teufelchen auf der Schulter sitzen zu haben? Siehst du, „böse" sein kann auch Spaß machen. Natürlich rede ich hier nur von den kleinen Nickeligkeiten im Alltag. Niemals gehören Ausschweifungen der schlimmsten Art zu dem, wovon ich hier rede. Mord und Totschlag sowie die ganze Kriminalität mit der dazugehörigen, heute weit überschrittenen Hemmschwelle haben nichts mit dem, worüber ich

hier spreche, zu tun. Ich rede hier nur von den ganz alltäglichen Dingen. Von unserer immer wieder verleugneten
vermeintlichen dunklen Seite.

Wieso tun wir alles, um uns immer ins rechte Licht zu
rücken? Wieso zeigen wir in der Regel, zumindest an jedem Anfang einer neuen Bekanntschaft oder auch Beziehung, nur unsere Schokoladenseite?

Keine Frage, weil wir gemocht und geliebt werden wollen. Wir hungern so sehr nach Liebe, dass wir kommen-
tarlos bereit sind, einen ganzen Teil von uns in die Wüste
zu schicken. „Verstecke dich bloß, und wehe, du kommst
raus..."

Natürlich verbannen die meisten von uns ihre dunkle
Seite nicht für immer, das ist auf Dauer auch gar nicht möglich, aber tatsächlich vergessen einige, dass da ein Wesen
in ihrem Keller sitzt, das manchmal jahrelang auf seine Befreiung wartet. Kommt sie nicht, so wird die dunkle Seite
einen Weg finden, sich selbst ans Licht zu bringen. Auch
in Form von gesundheitlichen Störungen, und wenn ihnen
keine Aufmerksamkeit geschenkt wird, wandelt sie sich
auch gerne in Krankheiten um. Oder aber sie bricht sich
urplötzlich Bahn und wir mutieren zu einem Amokläufer.

All das könnte vermieden werden, wenn wir endlich
dazu bereit wären, unserer vermeintlich dunklen Seite die-
selbe Aufmerksamkeit zu schenken wie unserer hellen.
Wir sind mit beiden Teilen gesegnet, und beide Anteile
sind in ihrer Urform: neutral.

Wir selbst haben sie einst für das große Spiel MENSCH
in GUT und BÖSE getrennt. Das gehörte einfach zu unse-

rem Spiel der Dualität dazu. Und es war gut so. Die Betonung liegt hier auf WAR!

Im Zeitalter der Neuen Energie hebt sich dieses Spiel nun auf, was bedeutet, dass wir nicht nur die Dualität im Außen aufheben können, sondern auch unsere innere Dualität zwingend aufheben sollten. Wie innen, so außen, wie oben, so unten.

Wer mit der Neuen Energie mitfließen möchte, kommt nicht darum herum, alles, was jemals getrennt war, wieder zu verbinden. Und so nehmt eure dunkle Seite in die Arme, denn in Wahrheit ist sie gar nicht dunkel. Dieses Energiepotenzial ist die gleiche Energie wie unsere helle Seite. Aus Liebe zu uns hat sie sich bereit erklärt, unser Schatten zu werden. Und mal ehrlich, verhilft uns nicht gerade unsere dunkle Seite zu einem enormen Kraftpotenzial? In Wut liegt zum Beispiel so viel Kraft, dass wir einen Stapel Holz quasi in Nullkomanix kleingehackt bekämen, wenn wir sie so kreativ nutzen würden.

Es ist also nichts Schlechtes daran, Wut zu empfinden, „schlecht" ist nur, wenn man ihr nicht erlaubt, sich auszudrücken. Alles in uns will nur zum Ausdruck gebracht werden. Es möchte leben dürfen. Indem wir unsere dunkle Seite unterdrücken, ist sie ja nicht weg. Sie ist nur einige Etagen tiefer gerutscht und wird früher oder später einen Weg finden, doch noch nach oben zu kommen. Und mal ehrlich, bei Licht betrachtet sehen die meisten Dinge doch gar nicht mehr so schlimm aus, oder? So auch unsere Schattenseite. Sie ist einfach nur ein Potenzial, das uns zur Verfügung steht, mehr nicht.

Wenn wir es verstehen, dieses Potenzial auch zu nutzen, indem wir lernen, es umzuwandeln, bevor wir es einsetzen oder, einfacher noch, indem wir aufhören, dieses Potenzial in Einzelhaft versauern zu lassen, geben wir ihm die Erlaubnis, ebenfalls ans Licht zu kommen.

Nur wenn sie ins Licht, also nach oben, kommen darf, können wir sie auch sehen und dementsprechend mit ihr spielen. Und so lässt sich heute auf lange Sicht nichts mehr verbergen und trennen. Jeder Politiker, der, um es wieder einmal salopp auszudrücken, Dreck am Stecken hat, wird dies früher oder später nicht mehr verheimlichen können.

Die Dunkelheit selbst will ans Licht. Sie hat uns lange genug gedient, hat wirklich über Äonen ein Schattendasein geführt, hat immer mit unserer Ablehnung leben müssen, nun strebt auch sie an die Oberfläche. Auch sie weiß, dass das Spiel der Dualität sich dem Ende zuneigt. Und so kann ich nur sagen, nehmt zuerst eure eigene Schattenseite in eure Arme, heißt sie willkommen und betrachtet sie bei Licht. Ihr werdet sehen, dass sie nichts ist, wovor ihr euch fürchten müsst. Ihr seid Engel! Ihr könnt gar nicht abscheulich sein.

Ich wage hier zu behaupten, dass die dunkle Seite jeden Schrecken verliert, wenn man ihr erlaubt, neben dem Licht stehen zu dürfen, denn in Wahrheit sind sich beide Seiten ebenbürtig. Und es gibt keinen Grund, irgendetwas, was zum menschlichen Sein gehört, abzulehnen. Noch weiter gedacht ist es sogar sträflich zu nennen.

Licht und Schatten gehören nun einmal zu uns. Das eine bedingt das andere. Und das ist gut so und auch angemessen. Und wir werden im Zeitalter der Neuen Energie nicht darum herumkommen, beides in uns zu vereinen. Wir sind auf dem Weg: Zurück in die Zukunft!

Zwangsläufig werden die, die in diesen wundervollen ICC eingestiegen sind oder noch einsteigen wollen, ihre eigene Polarität oder Dualität aufgeben müssen. Sonst wird es schwierig, zur Einheit zurückzukommen. Unsere Quelle kennt keine Dualität, und somit werden wir sie früher oder später aus dem Fenster werfen müssen. Natürlich nur, sofern wir diesen Kurs der Neuen Energie beibehalten wollen.

Noch existiert beides. Die Alte und die Neue Energie sind beide vorhanden. Und wir?

Wir haben tröstlicherweise die Wahl, welche Form von Energie wir nutzen wollen.

Der Ehrlichkeit halber sei hier gesagt, dass der neue Weg ganz bestimmt kein Zuckerschlecken ist, da wir uns von allem, was uns so viele Jahre ausgemacht hat, was uns solange vertraut war, verabschieden müssen. Sämtliche Wertvorstellungen oder überhaupt alle Vorstellungen, wie wir das Leben und das Menschsein bis jetzt begriffen haben, fallen weg. Und das ist ganz bestimmt nicht einfach.

Verabschiedung der geistigen Helfer

So ist der erste Schock, den gerade viele spirituelle Menschen erleben, die sich mehr oder weniger bewusst für die Neue Energie entschieden haben, dass ihre Informationsquelle scheinbar versiegt. Ich erwähnte ja schon in meinem Buch *Wunderwerk Mensch – Engel des Lichts*[*], wie es mir erging, als meine geistigen Helfer mich von heut' auf morgen auf mich selbst zurückwarfen. Das war nicht wirklich witzig, denn einen hilfesuchenden Menschen vor sich zu haben und verzweifelt darauf zu warten, dass die Verbindung nach oben endlich zustande kommt, ließ mich innerlich regelrecht in Panik geraten. Es half aber nichts, da musste ich durch, schließlich konnte ich meinem Klienten ja schlecht erklären, dass es kosmische Störungen gab.

Und so wurde ich zum ersten Mal in meinem Leben auf mich selbst zurückgeworfen.

Das war im Nachhinein das unglaublichste Erlebnis, das ich jemals hatte. Zu entdecken, dass ich keinen Souffleur mehr brauchte, war für mich DAS Highlight meines Lebens. Ich war nämlich flügge geworden, und damit unabhängig. Das war das größte Geschenk, das mir die Geistige Welt machen konnte.

Wenn ich heute Klienten bei mir habe, so brauche ich nicht einmal mehr auf die Karten zu schauen, ja, oft weiß ich sogar ihre Fragen im voraus und habe auch gleich die Antwort dazu. Das hat schon zu manch witzigen Situati-

---

[*] erschienen Juni 2007 im Smaragd Verlag

onen geführt. Oder dazu, dass meine Klienten völlig entgeistert hauchten: „Oh, das wollte ich gerade fragen..."

Es muss euch also keine Angst machen, wenn ihr feststellt, dass eure Verbindung zur Geistigen Welt nachlässt, bis dahin, dass sie scheinbar gar nicht mehr da zu sein scheint. Im Gegenteil, ihr dürft stolz darauf sein, bescheinigt es euch doch, euch schon so weit entwickelt zu haben, um auf eigenen Beinen stehen zu können. Ihr verlasst euch dann nämlich nicht mehr auf die Geistige Welt, sondern schöpft alleine aus euch heraus!

Natürlich wird es schmerzen. Ihr werdet anfangs sogar ein Gefühl der absoluten Einsamkeit und tiefen Traurigkeit verspüren. Und das ist auch nur natürlich und menschlich. Schließlich heißt es, von geliebten Wesen Abschied zu nehmen, die immer um euch herum waren.

Wenn ihr euch daran erinnert, dass wir zurück in unsere Zukunft gehen, so heißt das, wir alle erlangen unsere Fähigkeiten wieder.

Würde die Geistige Welt sich nicht von uns verabschieden, würde sie uns nur blockieren. Das heißt, sie würde uns keinen Liebesdienst erweisen, wenn sie sich von unserer Traurigkeit erweichen ließe.

Wir entwickeln uns zurück, zurück zu den großartigen Wesen, die wir immer waren. Das bedeutet, dass wir mehr Raum für uns brauchen, um uns ausdehnen zu können. Würde die Geistige Welt nicht diesen einen Schritt zurücktreten, hätten wir diesen Raum nicht.

Je mehr Raum wir uns nehmen, umso größer werden

unsere Fähigkeiten, uns mit Allem-was-ist zu verbinden. So bekommt man sogar Informationen, die einen nicht wirklich betreffen und die man vielleicht nicht einmal haben wollte.

Auf meine Überlegung hin, wieso Karl Lagerfeld neuerdings diese scheußlichen Handschuhe trägt, ob dies wohl einer seiner neuen Modegags ist, fiel mir die Antwort einfach zu. „Nein, nein, es ist kein Modegag, aber es ist seine Art, seine Altersflecken zu vertuschen." Da muss man erst einmal drauf kommen!

Auch könnte ich mich, wenn ich mich mit mir selbst verbinde, zum Beispiel bei Günther Jauch ein gutes Sümmchen erspielen.

Nie werde ich vergessen, wie mein Mann mit offenen Mund dasaß, weil ich alle Fragen, aber wirklich alle, noch dazu solche, die ich nun wirklich nicht beantworten konnte, weil mir das nötige Hintergrundwissen dazu fehlte, aus dem Ärmel schütteln konnte. Dummerweise habe ich aber noch nicht genügend Vertrauen zu mir selbst, so dass mein Verstand sich sehr oft dazwischendrängen kann.

Ja, und somit würde ich im ersten Moment zwar immer alles richtig beantworten, es aber im zweiten, Dank meines Verstandes, wieder umschmeißen... Aber ich arbeite daran!

Immerhin weiß ich aber schon mal, was möglich IST. Und darauf kommt es an.

Und ich weiß, dass der Rücktritt der Geistigen Welt ein

Segen ist. Denn nur so haben wir die Möglichkeit, uns zu entfalten.

Als kleiner Trost sei gesagt, dass wir nicht wirklich alleine gelassen werden. Alle unsere lieben Geistigen Helfer sind nur einen Schritt zurückgetreten. Sie sind nicht gegangen, sondern warten nur darauf, bis wir uns so weit ausgedehnt haben, dass wir uns wieder mit ihnen verbinden können. Wenn es so weit ist, dann sind wir ihnen endlich wieder ebenbürtig. Wir brauchen nicht mehr an die Hand genommen zu werden, sondern sind im Besitz aller Fähigkeiten, die unsere geistigen Helfer haben und die wir ebenfalls hatten, bevor wir auszogen, Mensch-Sein zu spielen.

So macht es durchaus Sinn, wenn unsere geistigen Helfer einen Schritt zurücktreten. Denn alles, was sie können, können wir auch!

Die neuen Wesen

Was in Wahrheit passiert ist, dass wir eine neue Welt kreieren oder, besser gesagt, eine neue Gattung. Den Menschen, so wie wir ihn über Jahrtausende gelebt und erlebt haben, den wird es so nicht mehr geben, weil wir zu einer Einheit zwischen Materie und unserem wahren Wesen werden. Zukunftsmusik? Nein, die Zukunft hat bereits begonnen. Der Wandel ist auch schon überall zu sehen.

Es gibt mittlerweile so viele Engelwesen, die erwachen, die sich auf ihren Ursprung besinnen, die Sehnsucht nach zu Hause haben und aus dem Inkarnationsrad aussteigen wollen, dass die Rückkehr tatsächlich schon begonnen hat. Denn sie alle haben dazu beigetragen, dass sich der Schleier heben konnte. Alles möchte wieder zusammenfinden, und so kann es gar nicht anders sein, als uns mit Riesenschritten zu unserem Ursprung zurückzuentwicklen.

Wie schon gesagt, das wird natürlich nicht von heute auf morgen der Fall sein, aber die Veränderungen werfen ihre Schatten voraus. Die momentane Situation erscheint uns in vielerlei Hinsicht als chaotisch. Angesichts der Tatsache, dass es weltweit einen enormen Bewusstseinsanstieg gegeben hat, könnte man sich fragen: WO sind sie denn alle?

Wo man hinsieht, nur politische Katastrophen, Kriege, Terror, Unterdrückung sowie auch viele Durchschnittsmenschen, die sozusagen ab- beziehunsweise durchdrehen. Nie hat es so viele Dramen auf der Erde gegeben wie heute. Nie! Aber alle diese Dramen sind der sichtbare Beweis, dass wir mitten im Wandel stecken.

Was wir erleben, ist das ganze Ausmaß der über die Jahrtausende unterdrückten dunklen Seite. Sie bahnt sich nur ihren Weg ins Licht. Wer als Mensch nicht bereit ist, seine dunkle Seite anzuerkennen, der findet sich oftmals in einem Drama wieder.

Es hilft also nichts, sie immer zu verleugnen, da sie einen Weg finden wird, wo wir sie uns anschauen müssen. Warum also nicht gleich den einfachen Weg gehen? Warum sie nicht gleich willkommen heißen? Wenn wir also in Zukunft Schreckensbotschaften oder Bilder sehen, müssen wir wissen, es geht hier nur um das ewig verleugnete Potenzial der Dunkelheit. Aber nicht nur das, es geht auch um Ängste.

Diejenigen, die in der heutigen Zeit noch an ihren alten Werten festhalten, die sogar bereit sind, dafür andere Menschen zu töten, haben nichts anderes als nackte Angst. Sie können sich noch nicht vorstellen, dass alle ihre Systeme nicht mehr gebraucht werden. Wenn es uns schon kaum gelingt, unsere eigenen persönlichen und festgefahrenen Vorstellungen loszulassen, wie soll das ein ganzes Land können? Sie wissen ja noch nicht, dass etwas Neues hereinkommt. Sie spüren nur, da soll ihnen etwas weggenommen werden. Daher diese heftige Gegenwehr.

Alles zusammen genommen ergibt das, was wir heute auf der Welt erleben: Terror, Kriege, Anschläge, Radikalismus, moderne Sklaverei usw.

So schrecklich sich dies alles anhört, so steckt doch eine tröstliche Botschaft dahinter: Das Alte muss und wird früher oder später zu Grabe getragen, auch wenn viele sich noch so heftig dagegen wehren. Wir werden in den nächsten Zeiten, was das betrifft, verstärkte Abwehrreaktionen beobachten können.

Gerade im Nahen Osten – die Wiege sämtlicher Religionen – wird es verstärkt zu Widerständen kommen. Das wundert mich nicht, denn den Erfindern der Religion ihre Werte „wegnehmen" zu wollen muss auf heftigen Widerstand stoßen. Dabei sind es nicht einmal die Menschen, die das Alte aufheben wollen, sondern die Neue Energie selbst entwickelt sich langsam, aber stetig. Sie hat nämliche ihre eigene Dynamik.

Ich wage hier zu behaupten, dass alle Menschen, ob nun bewusst spirituell oder nicht, diesen Wandel spüren. Die nicht bewusst spirituellen haben nur keine greifbare Erklärung dafür. Sie sehen im wahrsten Sinne des Wortes ihre Felle (Werte) wegschwimmen, denn eine neue Ära will hereinkommen, die Ära der neuen Wesen auf der Erde.

Das führt zunächst einmal zu Angst, denn niemand kann sich vorstellen, wie eine Zukunft ohne die alten Werte aussehen wird.

Was wäre denn, wenn alle Gesetze und alle Religionen nicht mehr wären? Unter den heutigen Umständen hätten wir die reinste Anarchie, keine Frage.

Aber... je mehr Engelwesen sich ihrer Göttlichkeit bewusst werden, umso weniger braucht es Ge- oder Verbote, geschweige denn Religionen. Wir wissen nämlich aus unserem tiefsten Innern heraus, WIE wir zu leben haben. Wir wissen, dass dieses Leben etwas ganz Besonderes und Kostbares ist.

Schaut, ihr lieben Engelwesen, ist es nicht etwas ganz Besonderes, sich selbst er-leben zu können? Ist es nicht etwas Besonderes, andere Engel-Wesen er-leben zu können? Wir haben hier die Möglichkeit, unsere ätherische Feinstofflichkeit mit der Materie zu verbinden. Damit können wir uns wahrhaftig erfahren.

In der Geistigen Welt erfahren und leben wir auch, aber es ist nicht mit dem zu vergleichen, was uns hier auf der Erde geschenkt wird. Wir werden in der Neuen Zeit nicht mehr danach trachten, uns für andere kaputt zu arbeiten. Auch werden wir merken, dass der Sinn des Lebens nicht darin besteht, große materielle Gewinne zu erzielen. Den größten persönlichen Gewinn macht der, der erkennt, dass dieses Leben einzigartig ist, und der es versteht, zu leben. Noch scheint die ganze Welt im Geldfieber zu sein, immer höhere Gewinnzahlen, immer mehr Summen einstreichen usw., aber die Schere klafft jetzt schon gewaltig auseinander.

Nur wenige Menschen haben so viel Geld zur Verfügung, dass sie nicht wissen, wohin damit. Sollte das Geld nicht ganz abgeschafft werden, was durchaus denkbar wäre, so wird doch das Bewusstsein in der Neuen Zeit dahingehend verändert sein, dass jedes Wesen hier auf dieser Erde genug zum Leben hat.

Vor zwanzig Jahren bin ich schon auf Grund meiner Visionen verlacht worden. Ich sah eine Welt, in der sich jeder um jeden kümmert, in der Hunger, Not, Elend und Krieg nicht mehr vorkommen. Ich sah eine Welt mit mitfühlenden und bewussten Wesen. In dieser Welt waren keine Gesetzte mehr nötig, da jeder Mutter Erde liebevoll behandelte und um das Mysterium des Lebens wusste.

Diese Welt wurde von Liebe und Wissen getragen. Das Wissen, dass wir alle nur Gast auf dieser schönen Erde sind, ließ in meiner Vision alle Wesen respektvoll und dankbar miteinander umgehen. Es war ein mitfühlender und liebevoller Umgang. Nicht der Verstand stand in meiner Welt an erster Stelle, sondern das Herz.

Und somit regierte die Liebe.

Vielleicht werde ich auch heute noch verlacht, mag sein. Und trotzdem sage ich, dass diese Zeit kommen wird! Sie muss kommen, da wir uns zurück zu unserem Ursprung entwickeln. Und dort, also in unserer Quelle, gibt es Dinge wie zum Beispiel Neid, Habgier, Lieblosigkeit, Egoismus und Kriegslust nicht. Wir, die neuen Wesen, werden vielmehr anfangen, unsere neue Existenz auszuprobieren. Wir können uns nämlich JETZT tatsächlich den Himmel auf die Erde holen und nicht mehr, wie bisher, Mutter Erde in einen Ort des Schreckens verwandeln.

Als inkarnierte Engel haben viele von uns sich bereit erklärt, die Pioniere der Neuen Zeit sein zu wollen. Wir mögen diese wundervolle, mit allem in Einklang lebende Zeit vielleicht nicht mehr erleben, aber wir sind die ersten, die das Tor für diese Zeit geöffnet haben. Wir haben den Grundstein dafür gelegt. Durch unsere Bewusstseinserweiterung haben wir uns dem Himmel geöffnet, und dieser beschenkt uns nun. Wir erlangen all unsere Fähigkeiten, die wir als Engel innehaben, wieder und können sie hier in die Materie bringen. Nicht umsonst spreche ich euch immer wieder mit ENGEL-WESEN an. Ihr seid nämlich wirklich und wahrhaftig schon immer nicht nur ein Mensch, sondern auch ein Engel gewesen. Ihr habt es nur vergessen. Nun kommt die Zeit, wo beides bewusst miteinander verbunden wird, und das macht die neuen Wesen aus.

Ist die Vorstellung, all sein himmlisches Potenzial hier auf der Erde zur Verfügung zu haben, nicht göttlich? Ah, für euch klingt das utopisch? Hatte ich euch nicht gleich zu Anfang schon gewarnt? Nun, ihr müsst mir keineswegs glauben, und ich möchte euch auch zu nichts zwingen. Ich möchte nur aufzeigen, was in Zukunft möglich sein wird. Gleichzeitig möchte ich aber auch noch einmal betonen, dass wir diese Zukunft höchstwahrscheinlich nicht mehr selbst erleben werden, es sei denn, wir kommen noch einmal zu Mutter Erde, um diese wundervolle Zeit, die wir ja schließlich eingeläutet haben, zu genießen.

Aber fest steht, die Neue Zeit wird kommen. Und ihr alle habt dazu beigetragen!

Eure Sehnsucht nach der Wahrheit hat euch das Sternentor geöffnet. Fangt an, euch zu feiern! Es ist allein euer Verdienst! Und genießt all die Möglichkeiten, die jetzt schon da sind! Auch sie sind revolutionär und erfordern mehr als nur ein Umdenken. Sie erfordern absolutes Vertrauen, und zwar Vertrauen in euch selbst.

Bis heute haben viele von euch der Geistigen Welt ihr absolutes Vertrauen geschenkt. Das war auch gut und angemessen, schließlich musstet ihr Vertrauen erst einmal erlernen. Nun geht die Reise nach innen – zu euch und euren unglaublichen Fähigkeiten!

Die eigenen Fähigkeiten wieder entdecken

Was könnte nun ein Engelwesen für neue Fähigkeiten haben? Kennen wir nicht schon alles? Sind wir nicht schon spirituell, intuitiv und seherisch genug veranlagt?

Nein, ihr lieben Engelwesen, das reicht noch nicht aus. Das ist erst der Anfang gewesen. Haben wir bis jetzt versucht, unseren Horizont zu erweitern, sei es durch Seminare, Workshops, Meditationen usw., so dürfen wir alles, was wir jemals gelernt haben, getrost vergessen. Wir brauchen all dies nicht mehr. Es war nur eine Brücke, über die wir gegangen sind, um überhaupt wieder an unsere Spiritualität herangeführt zu werden. Und das ist wohl das Schwerste, was von uns verlangt wird. Alles zu vergessen, was wir jemals gelernt haben, verlangt eine Menge von uns ab.

Woran sollen und können wir uns dann noch orientieren? Die Geistigen Helfer verabschieden sich so nach und nach. Alles, was wir uns erarbeitet haben, sollen wir vergessen, was bleibt da noch? Richtig, wir selbst! Oh, und da sehe ich den einen oder anderen regelrecht zusammenzucken. „Wie bitte? Ich soll jetzt mich selbst fragen? Aber ich weiß doch noch gar nichts..."

Schön. Zu wissen, dass man nichts weiß, ist die beste Voraussetzung anzufangen. Vergiss aber niemals, dass du ein Engel bist, denn ein Engel kann nun mal alles! Es ist immer nur unser menschlicher Verstand, der uns in Grenzen hält, nicht unsere Spiritualität! Das tut er nicht, weil er uns ärgern will, sondern weil er schlicht und ergreifend keine

Vorstellung von dem hat, was möglich ist. Deswegen funkt er uns in seiner Beschränktheit immer wieder dazwischen, wenn wir uns erheben oder ausdehnen wollen.

Unser Verstand gehört zu unserem „Wunderwerk Mensch", beinhaltet also unser menschliches Bewusstsein. Das menschliche Bewusstsein selbst hat keine Vorstellung von dem, was möglich sein kann, aber unser Spirit weiß es. Und so braucht ihr nichts anderes zu tun, als so oft es geht auf euren Spirit zu hören.

Jeder von euch wird in der Lage sein, sich auf Ebenen auszudehnen, die uns heute noch unfassbar erscheinen. Und sie sind nicht im Außen zu finden, sondern allein in unserem Inneren. In jedem Einzelnen von uns steckt Alles-was-ist. Somit ist für jeden Einzelnen von uns auch Alles-was-ist möglich!

Ich greife hier noch einmal das Beispiel mit der „verlorenen" Jugend auf und möchte es näher erklären. Wenn ein Engelwesen, sagen wir einmal fünfzig bis sechzig Jahre auf der Erde verbracht hat, so scheint alles, was es jemals erlebt hat, in der Vergangenheit zu liegen. Scheinbar ist also alles unwiderruflich weg. Ist es aber wirklich so? Ich sage: NEIN.

Vom ersten Atemzug, den wir getan haben, bis zum heutigen Tag, IST alles, was wir jemals erlebt haben, noch vorhanden. Es liegt als Potenzial um uns herum. Wir sehen es sogar ganz deutlich vor unseren Augen, wenn wir in der Vergangenheit schwelgen. Sämtliche Bilder steigen vor uns auf. Und nun kommt das Unglaubliche:

Wie wäre es, wenn ihr euch eure Jugend wiederholen könntet? Und zwar, ohne euch operieren zu lassen? Das geht nicht? Oh, hört auf, euch zu begrenzen! Das ist im Neuen Zeitalter nicht mehr angemessen. Natürlich ist das möglich. Sie ist ja nicht weg, sie ist immer noch da, nur abgelegt.

In der Alten Energie mussten wir noch durch unterschiedliche Lebensphasen gehen, damit sich unser Bewusstsein auch weiterentwickeln konnte. Aber in der Neuen Zeit hat sich unser Bewusstsein dermaßen hoch entwickelt, oder, besser gesagt, weit ausgedehnt, dass wir diesem alten Muster nicht mehr folgen brauchen, sofern wir es nicht wollen. Wir können uns also tatsächlich alles auf natürliche Weise zurückholen, ja, wir könnten sogar auf diese Weise auf immer und ewig als Engel in Menschengestalt hier auf der Erde leben. Aber wer will das schon, schließlich hat das Universum noch mehr als Mutter Erde zu bieten.

Um genau zu sein, habe ich mich vor über dreißig Jahren schon gefragt, wo der Sinn darin liegt, immer wieder neu geboren zu werden, immer wieder neu anzufangen, anstatt sich einfach immer nur in seinem Bewusstsein weiterzuentwickeln. Es wollte mir partout nicht einleuchten, warum gerade der Mensch als Krone der Schöpfung ein Verfallsdatum haben sollte. Nun, da war ich wohl mit meinen Überlegungen weit voraus...

Wenn man aber dann noch weiß, dass der menschliche Körper darauf ausgerichtet ist, von Haus aus gut dreihundert Jahre alt werden zu können, dann erscheint diese meine Überlegung längst nicht mehr so abwegig. Auch wenn ich persönlich vom Buch der Bücher, also der Heiligen Bibel, nicht viel halte, so bekommt man dennoch im Alten Testament Hinweise darauf, dass ein so langes Leben früher durchaus normal war. Es ist alles nur eine Frage des Bewusstseins!

Von daher ist es kein Wunder, dass die heutigen Engel-Wesen im Durchschnitt nur noch ca. 70 – 80 Jahre alt werden. Die breite Masse folgt ja blind diesem Verhaltensmuster. Ja, wir bekommen schon als Kinder eingeimpft, dass unser Leben ab einem gewissen Alter aufhört. Davon dürfen wir uns in Zukunft getrost verabschieden. Denn das ist einfach nur eine Programmierung, noch dazu eine völlig falsche. Die neue Qualität der Energien um uns herum macht dies möglich, und nicht nur das.

Selbst wenn wir im Hier und Jetzt eine Krankheit hätten, die vielleicht sogar lebensbedrohlich für uns wäre, so haben wir in Zukunft die Wahl, sie anzunehmen oder aber uns mit unserem ehemals gesunden Potenzial zu verbinden und es ins Hier und Jetzt zu holen. Unglaublich? Mag sein, aber ich bin der festen Überzeugung, dass dies unsere neue Zukunft sein wird. Natürlich stecken wir, was diese Zukunft anbelangt, noch in Kinderschuhen, aber je mehr Engelwesen davon überzeugt sind, was alles möglich sein kann, umso eher werden wir die Erfolge sehen.

Oh, da werden unseren Politikern aber die Köpfe rauchen – wovon wollen sie die vielen, immer länger lebenden Rentner in Zukunft bezahlen? Ach, ich vergaß, das brauchen sie ja gar nicht, weil es so etwas wie ein Rentnerleben nicht mehr geben wird...

Ich betone noch einmal: Wir sind alle Engel in Menschengestalt! Für uns ist also theoretisch nichts unmöglich. Wir sind auf dem Weg zurück zu unserem Ursprung. Und deswegen kommen wir nun in ein völlig Neues Zeitalter hinein: in ein Zeitalter der Freude.

Göttliche Fähigkeiten zu entdecken macht Freude.

Sicherlich werden viele von uns dennoch an ihre Grenzen stoßen, aber das ist vollkommen in Ordnung. Wir sind schließlich diejenigen, die diesen neuen Weg zuerst beschreiten. Alle anderen, die nach uns kommen, haben es da sehr viel einfacher. Aber ohne uns, die mutigen „Querdenker", die Tüftler, die Pioniere der Neuen Energie, würde diese wunderschöne Entwicklung nur sehr langsam vonstatten gehen.

Ihr alle habt ungeahnte Fähigkeiten! Ihr wisst es nur noch nicht, und wenn es euch jemand sagt, so könnt ihr es nicht glauben. Und doch ist es wahr. Verbindet euch nur mit euch selbst, geht in euer Innerstes, und ihr werdet alle Antworten finden. Und dann vertraut! Das ist das allerwichtigste: VERTRAUEN.

Schenkt dem Engel in eurem Inneren eurer grenzenloses Vertrauen. Nur dann wird er seine Flügel ausbreiten und euch auf unglaubliche „Abenteuer" mitnehmen. Er wird euch alle Antworten auf all eure Fragen enthüllen, so wie er euch buchstäblich auf seine Schwingen nehmen und in Sphären entführen wird, die atemberaubend sein werden. Und er wird euch Lösungen anbieten, auf die der menschliche Verstand niemals kommen würde. Er steht in Kontakt mit der ewigen Quelle. DU stehst in Kontakt mit der ewigen Quelle, denn du bist der Engel und somit Auch-GOTT.

Ich wünsche dir viel Freude bei der Entdeckung deiner eigenen Fähigkeiten und werde dir nun DAS Hilfsmittel an die Hand geben, wie du dir den Einstieg dazu erleichtern kannst. Es ist so simpel und genauso einfach umzusetzen.

ATME!!!

Die Atmung

Ja, kratzt euch ruhig verwundert am Kopf.

Atmung soll die Brücke zu all den neuen Schätzen sein? Mehr braucht es dazu nicht? So unglaublich das klingen mag, aber genauso ist es. Mit dem ersten Atemzug starten wir in unser Leben, und mit dem letzten Atemzug verlassen wir die menschliche Ebene wieder. Und dazwischen? Dazwischen atmen wir, was das Zeug hält, aber meistens falsch.

Bevor wir das Thema Atmung vertiefen, muss ich hier kurz anmerken, dass ich weder Atemtherapeutin bin noch in irgendeiner anderen Form mit medizinischem Wissen glänzen kann. Ich erkläre die Dinge rein aus spiritueller, aber keineswegs aus medizinischer oder therapeutischer Sicht. Demzufolge biete ich hier auch keine bestimmte oder spezielle Atemtechnik an, denn die gibt es in meinen Augen nicht. Jedes Engelwesen ist individuell, und somit hat jedes seinen ureigenen Atemrhythmus. Dieser ureigene Rhythmus muss aber erst gefunden werden.

Folglich kann es keine feststehende Atemtherapie geben, aber trotzdem sind alle Atemtherapeuten dieser Welt unendlich hilfreich, da sie ihren Klienten zu einem bewussten Atmen verhelfen. Denn ausgerechnet dem Atem, also diesem unsichtbaren Phänomen, das unsere Lebensgarantie und -kraft ist, wird die wenigste Aufmerksamkeit geschenkt.

Das ist fast so ähnlich wie mit unseren Füßen. Diese tragen uns ja auch ein ganzes Leben lang, aber kümmern wir uns deswegen ganz speziell um sie? Mal ehrlich, die wenigsten, oder?

Wir nehmen unsere Atmung als selbstverständlich wahr, und verlassen uns blind darauf, dass sie von alleine richtig funktioniert. Das tut sie aber in den seltensten Fällen. Oft ist schon der erste Atemzug ein falscher, und ebenso oft atmet man ein Leben lang im falschen Rhythmus.

Alle Stotterer dieser Welt haben, sofern keine psychische Störung vorliegt, nicht anderes als „nur" eine falsche Atemtechnik. Da lohnt es sich doch, einmal über unsere Atmung nachzudenken, denn tatsächlich tragen wir das Wissen über unsere Atmung alle in uns. Atmen wir nicht alle erst einmal tief durch, wenn wir zum Beispiel etwas Unangenehmes vor uns haben? Und haben wir nach ein paar tiefen Atemzügen nicht alle Kraft, durch diese Situation durchzugehen? Das tiefe Atmen setzt nämlich innere Blockaden und die dazugehörigen Ängste frei und bringt uns somit wieder in den natürlichen Fluss. Wir können also mit Hilfe unseres Atems weitaus gelassener mit unangenehmen Situationen fertig werden, als wenn wir völlig konfus in eine Schnappatmung verfallen würden.

Hier einmal ein persönliches Beispiel, wie ich vor sechsundzwanzig Jahren meinem Sohn das Leben schenkte, allein nur durch Atmen.

Wie es sich für eine werdende Mutter gehört, zog auch ich los, um mir eine geeignete Klinik auszusuchen. Vor allen Dingen wollte ich eine Klinik, die mir gestattete, mein Kind auch an einem Wochenende zur Welt zu bringen. Und so landete ich dann in einer Klinik, in der dieses zutraf. Man zeigte mir freundlich den Kreißsaal, einige Schwestern kamen dazu, und alles verlief sehr harmonisch, bis? Ja, bis eine der Schwestern mich milde lächelnd fragte, nach welcher Methode ich mich denn auf die Geburt vorbereitet hätte. Dazu muss man wissen, dass in den achtziger Jahren sich so langsam die für mich völlig überflüssigen Geburtsvorbereitungskurse überall ihren Weg bahnten. Das ist für mich, damals wie heute, noch genauso lächerlich wie das Sterben üben zu wollen. „Ja, und nun pressen, pressen, PRESSEN Sie Ihre Seele heraus... Jaaa, herzlichen Glückwunsch, Sie sind soeben glücklich gestorben..." Sorry, aber gibt es etwas Saublöderes als einen natürlichen Vorgang ÜBEN zu wollen?

„Ach, wissen sie", entfuhr es mir, spontan wie ich nun mal bin: „Es ist auf natürlichem Wege hineingekommen, und so wird es wohl auch herauskommen", und setzte mein strahlendestes Lächeln auf.

Urplötzlich kippte die vorher so freundliche Stimmung, und sämtliche Schwestern, einschließlich des Arztes, verstummten und sahen sich vielsagend an. Dass nicht einem der Satz entfuhr: „Na, die wird sich aber noch wundern", war eigentlich alles. Innerlich grinste ich mir einen ab und dachte mir: Na wartet, euch werd' ich es zeigen.

Und so kam die Nacht der Nächte, und ich trudelte zusammen mit meinem damaligen Mann so gegen halb zwei nachts in der Klinik ein. Morgens um sechs war mein

Kindchen da, und zwar ohne Rückenmarkspritze oder andere Hilfsmittel. Bei jeder Wehe, die einsetzte, hatte ich nichts anderes getan als bewusst zu atmen und so war der Schmerz gut auszuhalten.

An diesem ereignisreichen Tag war ich in der Klink Gesprächthema Nummer Eins.

„Stellt euch vor, wir haben heute Nacht eine Frau (sie liegt auf 205) entbunden, die sich nicht mal vorbereitet hatte, und die auch keine Medikamente haben wollte..., und es lief wirklich prima, und so schnell... Hut ab!" Und so ging es am ersten Lebenstag meines Sohnes in unserem Zimmer wie in einem Taubenschlag zu. Jeder vom Pflegepersonal wollte sich die Wunderfrau ansehen...

Nach einer Woche Klinikaufenthalt bescheinigte mir mein Arzt bei unserer Entlassung, etwas ganz Besonderes gewesen zu sein. Wenn es nicht so traurig wäre, könnte man herzhaft darüber lachen. Denn, ist es nicht in Wahrheit traurig, dass jemand, der sich natürlich verhält, als etwas Besonderes angesehen wird? Verkehrte Welt kann ich da nur sagen.

Aber nun zurück zum Thema:

Atmung vermag also eine Menge. Nicht nur, dass die bewusste Atmung Blockaden in unserem Inneren auflöst, nein, sie versorgt auch den gesamten Körper mit Sauerstoff. Alleine deswegen sollten wir, wann immer es uns möglich ist, so tief wie möglich durchatmen. Die meisten Engelwesen atmen nur bis in den Brustbereich hinein, weiter kommen sie nicht. Sie sind also sauerstoffmäßig völlig unterversorgt. Ist es da ein Wunder, dass wir, auf Dauer gesehen, auch krank werden können? Ohne eine tiefe, durch den ganzen Körper gehende Atmung verhelfen wir nur unseren Blockaden zu Größe, schneiden uns also buchstäblich selbst vom Lebensfluss ab.

Ich erwähnte ja schon einmal, dass Leben „im Fluss sein" bedeutet. Wie können wir aber im Fluss sein, wenn wir uns nicht erlauben, unseren Atem fließen zu lassen?

Also, ihr lieben Engelwesen, seid euch eures Atems in Zukunft bewusst. Nehmt euch am Anfang die Zeit, morgens und abends viermal tief und langsam durchzuatmen. Danach könnt ihr die bewusste Atmung ausdehnen. In fünf, zehn, bis hin zu zwanzig Minuten am Tag.

Kein Mensch kann den ganzen Tag über bewusst sein. Es sei denn, man zieht als Yogi in die Berge... Folglich können wir uns immer nur Auszeiten für uns nehmen und das bewusste Atmen eine Zeit lang durchführen. Irgendwann wird es zum Selbstläufer, und wir atmen bewusst, ohne uns dessen bewusst zu sein. Zugeben, auch das klingt wieder etwas paradox, aber ich vertraue fest darauf, dass ihr schon wisst, was ich meine.

Kommen wir nun dazu, was Atmung noch vermag.

Neue Potenziale entdecken

Wenn wir gelernt haben, uns mit unserer bewussten Atmung zu verbinden, sie für uns also selbstverständlich geworden ist, dann können wir mit ihrer Hilfe noch mehr, als innere Blockaden zu lösen oder unseren Körper rundherum mit Sauerstoff zu versorgen.

Erwähnte ich schon, dass unsere Atmung das Transportmittel schlechthin ist? Nein?

Nun, so wie die Atmung Luft in unsere Lungen transportiert, können wir uns mit Hilfe der Atmung in andere Seinsbereiche bewegen. Wer schon einmal vor einem Medium gesessen hat, weiß, dass dieses sich allein durch eine tiefe Atmung in andere Sphären begibt. Ein Medium verbindet sich also mit Hilfe der Atmung mit der Geistigen Welt. Und meint ihr nicht auch, dass ihr das nicht ebenso hinbekommt? Höre ich da etwa aus vielen Kehlen ein trauriges NEIN? Klar doch, das schafft ihr locker! Ihr braucht nichts anderes zu tun, als euch mit Hilfe eures Atems in andere Sphären hochzubeamen. Schon seid ihr da und habt den gleichen Zutritt zu sämtlichen Informationen wie ein Medium.

Medial begabte Menschen sind nichts Besonderes, nein, wirklich nicht, weil nämlich jedes Engelwesen die gleiche Fähigkeit dazu hat. Das einzige Besondere an einem Medium ist, dass es weiß, wie es geht, aber deswegen braucht niemand ein Medium anzubeten. Betet lieber euch selbst an. Denn all das und noch viel mehr könnt ihr auch. Vergesst nicht, die Sternentore haben sich geöffnet, die Quelle kommt zu uns und mit ihr all unsere vergessenen Fähigkeiten. Ihr könnt alles!!! Ihr müsst euch nur selbst vertrauen. Aber dieses Thema werde ich später ansprechen.

An dieser Stelle möchte ich das Thema vom Anfang wieder aufgreifen, nämlich wie es geht, sich sämtliche Potenziale zunutze zu machen.

Wer der Meinung ist, dass alles, was er je ge- und erlebt hat, unwiderruflich vorbei ist, der irrt. Vom ersten Atemzug an, ja, noch weit darüber hinaus, bis hin zur Zeugung und noch weiter zurück ist alles in unseren Zellen abgespeichert. Unsere Seele speichert nämlich nach und nach alle jemals gemachten Erfahrungen aus all unseren Leben in unseren Zellen ab. Aber nicht nur das, jeden Menschen umgibt sein ureigenes Feld. Manche nennen es Energiefeld, meinen damit aber in der Regel das Aurafeld.

Dieses ist aber nur für das Hier und Jetzt maßgebend. Wohl zeigt es auch Ereignisse aus der Vergangenheit an, aber es ist auch und gerade für zukünftige Ereignisse sehr wichtig. Im Aurafeld lässt sich nämlich, lange bevor sich eine Krankheit oder Störung manifestieren will, das Herannahen schon ablesen.

Aber dieses Feld ist nicht gemeint!!!

Es gibt darüber hinaus noch ein viel weiteres Feld, in dem alle unsere Erfahrungen und Lebensabschnitte als Potenziale um uns herumliegen!

Was bedeutet das nun?

Es bedeutet schlicht und einfach, dass wir uns alles, was wir möchten, wieder herholen können.

Eingangs stellte ich ja die These auf, dass, wenn du wieder zwanzig sein möchtest, du dir das Potenzial einfach nur zurückholen kannst. Und genauso verhält es sich auch. Mit Hilfe deiner Atmung kannst du dich mit dem Feld der Vergangenheit verbinden und dir buchstäblich deine Jugend wiederholen.

Ist es nicht so, dass, wenn wir von der Vergangenheit träumen, immer auch die Bilder dazu in uns aufsteigen? Das tun sie nicht, weil wir eine Sonderkinovorstellung gebucht haben, sondern sie uns damit sichtbar zu verstehen geben, dass alles noch da ist. Nur deswegen erscheinen diese Bilder so lebendig vor unseren Augen. Alles ist noch da. Und wer mag, kann sich alles zunutze machen. In unserer Unkenntnis darüber lassen wir diese Bilder wieder verblassen und fühlen eine leise Wehmut in unserem Herzen. Klar doch, die muss sich auch einstellen, weil wir wieder einmal eine Chance verpasst haben.

Wenn ihr in Zukunft in der Vergangenheit schwelgt, so ladet doch die Bilder oder, besser gesagt, das dazugehörige Lebens-**Gefühl,** das ihr im Hier und Jetzt wiederhaben wollt, zu euch herunter. Ihr müsst einfach verstehen, dass auch der Körper keine Zeit kennt. Für ihn ist alles zur gleichen Zeit da! Die Kinesiologen werden mir da beipflichten, denn sie arbeiten genau mit diesem Wissen.

Alles, was jemals gelebt wurde, ist abrufbar und kann sogar verändert werden. Fragt eure Kinesiologen. Um es zu vereinfachen könnte man sich den Menschen als einen lebendigen Computer vorstellen. Unser Gehirn ist wie eine Festplatte und hat alles abgespeichert, was wir jemals erfahren haben. Und deswegen haben wir auch jederzeit Zugriff darauf, sofern wir dies auch wollen.

Aber ebenso gibt es ein Zellbewusstsein. Auch in jeder einzelnen Zelle ist alles, was wir jemals erlebt haben, abgespeichert. Es ist also alles sogar noch auf mehreren Ebenen vorhanden. Darüber lohnt sich wirklich einmal nachzudenken.

Wenn man dann noch weiß, dass man nicht nur aus einem Körper besteht, sondern noch mindestens fünf weitere feinstoffliche Körper besitzt, kann man grob gerechnet davon ausgehen, dass alle unsere Erfahrungen ungefähr siebenmal vorhanden sind. Sie liegen nur auf für uns nicht sichtbaren Ebenen.

Und an dieser Stelle muss ich kurz das Thema Organspende ansprechen.

Aus spiritueller Sicht, wohlgemerkt, **rein aus spiritueller Sicht**, tut man sich keinen Gefallen, wenn man sich ein Organ von einem anderem Menschen einpflanzen lässt. Der Körper selbst hat eine gesunde Abwehrreaktion gegen fremde Organe – er würde sie nämlich ohne die heute dazugehörigen Medikamente wieder abstoßen.

Lassen wir uns ein fremdes Organ einpflanzen, nehmen wir damit sämtliche Informationen eines andern Lebens und eines anderen Wesens in uns auf, und damit ist ein Chaos vorprogrammiert. Den Rest eures Lebens befindet sich euer Körper in Disharmonie, da er statt einem zusammengehörigen Gesamtwerk nun plötzlich zwei völlig unterschiedliche Informationen zu verarbeiten hat. Organ-

und Blutspenden reißen euch also aus der seit Ewigkeiten bestehenden, ureigenen angelegten Harmonie. Auch das sollte man unbedingt wissen, bevor man sich entschließt, eine Organ- oder Blutspende anzunehmen.

Um gleich all die vielen Befürworter von Transplantationen oder Blutspenden zu beruhigen, ich sage hier nur, wie dieses Thema aus spiritueller Sicht zu sehen ist. Und ich überlasse grundsätzlich jedem selbst, was er tut oder tun möchte. Jedes Engelwesen hat seinen eigenen Willen, und somit bleibt es nach wie vor jedem freigestellt, sich für oder gegen eine Transplantation oder Blutspende zu entscheiden. Ich persönlich sehe das Thema inzwischen eher neutral. Erlaubt ist, was gefällt oder selig macht.

Nun, wie wäre es denn, wenn man in Zukunft vermeiden könnte, sich fremde Organe einpflanzen zu lassen? Indem man mit seinem Körper und dem betroffenen Organ spricht und sich zusätzlich das gesunde Potenzial von früher wiederholt. Nicht machbar? Oh doch!

Ich sagte ja schon, dass im Zeitalter der Neuen Energie nichts mehr unmöglich sein wird. Alles, was lebt, hat ein Bewusstsein, so auch unser Körper. Für unseren Körper gibt es, wie ihr ja nun erfahren habt, kein Zeitgefühl. Das bedeutet, wir können tatsächlich jederzeit auf alles zurückgreifen, wenn wir dies wollen. Die Tatsache, dass unser Körper ein eigenes Bewusstsein hat, lässt unweigerlich die Erkenntnis aufsteigen:

DU BIST NICHT DEIN KÖRPER!!!

Heutzutage treibt der Körperkult höchst merkwürdige Blüten.

Irgendwann fing irgendjemand an, sich über den Körper zu definieren, was dazu geführt hat, dass ein wahrer Körperkult ausgebrochen ist. Jung, schön, knackig! Das ist die heutige Devise...

Ach, auch du bist nicht mehr jung? Nicht mehr schön? Und schon gar nicht mehr knackig? Kein Problem, ich kenne da einen wunderbaren Schönheitschirurgen...

Sich über den Körper zu definieren, ist das Dümmste überhaupt. Denn:

DU bist nicht dein Körper!!!

Dein Körper ist „nur" dein Reisevehikel. Er bietet dir die Möglichkeit, durch ihn das Menschsein zu erfahren. Ohne ihn könntest du nicht auf der Erde existieren.

Du bist, wenn du so willst, in ein Gefährt eingestiegen, das dich durchs Leben trägt, aber, und nun kommt es: Du musst lernen, dieses Gefährt zu beherrschen.

DU bist der Boss!!!

Nicht dein Körper. Dein Körper ist dazu da, dir zu dienen, und er muss auf **DICH** hören! Auch das schreib dir hinter deine hübschen Engelohren, denn ich gebe dir damit einen unendlich wertvollen Schlüssel in die Hand. Wenn du begriffen hast, dass du der Meister auf allen Ebenen bist, ja, sogar der Meister über deinen Körper, dann wirst du wissen, wie du dir in Zukunft selbst helfen kannst, und zwar ganz ohne Schönheits-OP, Transplantationen oder andere Operationen.

Wer jemals einem Shaolin-Mönch oder einem indischen Yogi zugeschaut hat, der muss mir einfach beipflichten, wenn ich sage: DU bist der Boss!

Allein durch unseren Willen können wir gefahrlos über glühende Kohlen laufen oder uns mit Speeren durchbohren, ohne Schäden davonzutragen. Und genauso verhält es sich im Krankheitsfall. Wir selbst können unseren Körper dazu anregen, seine Selbstheilungskräfte zu mobilisieren. Und wir können unsere Zellen auffordern, sich wieder zu verjüngen! Hier kann ich wieder einmal aus dem Nähkästchen plaudern.

Seit Ende der neunziger Jahre erzähle ich meinen Zellen, dass sie sich bitteschön linksherum bis zum chronologischen Alter von ca. Mitte/Ende dreißig zu drehen haben, und was soll ich sagen? Es funktioniert!

Auf früheren Bildern sehe ich stellenweise, ehrlich gesagt, wie meine eigene Großmutter aus, und heute muss ich die vielen Ohnmächtigen, die mein wahres Alter erfahren, wiederbeleben...

Um diesen Traum und auch andere Träume wahrmachen zu können, muss man blindes Vertrauen in sich und seinen Körper haben. Jeder noch so kleine Zweifel macht alle Anstrengungen wieder zunichte. Die einzige Möglichkeit, all die neuen Dinge, die nun hereinkommen wollen, auch wirken lassen zu können oder, besser gesagt, ihnen Raum zum Entfalten zu geben, ist **VERTRAUEN.**

Absolutes Vertrauen

Es gehört schon eine große Portion Urvertauen dazu, all das Neue auch annehmen und umsetzen zu wollen.

Ich weiß, ich verlange eine Menge von euch, aber vergesst bitte nicht, dass niemand, am allerwenigsten die Geistige Welt, von euch erwartet, alle alten Gesetze jetzt und sofort über Bord zu werfen, um blind zu vertrauen. Am Anfang eures Weges lassen sich nämlich die alten Gesetzmäßigkeiten prima mit der Neuen Energie verbinden. Es kommt nicht darauf an, alles sofort auszuprobieren, sondern zu wissen, alles ist auch anders zu handhaben. Wer bis jetzt voll und ganz auf die Geistige Welt vertraut hat, dem wird es erheblich leichterfallen, sich selbst zu vertrauen.

Wenn ihr zum Beispiel gesundheitliche Probleme habt, euch aber das Vertrauen fehlt, euch selbst heilen zu können, dann bitte bezieht weiterhin eure Ärzte, Heilpraktiker, Psychotherapeuten und wen auch immer mit ein. Und zwar solange, bis ihr in kleinen Schritten gelernt habt, euch selbst zu heilen. Dabei ist es egal, wem ihr euer Vertrauen schenkt, denn allein das Vertrauen ist schon die halbe Heilung!

So hat man zum Beispiel herausgefunden, dass die Reaktion des Arztes/Heilpraktikers usw. erheblich zur Heilung beiträgt.

Sagt ein Arzt: „Tja, das sieht aber schlecht aus...", sinkt sofort der Energiepegel des Patienten, und der Heilungsprozess dauert entweder unendlich lange oder stellt sich gar nicht ein, während im umgekehrten Fall, also bei einer positiven Erstreaktion des Arztes, der Patient oft schon geheilt die Praxis verlassen kann. Ihr kennt das alle. Wie oft habt ihr euch die verschriebenen Medikamente aus der Apotheke geholt und das sichere Gefühl gehabt, sie nicht mehr zu brauchen?

Die Tatsache, dass wir unseren Ärzten vertrauen, bewirkt also je nach Aussage ein Auf oder Ab unserer Gesundheit. Ist doch unglaublich, nicht wahr?

Nun könnte ich sagen, letztendlich verhält es sich ähnlich wie mit unseren Religionen. Irgendwann gaben wir unsere Eigenverantwortung an Vermittler GOTTES ab und waren nicht mehr in der Lage, selbst mit GOTT in Kontakt zu treten. Und ebenso haben wir vergessen, wie wir uns mit uns selbst verbinden können, um uns zu heilen.

Unser Körper hat ein wunderbares Selbstheilungssystem, wir sehen es ja bei Verwundungen, Knochenbrüchen, Grippe und Ähnlichem. Allein unser begrenztes Denken hindert den Körper daran, mehr als nötig zu tun.

Aber nicht nur unser begrenztes Denken macht in vielen Fällen eine Heilung unmöglich, auch der Zeitfaktor. Wenn, dann wollen wir ja immer von Jetzt auf Gleich wieder Bäume ausreißen können. Und das ist schlichtweg unmöglich. Selbst im Zeitalter der Neuen Energie. Der Körper ist keine Maschine, und er braucht nun mal seine Zeit, um mit der Krankheit oder Störung fertig zu werden. Wie kann man nun aber einen krank gewordenen Körper motivieren, seine Selbstheilungskräfte anzuregen? Ganz einfach: Sprecht mit eurem Körper! Sprecht mit euren Zellen und mit den betroffenen Organen. Sie alle führen ihr eigenes Leben, haben ein eigenes Bewusstsein und tauschen sich sogar untereinander aus. Damit ihr mir glaubt, dass es wirklich funktioniert, muss hier wieder ein Beispiel von mir herhalten.

Anfang der neunziger Jahre schnitt ich mir an einer Profi- Aufschnittmaschine morgens so gegen sieben Uhr, in dem Betrieb, in dem ich damals arbeitete, die mittlere rechte Fingerspitze quer durch. Meine angesäbelte Fingerkuppe hing nur noch an einer Hautschuppe. Die Kuppe war durch den ganzen Fingernagel quer abgesägt. Mein Schock war nicht unerheblich, weil ich mir einfach nicht vorstellen konnte, ohne einen unversehrten Finger weiterleben zu müssen.

Nun muss man wissen, dass zwischen Unfall und Arztbesuch sechs Stunden lagen, und zwar deswegen, weil ich damals noch auf der Insel Langeoog lebte und von dem dort ansässigen Arzt zum Festland geschickt wurde. Obwohl ich als Notfall angemeldet war, kam ich erst um 13:00 Uhr an die Reihe, weil wohl an diesem Tag alle Notfälle der Welt zusammenkamen.

Endlich saß ich im Behandlungszimmer, den rettenden Arzt vor mir, da schaute dieser mich mit großen Augen an und fragte mich, warum ich mir die Kuppe nicht schon selbst abgezupft hätte. Annähen käme ja wohl nicht in Frage. Dabei näherte er sich mit gefährlich gespitzten Fingern meiner Fingerkuppe und wollte sie mir abzupfen. Rechtzeitig zog ich meine Hand zurück und nach zehnminütiger

Diskussion sagte ich forsch und bestimmt: „Ich gehe hier nicht eher aus Ihrer Praxis, bis Sie mir den Finger wieder angenäht haben."

Nun gut, mit so viel Widerstand hatte der gute Mann wohl nicht gerechnet, und er begab sich endlich ans Werk. „Ich kann Ihnen jetzt schon sagen, dass meine Arbeit hier vollkommen zwecklos ist, Sie werden Ihre Fingerkuppe verlieren, aber wenn Sie es so wollen!" Und kopfschüttelnd fing er an zu nähen.

Da ich mich schon immer gefragt hatte (und zwar lange, bevor ich jemals etwas von REI KI gehört oder gar ein Bewusstsein von den Möglichkeiten der Neuen Energie hatte), wieso es uns Menschen nicht auch möglich sein sollte, abhanden gekommene Gliedmaßen wieder nachwachsen zu lassen, wie es ja durchaus einige Tiere können, war ich fest entschlossen, ein Exempel zu statuieren. Ich würde meine Fingerkuppe wieder anwachsen lassen!!! Koste es, was es wolle.

Ab dem für mich dann doch noch erfolgreichen Arztbesuch fing ich an, mit meiner Fingerkuppe zu sprechen. Jeden Tag, Stunde um Stunde habe ich ihr Mut zugesprochen. Ich habe ihr gesagt, dass ich ihr voll und ganz vertraue, habe ihr gesagt, wie schön sie wieder sein wird, und dass ich mich freue, sie gesund und munter wiederzusehen. Natürlich habe ich immer wieder auch wie ein Leierkasten vor mich hingemurmelt: „Und du wächst wieder an, und du wächst wieder an."

Und tatsächlich, sie hat mir gehorcht!!!

Sie ist wieder angewachsen und war sogar so nett, die

wirklich große Narbe unterhalb meines Fingernagels verschwinden zu lassen. Heute sieht man überhaupt nichts mehr, einzig an der Narbe selbst ist ein taubes Gefühl zurückgeblieben. Aber stört mich das? Natürlich nicht!

Soviel dazu, was alles möglich ist.

Heute bin ich der festen Überzeugung, dass nur unser begrenztes Denken in vielen Fällen Heilung unmöglich macht.

Wer zum Beispiel die Diagnose Krebs hört, gibt sich in der Regel fast immer sofort auf. Das Wissen darum, dass die Heilungschancen schlecht stehen, trägt dazu bei, sich innerlich aufzugeben. Gut, der eine oder andere nimmt den Kampf gegen den Krebs auf, aber trotzdem gesunden in den meisten Fällen immer nur diejenigen, die ihre Krankheit angenommen haben. Kampf führt nur dazu, die Krankheit zu stärken! Helfen kann nur das Annehmen.

Man muss sich mit den Umständen anfreunden. Und man sollte so viel Vertrauen zu seinem Körper entwickeln, dass dieser sich entspannen kann und somit die Möglichkeit geschaffen wird, sich selbst zu regenerieren. Dazu gehört nicht nur Vertrauen, sondern auch Mut. Mut zum Leben und Mut zu seinen eigenen Fähigkeiten. Wer sich zusammen mit seinen Fähigkeiten und den Möglichkeiten unserer Medizin auf dieses Vertrauensspiel einlässt, der hat gute Karten.

Ihr seid Engel, ihr seid Auch-GOTT,
und ihr seid die Meister!

Ihr könntet alles, wenn ihr nur mehr vertrauen würdet.

Eingangs sagte ich ja schon, mit der Neuen Energie kommt auch die Zeit der Freude. Wir gehen alle an unseren Ursprung zurück, das heißt, wir erlangen alle unsere Fähigkeiten wieder zurück. Warum also sollte es in Zukunft noch Engelwesen geben, die an Krankheiten sterben? Im Gegenteil, in der neuen Zukunft wird es uns sogar möglich sein, nach Lust und Laune die Ebenen zu wechseln. Außerdem dürften mit dem neuen Bewusstsein so gut wie keine Krankheiten mehr auftreten. Und wenn, dann wissen wir, brauchen wir nur auf uns selbst vertrauen.

Wir machen das schon…

Der neue Standard

Wie aber könnte man in Zukunft Krankheiten sogar vermeiden?

Erinnert euch daran, was ich schon sagte, nämlich alles, was war, ist immer noch vorhanden. Das bedeutet nichts anderes, als dass wir darauf zugreifen können. Man besinne sich auf das Alter, in dem man vor Gesundheit nur so gestrotzt hat.

Führt es euch bildlich vor Augen, also mit andern Worten: Lasst die gesunde Vergangenheit wieder aufleben! Ihr müsst sie vor euch sehen, und ihr müsst eure Gesundheit buchstäblich **FÜHLEN**!!! Und dieses Gefühl gilt es, ins Hier und Jetzt einzuladen. Und das, ihr Lieben, könnt ihr mit Hilfe eures Atems.

Es spielt keine Rolle, wie ihr atmet, laut schnaubend oder leise, ob mit geöffnetem oder geschlossenem Mund, all dies ist völlig unerheblich, Hauptsache, ihr atmet bewusst.

Nehmt euch Zeit dafür. Setzt oder legt euch bequem hin, kuschelt euch in eine wärmende Decke, macht schöne Musik an, vielleicht auch noch einen schönen Duft, und dann atmet. Langsam, ruhig, tief und bewusst.

Wenn ihr euren Rhythmus gefunden habt, dürft ihr euch auf die Reise machen, taucht ab in eure vergangenen Potenziale. Schaut sie euch in Ruhe an, seht euch als jungen gesunden Menschen, und dann steigt voll und ganz in das **Gefühl**. Und immer schön weiter ruhig, tief und bewusst atmen... Ihr müsst euch mit diesem Gefühl der Gesundheit verbinden, und zwar so weit, dass ihr euch wirklich und wahrhaftig mit damals identifiziert. Ihr seid für diesen Moment wieder gesund!

Und nun kommt die Kunst:

Holt dieses Gefühl der Gesundheit zu euch in die jetzige Realität. Sagt eurem Körper, dass er dieses Gefühl zu seinem Standard machen soll. Denkt daran: Ihr seid die Meister! Der Körper muss euch gehorchen. Und er wird es auch, so lange ihr absolutes Vertrauen habt.

Natürlich muss diese Übung anfangs wiederholt werden, denn es wird buchstäblich ein altes Programm oder ein altes Muster überschrieben, und alte Muster können sehr, sehr kraftvoll sein. Deswegen klappt es in den seltensten Fällen auch sofort. Ihr könnt aber auch gezielt in eure Organe oder in betroffene Körperregionen hineinatmen. Auch das funktioniert.

So geschehen bei meinem Mann. Jahrelang hatte er Hüftprobleme, und zwar dermaßen schlimm, dass ihm schon vor Jahren gesagt wurde, eine OP wäre unumgänglich. Als er von dieser Atemtechnik hörte, probierte er sie natürlich sofort aus, und wie durch Zauberhand war der Schmerz weg. Heute müsste er schon Marathon laufen, um seine Hüften wieder schmerzhaft zu spüren.

Und so könnt ihr, egal, was immer euch befällt, alles wegatmen. Warum das funktioniert? Nun, die bewusste Atmung sorgt dafür, dass sich im Körper aufgestaute Blockaden lösen können, und sie transportiert das damalige gesunde Gefühl ins Hier und Jetzt. Das ist das ganze Geheimnis. Aber, wie schon einmal gesagt, ohne euer Vertrauen, dass es funktionieren kann, macht ihr eure Arbeit wieder zunichte. Der kleinste Zweifel, und ihr fangt wieder bei Null an.

Nun lässt sich aber noch mehr tun als „nur" zu atmen oder sich frühere Gesundheit zurückzuholen. Ruft eine eurer noch gesunden Zellen auf, denn davon haben wir trotz Krankheit immer noch genügend, und macht sie zu eurem Standard. Dieser Zelle gebt ihr den Auftrag, alle anderen Zellen mit ihrer Gesundheit und Lebensfreude anzustecken, während ihr im Gegenzug dazu euren kranken Zellen sagt, dass sie sich an der gesunden Standardzelle orientieren sollen. Und so könnt ihr, wenn ihr wollt, alles, was euch gefällt, auf Standard programmieren.

Für diejenigen, die nicht daran glauben, dass es so einfach gehen kann, hier eine Programmüberschreibung, die sie stattdessen ausprobieren können:

„Alle meine kranken und blockierten Zellen, Moleküle und Atome hören sofort damit auf, ihre kranken Informationen an meine gesunden oder gar neu heranwachsenden Zellen, Moleküle und Atome weiterzugeben.

Auch stellen sie ihre krankhaften Aktivitäten sofort ein und verlassen, wenn ihre Zeit gekommen ist, meinen Körper, ohne auch nur eine einzige krankmachende, ungesunde und blockierte Information an meine neuen oder gesunden Zellen, Moleküle und Atome weiterzugeben. Sie gehen still ins Licht und machen somit Platz für neue gesunde Zellen, Moleküle und Atome, die voller Licht, Lebensfreude und Gesundheit sind."

Sprecht diese Worte mindestens viermal hintereinander laut und verankert es abschließend mit einem tiefen Atemzug.

Ihr könnt diese Überschreibung am Anfang tagsüber so oft vor euch hinsagen, wie ihr wollt. Verlasst euch dabei ganz auf euer Gefühl. Und vertraut, wie bei allen neuen Wundern und Handwerkzeugen, die euch die Neue Energie zu bieten hat.

Ihr wollt glücklich sein? Holt euch die glücklichsten Tage eures Lebens zurück, macht sie zu eurem Standardprogramm oder, besser gesagt, zu eurem Standardgefühl.

Ihr wollt wieder jung sein? Holt euch das Gefühl der Jugend wieder und macht es zu eurem Standard.

Ihr wollt gesund sein? Holt euch eure Gesundheit wieder usw.

Im Zusammenhang mit eurer Gesundheit sei hier noch einmal gesagt, bindet bitte bei wirklich ernsthaften Erkrankungen immer einen Arzt mit ein! Experimentiert nicht lange herum, sondert verbindet beides miteinander. Es ist nämlich nicht nötig, unsere Ärzte oder Heilpraktiker in Zukunft auszuschließen.

Vielmehr bietet die Neue Energie die Möglichkeit, viel schneller zu gesunden. Aber auch nur, wenn ihr gesund werden wollt. Außerdem dürft ihr niemals vergessen, dass wir erst am Anfang dieser wunderbaren neuen Entwicklung stehen. Sie braucht ihre Zeit, bis sie sich manifestieren und zur Selbstverständlichkeit werden kann.

Im Grunde genommen sind all die neuen Möglichkeiten so einfach, dass niemand sie wirklich glauben mag.

Nun war ich aber immer schon ein Freund davon, alles möglichst einfach zu gestalten.

Immer schon widerstrebte es mir, mich an bestimmte, vorgeschriebene, langwierige und komplizierte Rituale zu halten, um irgendetwas zu erreichen. Da kam mir mein Potenzial als doppelte Löwin sehr zugute. Löwen sind nämlich von Haus aus bequem. Aber wenn sie etwas wollen, werden sie äußerst schnell und laufen geradlinig auf ihr Ziel zu, und zwar ohne Umwege!

Nicht umsonst wird zum Beispiel jedes Engelwesen unter einem bestimmten Sternzeichen geboren. Fälschlicherweise ging man immer davon aus, dass jeder Mensch sein Sternzeichen IST. Falsch!

Unsere Sternzeichen sind in Wahrheit nichts anderes als die sichtbaren Potenziale, auf die wir ein Leben lang zurückgreifen können. Wir selbst haben sie uns ausgesucht, aber leben wir sie auch? Ich behaupte hier mal, dass es die wenigsten tun. Jeder weiß um sein Sternzeichen, aber kaum einer hat begriffen, was für ein Potenzial darin liegt.

Wir alle lesen mehr oder weniger unsere Horoskope, aber verstanden haben wir sie nicht. Jedes einzelne Sternzeichen hat seine ganz bestimmten Stärken und zeigt im Grunde nur auf, was wir hier ausleben können, wenn wir dies **wollen**. Aber tun wir dies auch? Nicht wirklich. Wir freuen uns über die vermeintlich guten Eigenschaften, die uns bescheinigt werden, und die schlechten lesen wir erst gar nicht. Dabei sind es gar keine schlechten Eigenschaften, sondern es wird nur klar beschrieben, wohin die Entwicklung geht, wann man sich die wunderbaren Potenziale nicht zunutze macht.

Ich kenne so viele Engelwesen, die ihr mitgebrachtes Potenzial nicht leben und die logischerweise todunglücklich sind... aber keine Ahnung haben, wieso eigentlich.

Hier kann ich nur sagen, fangt doch schon mal an, eure offensichtlichen Potenziale zu leben.

So sollten Fische zum Beispiel keineswegs verträumt und völlig weltfremd durch die Gegend dümpeln, sondern ihre wunderbare Spiritualität in die Welt bringen. Denn das ist die treibende Kraft dieses Sternzeichens. So wie Michelangelo es verstanden hat, sein Fische-Potenzial umzusetzen, indem er Zeit seines Lebens die Reichhaltigkeit der Fische zum Ausdruck brachte, so kann jeder Fische-Geborene aus dem Vollen schöpfen. Gerade Fische-Geborene sind mit allen Potenzialen gesegnet.

Ihr habt es gewählt, um der Welt die Spiritualität nahezubringen und ihr auch Ausdruck zu verleihen, und nicht wie so viele Fische an dieser vermeintlich ach so rauen Wirklichkeit zu scheitern und sich deswegen verträumt und weltfremd in die eigene Welt zurückzuziehen.

Ihr müsst verstehen lernen, dass ihr euch etwas dabei gedacht habt, als jeder von euch sich für sein Sternzeichen entschied. Und ihr müsst verstehen, es sind keine Zeichen, sondern Potenziale, die ihr euch zunutze machen wolltet. Euer Sternzeichen ist also euer Grundstandard. Nutzt ihn also!

Genau wie die Umstände, unter denen ihr die Welt betretet. Ihr wolltet genau in die Familie hineingeboren werden, in der ihr euch befindet. Und wenn ihr euch hundertmal ein anderes Elternhaus wünscht. Jedes Elternhaus verhilft euch nur, euch zu dem zu entwickeln, was ihr auf höherer Ebene beschlossen habt.

Hätte ich das Potenzial meines späteren, belesenen Elternhauses und auch das meines Sternzeichen nicht genutzt, so wäre ich nie auf die Idee gekommen, mich vor Jahren schon auf den Weg zu machen, um nach einfacheren, spirituellen Lösungen zu suchen. Denn dazu braucht es Mut. Hätte ich diese Potenziale nicht zu nutzen verstanden, wäre ich manches Mal kläglich miauend unters Sofa gekrochen... Und noch weniger hätte ich den Mut gefunden, meine Wahrheit zu Papier zu bringen. Nutzt also alles, was ihr schon habt, denn nur dann könnt ihr auch alles Neue nutzen!

Und es ist soo einfach. Wirklich, so einfach!

Im Grunde genommen geht es hier nur um ein Aufwachen. Wer aufwacht, wird sich verwundert die Augen reiben und über das staunen, was er plötzlich sieht. Und genau in dieser Phase befinden wir uns gerade.

„Guten Morgen, geliebtes Engelwesen, hast du gut geschlafen?"

Erwachen

„Hast auch du gut geschlafen?"

Ja, nichts anders haben viele von uns über Ewigkeiten getan. Ein großer Teil ist im Begriff aufzuwachen, viele sind schon erwacht, und der Rest schläft mehr oder weniger selig weiter...

Die meisten von uns kennen die Einstellung der Aborigines (australische Ureinwohner). Sie bezeichnen unser Leben hier als **Traumzeit** und treffen damit den Nagel auf den Kopf. Viele, viele Leben haben wir schlichtweg einfach nur geschlafen. Wir haben vergessen, wer wir in Wahrheit sind, und so haben wir viele Leben buchstäblich im Trancezustand verbracht. All das war auch angemessen und gehörte mit zu dem wirklich großartigen Spiel „Blinder Engel", aber nun ist die Zeit gekommen, in der wir uns selbst erlauben, wieder aufzuwachen. Und deswegen spreche ich immer auch von großer Freude. Denn es ist eine Freude, aufzuwachen und all das zu sehen, was wir nie wahrgenommen haben.

Es gibt nämlich mehr, als nur als Mensch auf der Erde seinem Tagewerk nachzugehen. Das heißt, es gibt Wichtigeres, als Tag für Tag zur Arbeit zu gehen (noch dazu für andere), es gibt mehr, als sich über andere aufzuregen, es gibt mehr, als dem Geld hinterherzujagen usw.

Es gibt so unendlich MEHR.

Wer aufwacht, lädt wieder sein wahres Wesen hierher ein. Das heißt, aus einem Menschen wird wieder ein Engelwesen oder auch GOTTmensch.

Seit der Zeit von Atlantis haben wir uns nur noch erlaubt, den Menschen zu leben, unser Engel blieb „draußen". Aus Angst, jemals wieder Missbrauch mit unseren Kräften zu betreiben, der ja bekanntlich zum Untergang von Atlantis führte, haben wir unseren GÖTTLICHEN Anteil schlafen gelegt.

Tief verborgen in unserem Inneren liegt eine wunderbare Puppe (mit Puppe ist das Gehäuse eines Schmetterlings gemeint, in dem dieser schläft, bis er zur vollen Schönheit erwacht). Diese Puppe schillert in den schönsten Regenbogenfarben und sendet einen wundersamen Glanz aus. In ihr liegt etwas Wunderbares verborgen, nämlich euer wahrer Kern, euer wahres Wesen. Hierher wurde es in den Zeiten von Atlantis „verbannt", weil man erkannte, dass das menschliche Bewusstsein sehr wohl in der Lage war, mit den wunderbaren Fähigkeiten der Engel Missbrauch zu betreiben. Aber GOTT sei Dank sollte die Verbannung nicht für immer sein, vielmehr könnte man sie als Dornröschenschlaf ansehen.

Auch Dornröschen hat hundert Jahre geschlafen, um dann frisch und munter wieder zu erwachen. Diejenigen, die sich schon wohlig wach räkeln, sind natürlich vorher, genau wie Dornröschen auch, geküsst worden.

Ja, tatsächlich!

Unsere Freunde aus der Geistigen Welt sind von einem zum anderen gegangen und haben jeden Einzelnen wachgeküsst. Und sie gehen noch über die Erde und küssen sanft alle wach, die wach werden wollen. Noch sind nämlich nicht alle Engel bereit, aus ihrem Schlaf aufzuwachen. So erklärt es sich, warum wir gerade in der jetzigen Zeit so viele spirituelle Menschen erleben dürfen. Jeder, der sich auf den spirituellen Weg macht, ist ein wachgeküsster Engel!

Und die, die noch schlafen?

Nun, die machen den Engeln um sie herum oftmals das Leben schwer. Sie schauen mit Unverständnis auf sie, versuchen, mit ihrem Verstand zu erfassen, was eigentlich vorgeht, und weil sie mit dem Verstand keine Lösung finden, werden spirituelle Menschen schnell und gerne als Spinner abgetan. Damit können wir aber doch leben, oder? Denn wir wissen doch, wir sind keine Spinner. Wenn wir dann noch wissen, dass diejenigen, die uns für eben solche halten, nur noch nicht aufgewacht sind, so dürfte uns auch das größte Hohngelächter nicht aus der Bahn werfen. Stattdessen sollten wir tiefes Mitgefühl für alle Unwachen haben. Es ist nämlich nicht so, dass sie uns nicht verstehen wollen, nein, sie können es noch nicht. Wie denn auch! Hätte uns jemand vor zehn oder zwanzig Leben etwas von der Neuen Zeit erzählt, wir hätten ihn höchstwahrscheinlich geteert, gefedert oder schlimmstenfalls gesteinigt...

Habt also tiefes Mitgefühl für all diejenigen, die noch schlafen. Überfordert sie nicht mit eurem Wissen, versucht nicht, sie zu missionieren, nehmt sie so, wie sie sind. Denn jeder ist so, wie er ist, vollkommen in Ordnung. Und erinnert euch immer daran, dass auch ihr, genau wie sie, lange Zeit geschlafen habt. Nur weil ihr schon erwacht seid, dürft ihr niemanden mit eurem neuen Wissen überrumpeln. Seid einfach nur für sie da, mehr nicht. Lebt ihnen euer neues SEIN vor, mehr braucht es nicht. Und vertraut darauf, dass früher oder später JEDER erwachen wird!

Wenn ihr also schön bei euch selbst bleibt, euch also niemandem aufdrängt, habt ihr die größte Chance, andere zu erreichen. Außerdem strahlt ihr sowieso etwas ganz Besonderes aus: nämlich Ruhe, Gelassenheit und Freude. Das hat eine Anziehung auf alle anderen Wesen. Sie werden ganz von alleine zu euch kommen. Ihr braucht also keinen Finger zu krümmen.

Bleibt bei euch und beobachtet, was mit euch geschieht. Denn auch wenn ihr schon spirituell erwacht seid, noch geht das vollständige Erwachen auch für euch weiter. Ihr habt noch längst nicht alles gesehen, noch längst nicht alles erfahren. Die Zeit des Erfahrens kommt auch auf euch erst noch zu. Zwar könnt ihr schon eine Menge sehen, aber die Erfahrungen mit all den neuen Dingen wollen erst noch gemacht werden.

Aber das Allerschwierigste wird sein, alles, was euch lieb und teuer war, nämlich alles, was euch bis hierher gebracht hat, wieder zu vergessen. Denn all euer bis jetzt erlerntes spirituelles Wissen muss komplett über Bord geworfen werden. Auch das bedeutet Erwachen. Herauszufinden, dass es andere Wege gibt als die bisher eingeschlagenen.

Und so kommt der Abschied von alten Sichtweisen.

Komplettes Umdenken

Was bedeutet das nun, all seine alten Erkenntnisse über Bord zu werfen? Ganz einfach, ein völlig neuer Anfang. Nein, Spaß beiseite, denn hier komme ich zu einem Thema, das nun wirklich nicht einfach zu beschreiben ist.

In der alten Zeit vertraten viele die Meinung, dass der Mensch mit einem Karma behaftet sei. Über diese These schüttele ich ebenfalls schon seit Jahren den Kopf, denn sie stimmt einfach nicht. Kein Engelwesen hat und hatte jemals irgendetwas gutzumachen, denn jedes Leben ist nichts weiter als die Möglichkeit, Erfahrungen er-leben zu können.

Würden wir also zur Strafe auf die Erde zurückgehen, so wäre die Geistige Welt nicht das, was sie IST, nämlich die reine Liebe, und niemals würde sie uns bestrafen wollen. Niemals. Wir sind diejenigen, die uns unsere Erfahrungen ganz alleine aussuchen. Wir **wollen** sie machen! Für uns und für die Quelle. Also verabschiedet euch getrost von dem Bestrafungs- oder Wiedergutmachungsdenken namens KARMA. Das gibt es nämlich nicht.

Auch wenn es in Wahrheit kein Karma gibt, so hat sich doch mit all den Jahren der Überzeugung, dass es das geben muss, so etwas Ähnliches gebildet. Aber ... und das ist das Schwierige – nur in unseren Köpfen. Es ist also vorhanden, und doch nicht real. Vergesst niemals mehr, dass ihr die Meister seid. Ihr könnt allem Leben einhauchen, allein durch eure Überzeugungen und Gedanken!

Und da es also dank der vielen Menschen, die an Karma glauben, tatsächlich für sie Karma gibt, kann ich hier sagen, dass dieses im Zusammenhang mit der Neuen Energie von der Geistigen Welt aufgehoben worden ist. Nun existiert es tatsächlich nicht mehr! Das bedeutet, dass ihr eure Vorstellung von Karma getrost fallenlassen dürft, denn ihr habt keins mehr. Ihr müsst euch allerdings darüber im Klaren werden, dass ihr für alles, was euch widerfährt, die Verantwortung zu übernehmen habt. Die Geistige Welt ist nur an euch interessiert. Sie beobachtet nur euer Leben und macht sich Aufzeichnungen. Aber strafen? Wozu? Wenn alles, was wir jemals erleben, alles, was wir tun oder nicht tun, nur Erfahrungen sind, warum sollte dem eine Strafe folgen? Nein, wir als die Kuriere der Geistigen Welt werden ganz sicher nicht bestraft.

Nun, wenn uns also klar geworden ist, dass wir selbst für unser Leben verantwortlich sind, dann gesellt sich plötzlich etwas ganz Wichtiges zu uns, nämlich die Eigenverantwortung. Und auch das gehört zur Neuen Energie. Verantwortung für sich selbst zu übernehmen. Kein Mensch und kein Wesen aus der Geistigen Welt ist schuld an dem, was euch widerfährt oder widerfahren ist.

Wenn wir hier schon von Schuld sprechen, so seid ihr selbst die Schuldigen, denn es ist euer Leben. Ihr habt es euch ausgesucht, und ihr macht es zu dem, was es IST. Niemand anderer.

Schon die schlaue Schlange aus der Geschichte vom Garten Eden wusste um dieses Schuldprinzip. Adam gab, nachdem der Apfelklau kundig wurde, Eva die Schuld, Eva beschuldigte die Schlange, und diese schwieg dazu. Wer wurde aus dem Paradies vertrieben? Adam und Eva oder die Schlange? Seht ihr, und so schlängelt sich die Schlange heute noch selig zischelnd durch die paradiesischen Büsche...

Ihr braucht ebenfalls nichts anderes zu tun, als Verantwortung für euch zu übernehmen. Erkennt, dass niemand für eure Misere verantwortlich ist. Hört auf, anderen die Schuld in die Schuhe zuschieben. Sie gehört ihnen nicht.

Aber genauso wenig lasst euch in Zukunft irgendetwas aufbürden, was nicht euch gehört. Egal, in welchen Situationen ihr in Zukunft sein werdet, stellt euch hinter eine imaginäre Mauer. Diese Mauer ist der beste Schutz, euch nicht in Dramen, die andere betreffen, hereinziehen zu lassen. Ihr steht hinter der Mauer, die auf Augenhöhe endet, und stellt die anderen davor. Auf diese Weise werdet ihr sehen, dass euch das Wenigste betrifft. Ihr werdet nur allzu gerne zu Mitspielern gemacht! Diese Erkenntnis ist ebenfalls bahnbrechend. Herauszubekommen, dass man oftmals nur in die Dramen anderer verstrickt ist, ist unendlich befreiend.

Niemand wird mehr in Zukunft etwas auf sich laden, was nicht zu seinem Leben gehört. Und niemand wird mehr so eifrig mitmischen, wie es in der Alten Energie noch möglich war. Um es kurz zu machen: Wenn jeder vor seiner eigenen Tür kehrt, ist alles in bester Ordnung. Denn da sollen wir hin. Wir sollen bei uns bleiben. Mit uns haben wir genug zu tun, so dass es niemals langweilig wird. In der Neuen Energie schon mal gar nicht. Da gibt es so viel zu entdecken, dass wir gar keine Zeit und auch keine Lust mehr haben, uns mit den Dramen anderer zu beschäftigen.

Wie sollen wir jemals in die Stille kommen, wenn wir mit lärmenden, ablenkenden Dingen von anderen beschäftigt sind? Schließlich wollen wir uns doch die Neue Energie zunutze machen. Da in ihr ja alles auf den Kopf gestellt wird, geht unsere Reise der Entdeckungen nicht nach außen, sondern nach innen. Es gilt nämlich, uns selbst zu entdecken.

Da die Geistige Welt ja einen Schritt zurückgetreten ist, können wir sie auch nicht mehr so zu Rate ziehen, wie wir es gewohnt waren. Wir brauchen nur in uns selbst nachzuschauen, inwieweit unser schlafender Engel erwacht. Je wacher er wird, umso mehr Antworten gibt er auf all unsere Fragen.

So wird er uns auch recht schnell sagen, dass wir jeden Tag **NEU** gestalten können. Wir haben jeden Tag die Chance, unser Leben zu verändern. Nichts ist festgelegt. Für unser Leben gibt es zwar einen roten Faden oder ein Skript, aber es ist jederzeit veränderbar. Und das macht auch durchaus Sinn! Es wäre nämlich kein **LEBEN,** wenn nicht ein ständiger Fluss möglich wäre. Nur unser begrenztes Denken hindert uns daran, diesen Fluss auch zu sehen. An dieser Stelle muss ich noch einmal auf die Potenziale zurückgreifen. Wenn du zum Beispiel gerade unendlich traurig bist, liegt das Potenzial des höchsten Glückes direkt neben dir, du siehst es nur nicht und kannst es in deiner Traurigkeit nicht wahrnehmen.

Wenn es dir gerade finanziell nicht so gut geht, du also gerade nicht weißt, wie du deine Miete bezahlen sollst, so liegt das Potenzial des Geldflusses ebenfalls direkt neben dir. Du musst verstehen lernen, dass dieses eine Gesetz-mäßigkeit ist. Das eine bedingt das andere.

Bist du krank, liegt auch schon die Gesundheit da. Folglich musst du nur einen Weg finden, alles zu dir her-einzuholen.

Wie aber machst du das?

Mit Gefühl

Die beste Atemtechnik wird dir nichts nützen, wenn du nicht auch das dazugehörige Gefühl heraufbeschwörst! Das, was uns Engelwesen so besonders macht, ist nicht unser Verstand, sondern unser GEFÜHL. Der Verstand ist nur dazu da, uns in kritischen Situationen zur Seite zu stehen und auch das eine oder andere Mal eine Lösung für uns zu finden.

Irgendwann hat die Menschheit aber angefangen, dem Verstand einen höheren Stellenwert beizumessen als ihren Gefühlen. Und damit wurde unsere so schöne und mächtige Gefühlswelt immer mehr beiseite gedrängt. Wir alle haben verlernt, auf unsere Gefühle zu hören. Die einzigen Gefühle, die sich über die Jahrtausende gehalten haben, sind die Gefühle der Macht und die falschen Gefühle von uns selbst. Niemand ist nämlich in Wahrheit das, was er denkt zu SEIN.

Sagt doch selbst, ist es nicht merkwürdig, dass Menschen heutzutage nach ihrem Wissensstand beurteilt werden? Unser Schulsystem stopft unsere Kinder bis zum Rand mit überflüssigem Krempel voll, und unsere Kinder danken es ihm mit völligem Nichtinteresse. Intuitiv wissen sie, dass all der unnütze Lehrstoff nicht wichtig ist. Sie schalten ab. Und zu Recht.

Was unseren Schulen (aber nicht nur unseren Schulen) fehlt, ist die Balance zwischen Wissen und Gefühl. Anstatt unsere Kinder mit langweiligem Stoff, den sie noch dazu in der Regel später nie mehr brauchen, zu Tode zu langweilen, sollte in unseren Schulen auf das Leben vorbereitet werden. Es sollte ein lebensnaher Unterricht stattfinden, aber vor allen Dingen sollte man sich auf die Kinder einstellen und sie nicht gnadenlos einfach nur mit Wissen überdeckeln. Lehrt sie den Umgang mit anderen, lehrt sie das Wunder des Lebens, lehrt sie das Wunder der Natur, lehrt sie die Zusammenhänge von Körper, Geist und Seele und fördert jedes Kind nach seinem Talent.

Die meisten Lehrer heute haben (selbst wenn sie es wollten) leider keine Zeit mehr, sich auf den einzelnen Schüler einzulassen. Ist es nicht ein Witz, dass ausgerechnet heute, wo die Klassen immer kleiner werden, auch die persönliche Zuwendung geschrumpft ist? Wie war das nur möglich? Ganz einfach, weil irgendwann beschlossen wurde, dem Verstand den Vortritt zu lassen. Wissen war angesagt, was zur Folge hatte, dass viele Fachidioten erzeugt wurden. Mit Ausnahme derer, die sich nicht so verbiegen lassen wollten, von denen einige nun als ungelernte Hilfsarbeiter abgestempelt werden. Für die haben viele von uns doch nur Verachtung übrig, ist es nicht so? Dabei sind gerade sie oft auf dem richtigen Weg, und wir sollten alle Fachidioten dieser Welt bemitleiden. Sie haben nämlich nur noch ihren Verstand, auf den sie sich stützen können, der gesunde Menschenverstand ist ihnen abhanden gekommen. Denn – zum gesunden Menschenverstand gehört nun mal das Gefühl. Darum ist er ja so gesund!

Gut, unser Verstand hatte also die Überhand gewonnen, mit der Folge, dass unsere Gefühlswelt völlig verarmte. Nicht nur, dass wir für uns selbst keine Gefühle mehr zulassen, nein, wir haben logischerweise auch für andere kein Gefühl mehr übrig.

Unsere Kinder- und Jugendkriminalität spiegelt nur unsere bestehende Gesellschaft wider. Sie macht logischerweise im Außen sichtbar, was sich in unserem Inneren abspielt. Nur so lässt sich erklären, warum die Hemmschwelle so rapide gesunken ist. Wer für sich selbst kein Gefühl entwickeln durfte, kann es auch nicht für andere haben. So einfach ist das.

Und somit fängt die Schule des Lebens schon bei den Eltern an. Es würde tatsächlich ein Buch im Buch werden, wenn ich hier anfangen würde, wahre Elternschaft zu beschreiben, deswegen lasse ich es an dieser Stelle.

Aber soviel sei hier gesagt: Eltern zu sein heißt, Verantwortung zu übernehmen. Und es heißt, einen Diamanten liebevoll zu polieren, bis er hell erstrahlt und in der Welt glänzen kann. Und das geht nur mit Gefühl. So, wie ihr für alles ein Gefühl entwickeln solltet. Aber das ist nur machbar, wenn ihr eure eigenen Gefühle erst einmal wiederentdeckt. Sie sind nämlich euer Lebensmotor.

Unsere Gefühle halten uns in Bewegung. Aber nicht nur das, wir können sie auch gezielt einsetzen. Wir können uns jedes Gefühl wieder ins Gedächtnis zurückholen, aber damit ist es nicht getan. Es nützt uns nichts, wenn wir das Gefühl nur im Kopf haben. Nützen kann es nur, wenn wir es durch unseren ganzen Körper strömen lassen.

Alles, was uns begegnet oder passiert, löst Gefühle in uns aus. Wir nehmen sie nur nicht mehr wahr. Egal, ob wir eine schöne oder eine unzumutbare Musik hören, sie erzeugt Gefühle in uns. Egal, ob wir eine angenehme oder unangenehme Lebenssituation haben, sie löst Gefühle in uns aus.

Mit unserer Arbeitsstätte verhält es sich ganz genauso. Gehen wir gerne zur Arbeit, haben wir ein positives Gefühl, gehen wir mit Bauchschmerzen hin, hat sich das ungute Gefühl schon manifestiert usw.

Alles besteht aus Gefühl. Jede Begegnung, egal, ob mit Menschen, Tieren oder der Natur, alles ist immer mit Gefühl verbunden. In der Nacht in den wunderschönen Sternenhimmel zu schauen, löst Gefühle in uns aus. Jede Berührung löst Gefühle aus, genau wie auch jede Nichtberührung.

Der Mangel, Gefühle zuzulassen, treibt merkwürdige Blüten. So ist zum Beispiel die Triebfeder vieler Extremsportler zu ihren, von der ganzen Welt bewunderten Höchstleistungen nur die, endlich einmal wieder etwas zu **fühlen**. Das tun sie auch, wenn auch nur für einen kurzen Augenblick, denn wenn der Moment des Triumphes vorbei ist, fallen sie in ein tiefes Loch. Auf zum nächsten Abenteuer...

Immer mehr Jugendliche ritzen sich die Arme auf, nur, um sich selbst wieder zu **fühlen**. Junge Menschen werden magersüchtig, weil sie sich nicht mehr **fühlen** können, und nur die Verzweiflung darüber lässt sie auch im Außen sichtbar für uns alle verschwinden.

Aber auch das genaue Gegenteil erleben wir gerade. Noch nie gab es so viele übergewichtige Menschen wie heutzutage. Deutschland steht in Europa an erster Stelle!

Das nenne ich mal einen Rekord. Denn die meisten der übergewichtigen Menschen haben nur deshalb so zugenommen, weil sie ihren Gefühlen keinen Ausdruck mehr geben. Sie halten an ihnen fest. Verwahren sie sozusagen auf, aber immerhin erlauben sie sich noch, Gefühle zu haben, im Gegensatz zu all den Magersüchtigen.

Es gäbe noch so viele Beispiele, was ungelebte Gefühle in uns auslösen, aber ich denke einmal, es reicht. Jeder müsste nun verstanden haben, wie wichtig es ist, den Gefühlen ihren Raum zurückzugeben. Denn gerade auch unsere Gefühle lassen uns oftmals krank werden. Ganz oft höre ich in meiner Praxis die bange Frage: „Können Sie mir sagen, wie es mit meiner Gesundheit bestellt ist?", und bevor ich überhaupt eine Antwort darauf gebe, weiß ich schon, dass das vor mir sitzende Menschenkind vorbelastet ist. Und so ist es dann auch. Im weiteren Gespräch kommt heraus, dass Mutter, Tante, Oma schon an Krebs gestorben sind, und daher die bange Frage nach der Gesundheit. Es ist ganz natürlich, dass man sich dann Gedanken macht, ob diese Krankheit nicht zwangsläufig bei einem selbst auftauchten könnte.

Nur für alle, die es noch nicht wissen sollten: Krebs ist nicht vererbbar! Denn in jedem Menschen gibt es auch Krebszellen. Beim einen entarten sie, beim anderen nicht. Was vererbbar ist, sind die Gedanken darum und die dazugehörigen Gefühle, nämlich Angst. Angst ist außer der Liebe das größte Gefühl, das ein Mensch haben kann. Und ebenso wie die Liebe auch das mächtigste.

Um es noch genauer zu erklären: Wenn in einer Familie die Oma an Krebs gestorben ist, macht sich die Tochter natürlich Gedanken darüber, ob sie nicht auch eines Tages diese Krankheit bekommen könnte. Anstatt nun in ihr Gefühl zu gehen, das ihr nämlich sehr schnell und sehr präzise eine Antwort geben könnte, bleibt sie in ihrem Verstand, und der raunt ihr immer wieder die gleichen Fragen zu. Dazu gesellt sich dann das natürliche Gefühl der Angst, die mit jedem Gedanken ebenfalls wächst. Und so kann es gar nicht anders sein, als dass auch die Tochter an Krebs erkrankt.

Nun sind es schon zwei aus einer Familie, und das Karussell ist nicht mehr aufzuhalten. Denn wieder gibt es eine Tochter, die ihre Mutter mit der Diagnose Krebs verlieren musste. Sie fragt schon gar nicht mehr, ob sie auch an Krebs sterben wird, für sie scheint es unausweichlich. Es liegt ja schließlich in der Familie...

Und das tut es nicht!!!

Allein die negativen Gedanken mit dem dazugehörigen Angstgefühl geben den Krebszellen erst die Nahrung, sich zu verbreiten.

Ihr seid die Meister! Erinnert euch immer daran!

Das sollte in den Schulen gelehrt werden...

Ihr habt jederzeit die Macht, etwas zu ändern. Jeden Tag aufs Neue. Und so könnt ihr auch jederzeit Familiendramen unterbrechen und aufheben. Erinnert euch daran, am Leben zu sein bedeutet zu fließen. Wer sich am Leben und Leiden anderer orientiert und auch noch daran festhält, stagniert und gibt sich und seinen Lebensfluss auf.

Tja, dein Wille geschehe, du bist der Meister!
Und alles hört auf DICH!!!
Alles ist dazu da, um DIR zu dienen!
Alles!!!

Damit du aber weise Anleitungen geben kannst, musst du dir deiner Fülle von Gefühlen gewahr sein. Du musst wissen, wie du mit ihnen umgehen kannst. Vor allem aber musst du wissen, wie du sie zu deinen Dienern machen kannst!

Nun scheint es gerade in der heutigen Zeit regelrecht verpönt zu sein, Gefühle zu zeigen. Unsere Gesellschaft ist fest in den Händen des Verstandes. Und daran kranken wir. Das Schönste, was einen Menschen ausmacht, nämlich die Gefühle, hat uns die Übermacht des Verstandes genommen. Daran ist weiter nichts Schlimmes, auch das war nur eine Erfahrung, die wir machen wollten, nur dürfen wir an dieser Erfahrung nicht mehr festhalten. Denn wir wissen ja nun, was ein reines Verstandesdenken anrichtet.

Natürlich sollten wir jetzt nicht anfangen und in das andere Extrem verfallen und nur noch unsere Gefühle ausleben. Nein, jetzt ist die Zeit, beides mit einander zu verbinden. Nur dann sind wir auf dem richtigen Weg. Gefühl und Verstand sollten den gleichen Stellenwert bekommen, das ist das Ziel.

Wer seine ureigenen Gefühle zulassen kann, der wird ganz automatisch auch ein tiefes Mitgefühl für alle anderen Engelwesen haben. Aber zuallererst solltest du ein tiefes Mitgefühl für dich selbst entwickeln.

Sicherlich ist auch dies eine harte Nuss von mir, von euch Mitgefühl für euch selbst zu verlangen, und es ist für viele von euch schlichtweg unvorstellbar.

Kein Wunder, sind nicht gerade die Älteren von uns noch dazu erzogen worden, sich immer nur um die anderen zu kümmern? Für andere Mitgefühl zu zeigen? Wurde an sich selbst zu denken nicht als reiner Egoismus abgetan?

Zum Trost, auch ich bin noch so aufgewachsen...

Die neuen Generationen haben dieses Problem allerdings nicht mehr, denn sie sind ja im Laufe der Zeit immer gefühlsärmer aufgewachsen. Natürlich gibt es Gott sei Dank immer noch genügend Eltern, die ihren Kindern auch heutzutage Gefühle vermitteln und zugestehen. Nur, und das muss ich hier ganz klar sagen, befinden sie sich eindeutig in der Minderheit. Wäre es nämlich nicht so, hätten wir all die „Missstände" nicht.

Also bitte keine Aufregung!

Nun aber zurück zu dir, du liebes Engelwesen.

Der wichtigste Grund, warum du in jedem Fall Mitgefühl mit dir selbst haben solltest, ist der, dass du hier bist. Schau mal, du hast dich bereit erklärt, dein wundervolles Zuhause zu verlassen, um der Quelle zu dienen. Was du damit getan hast, ist ein großes Opfer. Und das hast du auch noch aus freien Stücken getan, nämlich aus Liebe. Du hast dein reines, wunderschönes, seliges Engeldasein für die Quelle aufgegeben, nur um als Mensch zu leben. Aber nicht nur das.

Du bist niemals der Mensch, in dem du steckst, das heißt, du übernimmst nur für eine kurze Zeit eine Rolle. Genauso wie es unsere wunderbaren Schauspieler tun. Sie spielen nur ihre Rollen, sind aber nie die Rollen, die sie verkörpern. Genauso ergeht es dir. Du bist nicht der Mensch, den du belebst. Weil du das aber nicht mehr weißt, empfindest du dein Leben als Mensch so real, dass du davon überzeugt bist, der Mensch, den du jetzt verkörperst, zu SEIN. Das bist du aber nicht. Und genau das erfordert das tiefste und liebste Mitgefühl für dich selbst.

Du und der Mensch, ihr seid schon so lange aufeinander eingespielt, dass ihr regelrecht verschmolzen seid. Auch das gehörte zu dem großen Spiel. Und es war angemessen. Es sollte so sein. Nur so war das Spiel perfekt.

Ich erwähnte ja schon, dass eine neue Ära beginnt, das Spiel zu Ende geht und es nun Zeit ist, alles wieder entgegenzunehmen, was einst unser war. Denn das ist der Dank der Quelle. Mensch zu sein ist etwas so überwältigend Schönes, dass wir zutiefst traurig darüber waren, dieses Spiel aufgeben zu sollen. Und somit schenkt uns die Quelle die Möglichkeit, als bewusste Engel in Menschengestalt weiterleben zu dürfen.

Aber noch ist es nicht soweit. Noch stecken viele von uns in ihrem Lebensfilm fest. Und mal ehrlich, wie könntet ihr kein Mitgefühl für euch haben? Was habt ihr nicht schon alles durch- und mitgemacht? Schaut doch einmal zurück. War alles nur ein Zuckerschlecken? Ganz bestimmt nicht. Das Leben oder, besser gesagt, die Rollen, die ihr übernommen habt, haben viele von euch an den Rand der Verzweiflung gebracht.

- Habt ihr euch jemals erlaubt, wirklich verzweifelt zu SEIN?
- Habt ihr euch jemals wirklich erlaubt, traurig zu SEIN?
- Habt ihr euch jemals erlaubt, so lange zu weinen, bis ihr das Gefühl hattet, all euren Schmerz herausgespült zu haben?
- Habt ihr euch erlaubt, anderen von euren Gefühlen zu erzählen?

Nein? Das Leben musste ja weitergehen?

Seht ihr, dafür habt ihr alle MEIN größtes Mitgefühl. Denn all seine Gefühle nie ganz oder sogar manchmal gar nicht zum Ausdruck bringen zu können oder zu dürfen, kommt einem Gewaltakt gleich. Und ihr wundert euch, dass ihr über die Jahre darüber erkrankt...

Seid bei euch, mit Gefühl!!! Bleibt bei euch, mit Gefühl! Kümmert euch um Gottes Willen nicht mehr darum, was die Gesellschaft von euch erwartet. Das ist nämlich sowieso falsch.

Ist es nicht traurig, dass, wenn zum Beispiel in einem Restaurant jemand herzlich und aus vollem Hals, noch dazu ohne erkenntlichen Grund, lacht, er von allen Seiten irritiert angesehen wird? „Wieso lacht der oder die jetzt so unkontrolliert – darf der/die das? Das passt doch jetzt gar nicht...!"

Tja, und so erntet der Lacher eher böse als amüsierte Gesichter, was ihm das Lachen im Halse stecken lassen lässt. So viel zu den Normen der Gesellschaft.

Hier kann ich nur sagen: Fangt an, euch aus den Klauen der Gesellschaft zu befreien. Menschen, und Engelwesen schon mal gar nicht, gehören in keine festgelegte Norm.

Steht zu all euren Gefühlen, sie sind ein wunderbares Transportmittel. Und damit komme ich endlich (ich weiß) zu den neuen Möglichkeiten.

Imaginieren

Kein anderes Medium spricht so unsere Gefühlswelt an wie die Welt der Bilder. Die Filmbranche, Regenbogenpresse, Fernsehanstalten, Spiele-Entwickler, Politiker, Religionen, Werbung – um nur einige zu nennen –, die halbe Welt lebt von der Macht der Bilder.

Egal, ob wir uns einen zu Herzen gehenden Film ansehen oder uns gierig auf die neusten Paparazzifotos stürzen. Wir sind süchtig nach der Bilderwelt. Kein Wunder, schließlich denken wir ja auch von unserem Ursprung her in Bildern. Die ägyptischen Hieroglyphen sind eine reine Bildersprache und Zeugnis einer längst vergessenen Kultur. Auch wenn die Bildersprache ausgestorben ist, so denkt der Mensch dennoch weiterhin in Bildern.

Schwelgen wir in der Vergangenheit, so steigen immer auch die dazugehörigen Bilder auf. Erträumen wir uns unsere Zukunft, sehen wir auch diese bildlich vor uns. Legen wir uns nachts schlafen, träumen wir – in Bildern. Das bedeutet schlichtweg, dass, bevor sich unsere Sprache entwickeln konnte, zuerst eine Bildersprache da gewesen sein muss.

Der Mensch dachte also ursprünglich in Bildern und später erst drückte er sich auch sprachlich aus. Dennoch blieb die Welt der Bilder erhalten. Aber nicht nur die Bilder blieben uns erhalten, auch unsere Vorstellungskraft und unsere wunderbare Fantasie.

Egal, ob Bilder, Fantasie oder unsere Vorstellungskraft, nichts von alledem ist aber wirklich greifbar. Sie ziehen auf und wieder ab, sind aber dennoch real, denn wir „sehen" sie ja schließlich, oder? Nun könnte man sich fragen, wozu das ganze Kopfkino? Was haben wir eigentlich davon? Oder, noch anders gefragt – was ist denn nun die Realität? Unsere aufsteigenden Bilder oder unsere realistischen Gedanken?

Hier kann ich sagen, dass beides Realität ist. Die Welt der Bilder ist nur leider von unserem Verstand größtenteils verbannt worden. Deswegen stürzen wir uns ja so eifrig auf die uns im Außen angebotenen Bilder.

Wenn ihr ins Kino geht, dann kommt ihr, je nach Film, wütend, beschwingt, todtraurig oder ergriffen wieder heraus. Ist das nicht merkwürdig? Vom Verstand her wisst ihr alle, dass ihr „nur" einen Film gesehen habt, und dennoch vermag jeder Film, Gefühle in euch auszulösen. Und es ist nicht nur das gesprochene Wort, das ja nun auch seine Macht über euch hat, nein, es sind die dazugehörigen Bilder. Sie rühren euch zutiefst an und bringen etwas in euch zum Schwingen, nämlich eure Gefühle. Es spielt keine Rolle, ob negative oder positive Gefühle hervorgerufen werden, wichtig ist nur zu wissen, dass Gefühle auch künstlich erzeugt werden können.

Wie schon gesagt, die halbe Welt lebt davon – die andere Hälfte lässt sich verführen...

In der Neuen Zeit heißt es, zurück zu unseren Wurzeln. Das heißt auch, zurück zu eurer Vorstellungskraft. Denn es ist eure Kraft, und die solltet ihr auch zu nutzen verstehen!

Alle Kinder stehen so lange mit der Geistigen Welt in Kontakt, bis die Eltern es schaffen, ihnen (leider sehr oft) erfolgreich diese Verbindung auszureden. „Aber Ann-Katrin, sei nicht dumm, mit wem sprichst du denn da? Da ist doch niemand...!"

Und so wird uns allen, zumindest in der westlichen Welt, von klein auf unsere natürliche Spiritualität aberzogen. Und später müssen wir manchmal recht mühselig alles wieder neu finden ... Ist doch schizophren, oder?

Ich kannte einmal eine Familie, in der die Eltern sehr spirituell waren. Sie ließen ihre kleine Tochter so, wie sie war, und hatten ihren Spaß daran, wenn dieses kleine Wesen sich förmlich kugelte vor Lachen, wenn es mit seinen geistigen Freunden in Kontakt kam. Das Kind konnte noch nicht sprechen, aber wenn der Vater zum Beispiel fragte: „Wo ist der Merlin?", zeigte es ohne zu zögern auf ein Bild des Merlins, das bei ihm über dem Schreibtisch hing. Und das, obwohl dem Kind niemand gesagt hatte, dass es sich um Merlin handelte!

Gibt es ein schöneres Beispiel, um zu erkennen, dass wir wirklich alle aus der Geistigen Welt kommen und auch all das Wissen in uns tragen? Umso trauriger ist es, mit anzusehen, wie uns all unsere wunderbaren Fähigkeiten langsam aber sicher aberzogen werden. Aber gut, wir haben ja schon vieles wiedererlangt, und nun holen wir uns sämtliche Kräfte wieder zurück.

Imaginieren gehört zwingend dazu. Wenn ihr, egal was, in eurem Leben verändern wollt, so fangt an zu imaginieren. Ihr müsst die Veränderung, die ihr anstrebt, vor eurem geistigen Auge SEHEN. Dann ladet das Gefühl dazu mit ein, atmet tief und bewusst und lasst los.

Die Formel heißt also:

Vertrauen + Atmen + Bilder + Gefühle + Loslassen = ZAUBERN.

Erinnere dich, du bist der Meister!

Alles hört auf dein Kommando!

Alles ist da, um dir zu dienen!

Die Geistige Welt will dir dienen, genauso wie dein Körper. Auch dein Lebensfilm will dir dienen, und wenn du eine Veränderung möchtest, so wird er sich willig anpassen. Alles ist veränderbar. Alles. Natürlich nur, sofern man das Leben willkommen heißt und auch wirklich leben will!

Und, nicht zu vergessen, auch wenn Wunder möglich sind, stellt eure Ansprüche nicht zu hoch. Es macht keinen Sinn, sich Dinge zu erträumen, die so fernab von aller Realität liegen, dass sie nicht erfüllt werden können. Also zäumt bitte nicht das Pferd von hinten auf, sondern zaubert euch *step by step* alles, was ihr wollt.

Damit auch jeder versteht, wie man Veränderungen hervorzaubert, gebe ich hier eine genaue Anleitung:

Das Wichtigste, was du brauchst, ist natürlich Vertrauen. Wie schon erwähnt, jeder noch so kleine Zweifel macht alles wieder zunichte. Wie ein Baby, das vollstes Vertrauen zu seiner Mutter hat, dass sie es ganz bestimmt nicht fallenlässt, genau das gleiche Vertrauen brauchst du für dich selbst.

Du bist der Meister, und du kannst alles!!! Davon musst du überzeugt sein! Du kannst alles erreichen. ALLES!

Nun forme vor deinem geistigen Auge die Bilder, die zu deinem Wunsch gehören.

Wenn du schon jahrelang von einer Yacht geträumt hast, so darfst du diese Yacht vor deinem geistigen Auge dümpeln sehen. Aber nicht nur das, sieh dich selbst auf der Yacht stehen, wie du genüsslich ein Gläschen Champagner schlürfst, und nun lade das dazugehörige Gefühl mit ein. Fühle dich als Skipper, lebe es in diesem Moment, spüre die salzige Seeluft, lass den Wind durch deine Haare wehen, sieh den Wolken nach, hör die Möwen schreien und fühle die Sonne auf deiner Haut.

Genieße deine Fahrt übers Meer, atme tief in dich ein und aus. Mit jedem tiefen Einatmen ziehst du dein Bild mehr in deine Wirklichkeit, außerdem stärkst du es mit jedem Atemzug.

Wenn du das Gefühl hast, dass es genug ist, dann lass das Bild freudig los. Übergib es dem Universum und vergiss auch bitte sofort, was du dir gerade erträumt hast.

Lass das Universum für dich arbeiten.

Solltest du dich Wochen später auf einem Gummiboot wiederfinden, so hast du vorher vergessen, dir das nötige Kleingeld für eine Yacht zu bestellen. Von daher macht es keinen Sinn, die Wünsche höher anzusetzen als sie erfüllbar sind. Aber so könnt ihr das mit allem machen, was ihr nur wollt!

Es mag sein, dass der eine oder andere Wunsch scheinbar nicht erfüllt wird. Manchmal wartet das Universum auf etwas noch Besseres, so dass eine Bestellung von euch vielleicht anders zu euch kommt als die ursprüngliche Bestellung, die ihr aufgegeben hattet.

Und bitte fangt nicht an, ungeduldig zu werden. Wenn ihr bei einer Firma bestellt, dann ruft ihr in der Regel ja auch nur einmal an, nicht wahr? Nie würde es euch in den Sinn kommen, eine Firma mit Telefonaten oder Faxen zu bombardieren. Also fangt bitte nicht an, das Universum mit Wiederholungen eurer Wünsche zu erschlagen.

Wenn Wünsche nicht erfüllt werden, so waren sie vielleicht nicht gut für euch, oder aber sie kommen in anderer Form. Nehmt das nicht allzu ernst. Betrachtet es als Spiel und als Spaß, denn es wird euch Spaß machen, mit euren Möglichkeiten zu spielen.

Wer all dem nicht traut, dem kann ich eine andere Alternative anbieten:

Stell dir vor (also imaginiere), du besitzt ein wunderschönes Haus. Und zwar eines ganz nach deinem Geschmack. Das kann ein Landhaus, ein Schloss, eine Burg oder eine Holzhütte sein. Wie dein Haus aussieht und wo es stehen wird, hängt allein von dir und deiner Fantasie ab. Versuche nicht, dich zu begrenzen.

Sieh dich nun auf dein Wolkenhaus zugehen. Sieh dabei auch den schönen Garten, vielleicht stehen auch alte Bäume drin, ganz egal, nimm alles wahr, was deiner Meinung nach zu deinem Traumhaus gehören sollte.

Nimm vier tiefe Atemzüge und geh hinein.

Es wird dich erstaunen, dass dieses Haus noch nicht eingerichtet ist, aber das kann es auch nicht sein. Denn du bist der Besitzer, und du darfst es dir ganz nach deinem Geschmack einrichten.

So betrittst du als erstes den Flur, von dem aus du alle Zimmer deines Hauses erreichen kannst. Suche aber zuerst deine Küche auf (die anderen Zimmer kannst du später einrichten). Hast du sie gefunden? Gut.

Zu deiner Überraschung wirst du sehen, dass in deiner Küche ein riesengroßer Ofen steht. Ja, tatsächlich, er reicht vom Boden bis zur Decke hinauf. Neben dem riesigen Ofen steht ein Regal mit ebensolchen riesigen Backblechen, und daneben ein großer Tisch. Alles andere, was du noch zu deiner Kücheneinrichtung benötigst, darfst du dir nun erträumen. Erschaffe dir also die Küche, die du haben möchtest (wie im wirklichen Leben).

Was hat es nun aber mit dem riesigen Ofen auf sich?

Nun, er wird zu einem deiner Lieblinge in deinem neuen Haus werden. Er ist nämlich ein Zauberofen und wird „Ofen der Wünsche" genannt. Was macht ihn nun aber zu einem Zauberofen? Ganz einfach, in diesen Ofen legst du all das hinein, was du dir wünschst. In ihm kannst du dir also buchstäblich deine Wünsche backen.

Aber wie immer, wenn es um Zauberei geht, ist eine Bedingung daran geknüpft.

Alles, was du dir wünschst, sollte ohne „Agenda" (zielgerichtete Planung) hineinlegt werden. Das heißt, wenn du dir zum Beispiel mehr Geld in deinem Leben wünschst, so darfst du nur vollkommen frei von sämtlichen Vorstellungen und Erwartungen ein Symbol für Geld auf das Backblech legen. Um es noch klarer auszudrücken, verknüpfe niemals Erwartungen mit deinen Wünschen. Wenn du im Kopf hast, im Lotto gewinnen zu wollen, wäre der Gedanke an den Lottogewinn die besagte Agenda. Auch das klingt wieder sehr widersprüchlich, aber daran hast du dich bestimmt schon gewöhnt!

Egal, was du in dein Leben rufen willst, suche ein Symbol dafür, lege es ohne Erwartung auf eines der riesigen Backbleche und schiebe es in den „Ofen der Wünsche". Ganz oben ist ein großer roter Knopf mit der Aufschrift: „Start" zu sehen. Den drückst du, wenn du dein Backgut im Ofen hast. Dort backt es nun 24 Stunden, und natürlich stellt sich der Zauberofen von alleine wieder aus. Du brauchst also keine Angst zu haben, dass dein Wunsch verbrennen wird, wenn du vergisst, ihn am nächsten Tag herauszuholen. Aber versuche daran zu denken, ihn dennoch 24 Stunden später wieder herauszuholen.

Lege also das Backblech zum Abkühlen auf den Tisch und schiebe deinen nächsten Wunsch hinein. So hast du immer etwas in deinem Zauberofen, und gleichzeitig kühlen die vorherigen Wünsche ab. Wenn sie abgekühlt sind, so nach zwei Stunden oder länger, es kann auch wieder 24 Stunden dauern, ganz wie du willst, nimm das Backblech und wirf das Backgut mit Hilfe des Blechs (nicht das Blech selbst) mit Schwung nach oben. Du wirst erst jetzt merken, dass dein Haus, und damit auch deine Küche, kein festes Dach und keine festen Decken aufweist. Und somit kann dein Backgut unbehelligt ins Universum fliegen.

Je schwungvoller du es nach oben abgibst, umso höher kann es fliegen. Es muss auf jeden Fall so hoch fliegen, bist du es nicht mehr sehen kannst. Nach einer Weile wird dir auffallen, dass lauter glitzernde Funken wieder herunterkommen. Gut so. Jetzt ist der Vorgang abgeschlossen.

Die glitzernden Funken sind ein Zeichen dafür, dass das Universum deinen Wunsch vervielfältigt hat und ihn nun aussendet, damit er, in welcher Form auch immer, zu dir zurückkommen kann. Das heißt, du könntest im Falle des Geldsymbols in den Wochen darauf im Lotto gewinnen, eine Tante beerben oder auf anderen Wegen zu Geld kommen. Wie dein Wunsch letztendlich bei dir ankommt, musst du wirklich dem Universum überlassen. Also bitte, hab keine Erwartung. Lass all das los. Erwarte nichts, und du bekommst alles.

Natürlich kannst du den Ofen der Wünsche für alles verwenden. Egal, ob du dir wünschst, reich zu sein, oder ob du gesund werden willst, oder, oder, oder.

Aber einen ganz wichtigen Punkt solltest du dennoch wissen: Der Ofen der Wünsche ist ganz allein für dich bestimmt, und nur für DICH! Er ist nicht für andere ENGEL-WESEN zu gebrauchen, sondern nur für dich und dein Leben. Solltest du dennoch zum Beispiel versuchen, die Liebe eines(r) anderen zu erbacken, gibt es einen spirituellen Kurzschluss. Und es ist erst einmal aus mit der Backerei. Die himmlischen Elektriker lassen nämlich noch länger auf sich warten als die irdischen.

Sicherlich wird auch nicht jeder Wunsch erfüllt, aber dennoch sehr viele. Und fast immer kommt es ganz anders, als wir es uns gedacht haben. Auch hier spreche ich wie immer aus eigener Erfahrung.

Wer mag, kann sich sein Haus so kuschelig wie möglich einrichten, damit er, sooft es geht, in diesem Haus ausruhen und Kraft tanken kann. Da euer Haus sehr durchlässig ist, werdet ihr dort mehr von der Neuen Energie spüren und von ihr umgeben sein, als ihr es im wahren Leben könnt. So kommt ihr auf spielerische Weise auch zur Neuen Energie.

Der Sinn des Lebens

Wenn ihr gelernt habt, alles, was ihr nur wollt, zu imaginieren, dann habt ihr auch gelernt, euch zwischen den Welten zu bewegen.

Die Geistige Welt ist nicht mehr etwas, das im Außen liegt und das ihr immerzu um Hilfe bittet, sondern ihr verbindet euch allmählich mit ihr. So tretet ihr aus der Position des Bittstellers allmählich heraus und kommt dafür in eure eigene Meisterschaft. Und das, ihr lieben Engelwesen, wird euch eine ganz andere Lebensqualität einbringen: nämlich Freude pur!

Wenn ihr erst einmal verstanden habt, wie **einfach** das Leben in Wahrheit ist (denn das ist es), dann werdet ihr aus der freudigen Lust am Leben nicht mehr herauskommen. All die Fragen nach dem Sinn des Lebens werden gegenstandslos. Denn hier kommt sie, die Antwort auf diese Fragen: **Der einzige Sinn eines Lebens ist der, es in vollen Zügen zu genießen.**

Ja, tatsächlich. Genau das ist der Sinn des Lebens. Ein Leben ist nicht dazu da, nur zu arbeiten, sich zu quälen, sich zu grämen und zu verzweifeln, ganz gewiss nicht, denn Leben bedeutet Tanz, Freude, Hingabe ans Leben. Wir aber, wir schließen das Leben noch aus.

Nie tun wir das, was wir tun möchten. Unsere Vernunft, oder, besser gesagt, unser Verstand hindert uns immer wieder daran, das wirkliche Leben zu erfahren. Dafür kann er nicht einmal etwas, denn es ist ihm vor Jahrtausenden so eingeredet worden.

Gerade unsere Religionen waren maßgeblich daran beteiligt, unsere Lebenslust zu zerstören. Die schlimmsten Verfehlungen, die wir ihnen zuschreiben können, ist die Verteufelung unseres Körpers. Unser großartiger Körper, unser wunderbares Reisevehikel, wurde so auf ein Minimum reduziert. Schlimmer noch, man redete uns ein, dass nur derjenige zu GOTT findet, der seinen Körper verleugnet. So entstand der Irrglaube, als Priester müsse man keusch leben, dürfe also keine sexuellen Kontakte haben. Dabei waren in früheren Zeiten sogar Päpste verheiratet oder hatten ihre Mätressen...

Und nur weil irgendjemand einmal in (un)selig trunkener Weinlaune diesen scheinbar heilsbringenden Gedanken hatte (oder war es gar ein Irrsinniger?), glaubt mittlerweile jeder, der sich als Priester, Mönch oder Nonne berufen fühlt, seinen Körper verleugnen zu müssen. Dabei hat GOTT uns unseren Körper gegeben und wird sich schon etwas dabei gedacht haben. Sicherlich ist ER höchst amüsiert darüber, was wir als Menschen alles so leichtfertig glauben. Aber bekümmern dürfte IHN, dass so viele Menschen (Priester, Nonnen, überzeugte Katholiken usw.) sein göttliches Geschenk ablehnen.

Die sexuelle Energie ist längst nicht nur das, was heute in ihr gesehen wird. Sie aus dem Leben vieler Gläubigen und Geistlichen zu verbannen bedeutet, diese Menschen in ihrer Natürlichkeit zu beschneiden. Der Sexualität quasi von Berufs wegen zu entsagen ist also nichts Erstrebenswertes. Sie zu missbrauchen aber auch nicht. Das kommt nämlich dabei heraus, wenn natürliche Bedürfnisse unterdrückt werden.

Wenn die Kirchen begreifen, dass die sexuelle Energie das Leben erst auf die Erde zaubert, kann sie sie gar nicht mehr ablehnen. Denn egal, ob wir von Bienchen und Blümchen sprechen oder eine Idee zum Leben erwecken wollen, überall steckt die sexuelle Energie dahinter. Sie ist die treibende Kraft für Alles-was-ist.

Wir haben unseren Körper nun einmal, und er ist das Wunderwerk schlechthin. Schließlich wurde er nach dem Ebenbild GOTTES angefertigt. Umso erstaunlicher ist es, dass ausgerechnet die Kirchen so gegen unseren Körper sind. Ich kann nur sagen, fühlt euch wohl in eurem Körper. Genießt euer Leben, genießt euch, denn in diesem Leben ist der Körper ein Teil von euch. Wer seinen Körper und seine Gefühle ablehnt, der wird niemals erfahren, wie sich das Leben wirklich anfühlt.

- Warum verkneifen es sich Erwachsene zum Beispiel, spontan auf eine Schaukel zu springen?
- Warum tanzt ihr nicht, wenn ihr eine schöne Melodie hört?
- Warum singt und lacht ihr nicht, wenn euch danach ist?
- Warum scheut ihr euch davor, andere Menschen zu berühren?

Und, und, und...

Ich könnte hier noch tausend andere Beispiele nennen, wie sehr ihr alle von eurem natürlichen Lebensfluss abgetrennt seid, aber auch das würde den Rahmen sprengen.

Noch ein kurzes Wörtchen zur Institution Ehe.

Sie ist nur erfunden worden, um die falsch verstandene sexuelle Energie und damit die Menschheit besser in Griff zu bekommen. Aber gleichzeitig damit tauchte ein neues Problem auf. In dem Moment, wo die Ehe entstand, war dies die Geburtstunde der Prostitution. So haben wir es also einer Idee zu verdanken, dass etwas so Schönes wie die Liebe in den Dreck gezogen wurde. Der Mensch an sich ist nämlich in Wahrheit nicht dafür geschaffen, es ein Leben lang mit einem Partner auszuhalten. Wer mit dem Leben mitfließt, ist zwangsläufig offen für andere Wesen.

Die Ehe ist ein Gefängnis. Im Himmel werden sie geschlossen, entpuppen sich aber schnell zur Hölle. Kein Wunder, gibt es da doch jemanden, der einem laufend vorschreiben will, was man zu tun oder zu lassen hat...

Aber nicht nur das, mit der Ehe, also mit der Bindung an jemand anderen, treten auch solche Dinge wie Eifersucht herauf. Was könnten wir uns alles ersparen, wenn wir das Leben als das begreifen würden, was es ist: ein freies SEIN! Und zwar ein Freisein von allen aufgedrückten unsinnigen Geboten und Verboten.

Wir sind alle frei geboren, die Zwänge wurden uns erst mit den Jahren auferlegt. Es wird Zeit, dies zu erkennen, und genau das kommt mit der Neuen Energie herein:

Das Erkennen von all den Zwängen und die Befreiung von allen alten Fesseln. Und ich kann nur sagen: GOTT sei Dank!!!

Fangt an, euch zu freuen. Fangt an zu lachen, wann immer ihr könnt.

Ich habe zum Beispiel das Glück, nahe an einem Kindergarten zu wohnen, und ich genieße immer wieder aufs Neue dieses reine Kinderlachen. Wieso können nur unsere Kinder so lachen, wie sie lachen?

Gehe ich durch die Straßen, sehe ich nur verhärmte, gestresste und oftmals auch traurige Gesichter. Das tut mir in der Seele weh, denn ich weiß, dass wir ursprünglich zu unserer Freude hier sein wollten. In dem Maße, wie Kinder eben noch Freude an ihrem Dasein haben, haben wir als Erwachsene diese Freude abgelegt, und zwar solange, bis sie sich ganz verflüchtigt hat. Holt sie euch wieder, eure Lebensfreude!

Genießt jeden Augenblick, den ihr lebt!

Das ist der Sinn des Lebens!

Erfreut euch an der Natur, erfreut euch an schönen Dingen, freut euch über alles, was ihr essen und trinken dürft, freut euch über euer Dach, das ihr über eurem Kopf habt, freut euch über jeden Menschen, der euch begegnet; fangt an, euch an Kleinigkeiten zu erfreuen und umgebt euch nur noch mit Menschen, die ebenfalls freudig sein können. Nehmt alles, was auf euch zukommt, mit Freude an, und wenn es noch so schlecht aussieht.

Denkt daran, nichts ist gut oder schlecht. Alles IST einfach nur. Durch eure Bewertung macht ihr erst etwas Gutes oder Schlechtes daraus. Deshalb freut euch über alles. Selbst wenn jemand aus eurem Kreis „gestorben" ist. Freut euch für ihn. Dieses Wesen ist wieder zu Hause! Darüber sollte man sich freuen, nicht traurig sein. Aber selbst wenn ihr es nicht schafft, euch für den anderen zu freuen, so freut euch daran, dass ihr auch traurig sein könnt.

Genießt all eure großartigen und unendlich vielfältigen Gefühle und Aspekte. Und lebt sie aus. Unterdrückt nichts mehr. Steht voll und ganz hinter euch. Seid solange traurig, wie ihr traurig sein wollt. Es geht vorüber. Seid so lange fröhlich, wie ihr froh sein wollt. Auch das geht (noch) vorüber. Erlaubt euch, in vollen Zügen zu SEIN. Haltet nicht mehr mit euren wunderbaren Meinungen zurück. Behaltet eure wunderbaren spirituellen Weisheiten nicht mehr für euch, nur weil ihr Angst habt, verlacht zu werden. Hört auf, euch ständig und immerzu selbst zu begrenzen. Erkennt, dass es nur darum geht, FREUDE am Leben zu haben. Ja, hier noch einmal:

Der einzige Sinn des Lebens besteht darin, es mit Freude anzunehmen und es freudvoll zu genießen!

Mit all den Vorschriften, Ansichten und Gesetzen anderer plus den selbst auferlegten Begrenzungen könnt ihr unmöglich FREUDE empfinden. Löst euch von all diesen Fesseln. Sie haben nichts mit **Leben** zu tun. Wer anfängt, all die gesellschaftlichen Fesseln zu sprengen, wird zunehmend mehr Freude in sein Leben holen.

Beobachtet doch einmal unsere älteren Menschen. Viele von ihnen haben eine diebische Freude daran, sich an keine gesellschaftlichen Verpflichtungen halten zu müssen. Sie pfeifen auf die Normen und nehmen mit Freude kein Blatt mehr vor den Mund. GOTT sei Dank gesteht ihnen unsere Gesellschaft diese Narrenfreiheit noch zu. Warum aber nur unseren alten Menschen?

Diese kindliche Ungezwungenheit sollten wir uns alle wieder aneignen. Seinen eigenen Kopf zu haben und zu tun oder zu lassen, was man will, aufs Alter zu vertagen, finde ich nicht erstrebenswert. Denn diese Zeitspanne erscheint mir einfach zu kurz. Aber immerhin, es gibt sie, die Freiheit, von der ich hier spreche. Andererseits, was nützt es einem, wenn man auf Grund der gesellschaftlichen Ansichten, die man ein Leben lang brav befolgt hat, so senil geworden ist, dass man gar nicht mehr mitbekommt, wenn man alt genug ist, um all das über Bord zu werfen?

Nein, fangt jetzt damit an!

Wenn ihr beginnt, euch diese Freiheit jetzt schon zu erlauben, werdet ihr feststellen, dass ihr keine Kompromisse mehr eingehen wollt. Und das ist auch gut so, denn euer künftiges Motto sollte lauten:

Keine Kompromisse mehr

Wir alle sind mehr oder weniger in Kompromisse verstrickt. Eher mehr als weniger. Und leider sind Kompromisse für uns überhaupt nicht gut. Was sind nun aber eigentlich Kompromisse?

Einen Kompromiss erkennst du daran, dass du etwas für andere tust („Okay, ich mache es, aber nur DIR zuliebe"), dem du nur mit halben Herzen zustimmen kannst. Innerlich bist du zwar zerrissen, aber nach außen machst du gute Miene zum „bösen" Spiel.

Warum aber lassen sich so viele Menschen dazu breitschlagen, anderen zuliebe etwas zu tun, was sie gar nicht wollen? Und an dieser Stelle frage ich dich ganz ernsthaft, wem nützt es etwas, wenn du etwas für andere tust, was du gar nicht tun willst? Dir?

Nein, es sei denn, du wolltest schon immer mal ein Magengeschwür haben...

Also nützt es immer nur dem anderen. Und deswegen grollt jeder früher oder später, wenn er immerzu für andere Kompromisse eingeht. Und im Stillen ärgert ihr euch gar nicht mal so sehr über die anderen, sondern über **euch selbst**. Nämlich darüber, dass ihr aufgrund eines einfachen Sprachfehleres, nämlich nicht NEIN sagen zu können, immer wieder in diese Kompromissfalle reintappt. Und somit verleugnet ihr immer wieder aufs Neue euer wahres Selbst.

Euer wahres Wesen ist jedes Mal erbost darüber, wenn ihr euch wieder auf einen Kompromiss eingelassen habt, und es fragt sich zu Recht, wo bleibe denn ICH? Was ist mit meinem Willen? Warum wird dieser nicht respektiert? Die Antwort ist einfach: Weil ihr euren eigenen Wert noch nicht verstanden habt.

Ich selbst habe Jahre dafür gebraucht, um zu erkennen, was ich mit meiner übertrieben Hilfsbereitschaft in Wahrheit tat. Manchmal war ich so eingebunden, dass ich sogar Probleme hatte, mein eigenes Leben zu leben. Ständig war ich beschäftigt, aber größtenteils nur für andere. Ob es darum ging, bei einem Umzug zu helfen oder auf anderer Leute Kinder aufzupassen, Beziehungskrisen zu schlichten, anscheinend war ich der einzige Rettungsanker weit und breit, der meinen Freunden und Bekannten in ihrer Not einfiel.

Heute frage ich mich, wie ich all das überhaupt bewältigen konnte…

Aber mit der Zeit wuchs so etwas wie Unmut in mir. Oder, besser gesagt, ich lernte, auf meine inzwischen immer lauter werdende innere Stimme zu hören.

Zugegeben, als mir zum ersten Mal ein NEIN über die Lippen kam, war ich innerlich kurz vor einem Zusammenbruch. Ich erwartete nämlich, dass meine Freundin mir für ewig böse sein würde, aber was geschah stattdessen?

„Okay, wenn du nicht kannst, dann frag ich doch ... die kann bestimmt!" Lächelte mich an und zog weiter.

Hatte ich vorher befürchten müssen, vor lauter Angst zusammenzubrechen, so war es nach dem Gespräch mit meiner Freundin so weit: Ich konnte es nicht fassen. SO EINFACH war das? Mein NEIN wurde einfach akzeptiert?

Ohne Wenn und Aber? Das war für mich unfassbar, und damit begann eine neue Ära.

Seit dieser Zeit tue ich nichts mehr, wovon ich nicht hundertprozentig überzeugt bin, und schon mal gar nichts mehr, was ich nicht vom Herzen her tun möchte. Und ich empfehle euch, genau das Gleiche zu tun. Hört auf, euch ständig zu halbherzigen Tätigkeiten hinreißen zu lassen. Ihr dient EUCH nicht damit. Im Gegenteil, ihr verleugnet immerzu euch selbst. Lebt also ständig GEGEN euer GE-FÜHL. Fangt an, mit eurem Gefühl zu leben, hört auf eure so sanfte leise Engelstimme, denn sie ist die Weisheit pur. Sie sagt euch immer, was gut für euch ist und was nicht. Und bitte, lasst doch einmal all eure anerzogenen gesellschaftlichen Benimmregeln fallen.

Wir sind leider alle zu Kompromissfähigkeit erzogen worden. Unsere Gesellschaft verlangt nach ihnen wie die Suppe nach dem Salz. Und wissen wir nicht alle, dass zu viel Salz ungesund ist?

Nur, ihr Lieben, wer hat denn all die gesellschaftlichen und sozialen Benimm-Regeln sowie die religiösen Ge- und Verbote aufgestellt? Es waren Menschen!!!

Keinesfalls war es GOTT. GOTT, oder die Quelle, kennt nämlich keine Begrenzungen, keine Einschränkungen. Nichts dergleichen. Er schenkte uns vielmehr Freiheit. Die Freiheit, Mensch zu SEIN und die Freiheit, als solcher zu leben.

Sicherlich waren all diese sozialen Regeln und Umgangsformen eine Zeit lang notwendig, keine Frage, aber sie passen heutzutage genauso wenig in die Neue Zeit wie die Religionen. Alles ist uns also nur aufgedeckt worden. Von anderen Menschen, wohlgemerkt!

Spätestens als sich ganz besonders liebevolle Engelwesen dazu bereit erklärten, diesen Missstand im Außen sichtbar zu machen, nämlich als die Zeit der Sklaverei begann und sie sich bereitwillig als Sklaven verkaufen ließen, hätte der Menschheit ein Licht aufgehen müssen. Das war die Chance für uns alle, uns damals schon in die Neue Zeit zu bewegen. Aber das allgemeine Bewusstsein war noch nicht so weit, so dass der Aufstieg ins Gegenteil gekippt ist.

Heute noch erleben wir die Auswirkungen von damals. Denn was wir gerade auf dem Arbeitsmarkt und auch in der Politik und Wirtschaft erleben ist nichts anderes als moderne Sklaverei. GOTT sei Dank haben wir aber mittlerweile ein anderes Bewusstsein als im finsteren Mittelalter und in der Zeit davor oder danach. Das heißt, wir können getrost auf Kompromisse verzichten.

Und ist es nicht merkwürdig, dass wir jedem Menschen, der es versteht, für sich selbst einzustehen, Bewunderung zollen? Hier meine ich natürlich nicht die aufgeblasenen Egoisten, nein, ich meine die Menschen, die schlicht und einfach und mit einer enormen Klarheit und Sicherheit wissen, was sie für sich selbst wollen. Sie wollen alles, nur keine faulen Kompromisse! Denn auch das muss hier einmal frank und frei gesagt werden: Jeder Kompromiss ist eine faule Sache. Faul deswegen, weil du etwas tust, was dir in deinem Inneren widerstrebt. Da liegt die Faulheit begraben. Denn es wird Fäulnis in dir hervorrufen. Innerlich gärt so mancher. Du vergiftest dich also mit deinen ewigen Kompromissen. Alle deine Gefühle lösen eine biochemische Reaktion in deinem Körper aus, und wer ständig gegen seine Gefühle lebt, lebt in einem ständigen Gärungsprozess.

Wie oft schlafen Frauen mit ihren Männern, obwohl sie keine Lust dazu haben? Achtet einmal auf euer Gefühl! Wie fühlt ihr euch danach? Wie im Himmel? Wohl kaum.

Wie oft werden Besuche gemacht, wo von vornherein klar ist, dass man keine Lust dazu hat? Auch dabei beobachtet euch. Ihr werdet feststellen, dass ihr enorm unter Stress steht, weil ihr euch nicht wohlfühlt.

Wie oft treffen wir mit Menschen zusammen, die wir lieber von hinten sehen würden? Sich mit Menschen, die man nicht mag, zu treffen, nur weil man sich etwas von ihnen erhofft, gibt ebenfalls kein gutes Gefühl. Du verfolgst eine Absicht, aber leider auf deine Kosten.

Wie oft lassen wir uns aus unserem Rhythmus reißen, indem wir uns auf überflüssige und meist langwierige Telefonate einlassen? Seid ehrlich, wer von euch hat sich nicht schon nach so einem Telefonat geschüttelt und sich gefragt, wofür er eigentlich seine Zeit geopfert hat? Denn meistens geht es gerade in den langen Gesprächen um NICHTS. Außer dass sie euch von eurem Leben ablenken und, noch schlimmer, von eurem Leben abhalten, passiert gar nichts. Und wer es noch nicht bemerkt haben sollte, Telefone, und erst recht Handys, sind zu technischen Sklavenaufsehern mutiert.

Immerzu erreichbar zu sein bedeutet, dass jeder die Möglichkeit hat, in dein Leben zu platzen und dir zusätzliche Zeit zu stehlen, wann es **ihm** passt. Nicht dir!

Wie oft lassen wir unser Leben von anderen bestimmen? Reichen euch eure geregelten Arbeitszeiten nicht aus? Müsst ihr euch auch noch im Privaten regeln lassen?

Wie oft gehen Freundschaften genau aus dem Grund auseinander? Und das, obwohl (oder gerade weil) man sich doch über Jahre ein Bein für den anderen ausgerissen hat.

Wie oft hört oder gebraucht man den Satz: „Das ist nun der Dank dafür, und das, obwohl ich jahrelang immer da war, wenn Not am Mann war."

Nun, Schuld am Zerbrechen von vielen Freundschaften sind die vielen Hilfsdienste, die man im Namen der Freundschaft tut. Derjenige, der die Hilfe immer wieder in Anspruch genommen hat, fühlt sich nämlich früher oder später schuldig. Intuitiv weiß derjenige, dass er deine Hilfsbereitschaft schamlos ausnutzt. Aber wenn es einem doch auch so leicht gemacht wird? Und du weißt ebenfalls in deinem tiefsten Inneren, dass du ausgenutzt wirst, aber unter dem Deckmantel der Freundschaft ist es kaum offenkundig zu sehen. Schließlich müssen sich doch gerade Freunde untereinander helfen, nicht wahr?

Auf Freunde muss doch Verlass sein, und wenn es geht, Tag und Nacht...

Nein, ihr lieben Engelwesen, auch das ist nicht richtig. Das Einzige, worauf ihr euch wirklich hundertprozentig verlassen solltet, wäre auf euch selbst. Stellt niemals einen anderen Menschen über euch, werdet zu niemandes Sklaven. Denn das ist es, was Kompromisse aus euch machen: Sklaven für andere.

So werdet ihr niemals frei sein. Und so werdet ihr auch niemals euer Leben wirklich leben können. Achtet auf euer Gefühl. Immer!!! Denn euer Gefühl ist euer Lebensmotor. Wer nur mit Kompromissen lebt, der lebt das Leben anderer, aber nicht sein eigenes. Das ist es, was viele Menschen von innen heraus vergiftet.

Wenn ihr euch jemals wieder in einem Drama anderer verwickelt seht, stellt euch hinter eure Mauer. Ihr werdet schlagartig sehen, dass es gar nicht um euch geht. Es ist das Thema der anderen, die euch einfach nur in ihrem Boot sehen wollen. Denn alleine Dramen zu spielen ist ja langweilig. In Wahrheit geht es gar nicht mehr um euch. Ihr seid mit eurem Bewusstsein so weit fortgeschritten, dass es gar nicht mehr um euch gehen kann. Und das befreit euch aus jeder Sklaverei. Also bitte, keine Kompromisse mehr. Denn sie dienen nicht euch, sondern den anderen.

Andere versuchen nur, euch auf ihre Spielwiese zu ziehen. Aber es ist nicht eure Wiese. Den Unterschied müsst ihr fühlen können.

Einigen von euch wird es sicherlich noch schwer fallen zu begreifen, dass es nicht mehr um euch geht. Und trotzdem ist es so.

Es geht nicht mehr um euch

In der Vergangenheit war es ja sehr beliebt, allem, was einem widerfahren ist, eine Bedeutung beizumessen.

„Oh, du hast dir einen Fuß gebrochen? Welchen, den rechten oder den linken? Den linken? Das ist ein Hinweis darauf, dass du Probleme mit weiblichen Energien hast."

Hast du dich über eine Freundin geärgert? Oder hast du ein Problem mit deiner Mutter? Nicht? Kann aber auch bedeuten, dass du in deiner Weiblichkeit einen Schritt zu weit gegangen bist, oder, halt nein, jetzt hab ich es! Welchen Schritt wolltest du nicht gehen?"

So oder ähnlich „dokterten" wir an völlig harmlosen Ereignissen herum. Sicherlich hat uns diese Sichtweise eine Menge Erkenntnisse eingebracht, vor allem die, dass wir anfingen, endlich einmal alles im Zusammenhang zu sehen. Wir wurden uns dessen bewusst, dass körperliche Blessuren/Störungen oder Krankheiten unmittelbar mit unserem seelischen Befinden zusammenhingen. Da diese Annahme sehr schnell in unser Bewusstsein gelangte, haben wir also innerhalb kürzester Zeit etwas Wertvolles dazugelernt: Nämlich, dass jeder von uns eine Einheit ist!

Nun, da wir das endlich wissen, denn auf das Wissen der Einheit kam es an, dürfen wir uns jetzt von dem Gedanken verabschieden, dass alles, was uns widerfährt, noch etwas mit uns persönlich zu tun hat.

Sagte ich schon, dass in der Neuen Energie nichts mehr so ist, wie es einmal war?

Gut, dann dürfte es euch ja nicht allzu sehr erstaunen, dass ihr euch wieder von einer alten Sichtweise verabschieden dürft. Denn egal, was euch passiert, es geht gar nicht mehr um euch! Vergesst nicht, ihr seid die Pioniere der Neuen Zeit. Und damit seid ihr über all das hinausgewachsen.

Jetzt geht es darum zu erkennen, dass nicht nur jedes Engelwesen einheitlich zu sehen ist, sondern dass die gesamte Menschheit eine Einheit ist. Und nicht nur das, wir sind alle eins mit dem Universum. Eins mit GOTT und der Geistigen Welt. Eine Trennung, wie wir sie immer wahrgenommen haben, gibt es nicht. Hat es nie gegeben. Sie war ebenfalls nur eine Illusion.

Ihr als die Pioniere der Neuen Zeit habt Besseres zu tun als euch mit alten Gedankenmustern aufzuhalten. Euer Bestreben wird sein, anderen zu helfen. Mögt ihr auch noch so sehr in etwas verwickelt sein, es geht nicht mehr um euch. Ihr stellt euch lediglich nur noch zur Verfügung. Wenn ihr so wollt, seid ihr die Lehrer für alle anderen Engelwesen. Natürlich werden sie euch nicht als solche erkennen, aber ihr seid die Meister und Lehrer für alle um euch herum.

Lehrer der Neuen Energie zu sein heißt nicht, wie bisher als Dozent von einem Podest herunter salbungsvolle Reden zu schwingen oder gar völlig überteuerte Seminare oder Workshops anzubieten, sondern im alltäglichen Leben andere zu lehren, wie man wahrhaftig lebt. Immer wenn ihr euch in Dramen anderer wiederfindet, stellt euch hinter eure imaginäre Mauer. Ihr werdet sehen, dass so gut wie nichts mit euch persönlich zu tun hat.

Wer in der Neuen Zeit auf einer Bananenschale ausrutscht, dem hat das nichts mehr zu sagen, außer, dass er nicht achtsam genug war. Es hat keine Bedeutung mehr. Ob ihr euch in den rechten oder in den linken Finger schneidet, es hat keine Bedeutung mehr, außer dass ihr eurem Partner die Chance gebt, euch verarzten zu dürfen. Es geht nicht mehr um euch! Das zu wissen wird euer Leben ebenfalls ungemein erleichtern.

Ihr könnt sogar in einen Unfall verwickelt sein, ohne euch bis an euer Lebensende Vorwürfe zu machen, Schuld daran gehabt zu haben. Es geht nicht mehr um euch.

Wenn ihr in einen Unfall mit anderen verwickelt seid, so wollten diese daraus etwas lernen, und wenn es „nur" darum geht, die Kostbarkeit des Lebens zu erkennen.

Wenn ihr zum Beispiel aus Familienverhältnissen kommt, in denen ihr immer das Gefühl hattet, nicht dazuzugehören und man euch auf Grund dessen das Leben schwer gemacht hat, so hat das ebenfalls nichts mehr mit euch zu tun. Vielmehr ist es die Aufgabe des Familienverbandes, sich auf euch einzustellen und zu erkennen, was für ein außergewöhnliches Juwel in der Familie liegt.

Ihr seid nämlich auf höheren Ebenen, also noch in der Geistigen Welt, explizit aus diesem Grund in diese Familie eingeladen worden. Alle Seelen eines zukünftigen Familienverbandes hatten sich zum Ziel gesetzt, euch zu erkennen und an euch zu lernen. Tja, und würde der Schleier des Vergessens nicht so dick und schwer über manchen Wesen liegen, so hätte euch viel Leid erspart werden können.

Denn natürlich habt ihr gelitten. Wer leidet nicht unter ungerechter Behandlung? Unter Mangel an Liebe, unter Mangel an Verständnis? Unter Mangel an Geborgenheit?

Ich kenne so viele Engelwesen, die heute noch unter der ungerechten Behandlung seitens ihrer Familie leiden, die auch heute noch (Jahrzehnte später) immerzu darauf hoffen, dass sie endlich den Stellenwert beibemessen bekommen, der ihnen gebührt, und dennoch bis heute vergeblich darauf warten.

Und doch, wer jetzt noch leidet, der leidet umsonst. Es geht nämlich nicht mehr um euch! Das scheint ebenfalls unfassbar, und dennoch ist es so.

All die Engewesen, die erwacht sind, all diejenigen, die sich dessen bewusst sind, Auch-GOTT zu sein, haben bis zu ihrem Erwachen, außer selbst Erfahrungen zu machen, immer auch anderen Seelen gedient. Nur konntet ihr es nicht so sehen, denn auch auf euch lag der Schleier. Und deswegen sind so viele von euch traumatisiert, und zwar bis in die Spitzen. Was aber kann euch helfen?

Das neue Bewusstsein, dass es nicht mehr um euch geht, wird alleine nicht viel ausrichten können, denn oft sind mit den Jahren handfeste Probleme erwachsen. Das hat mit den einmal angelegten Mustern zu tun, die sich immer tiefer eingraben, da bekannterweise ja auch immer die gleichen Knöpfe gedrückt werden.

Viele von euch haben sich auf Grund ihrer seelischen Verletzungen Hilfe geholt. Sei es auf therapeutische, kinesiologische oder spirituelle Weise. Und sicherlich ist euch ein gutes Stück geholfen worden, aber dennoch bleibt bei allen Methoden ein Rest. Nie habt ihr das Gefühl, wirklich heil zu sein. Natürlich nicht.

So lange man noch nicht verstanden hat, dass das Leben nur eine gigantische Illusion ist, also in Wahrheit nichts passiert, was einem schadet, und so lange man die Liebe zu sich selbst nicht einlädt, so lange wird es keine vollständige Heilung geben.

Hört auf, wie ein Mensch zu denken!

Um bei dem Beispiel der Familien zu bleiben: Sie sind oftmals nicht das, was ihr in ihnen seht. Familien haben sogar tatsächlich sehr oft nichts Herzverbindendes an sich, sondern stellen in vielen Fällen nur ein Potenzial dar, und zwar eines, von dem ihr wie auch die Familie lernen wolltet. Nie ist es das Ziel gewesen, an Familien zu zerbrechen, nein, das Ziel war immer, darüber hinauszuwachsen und so schneller zu sich selbst zu finden. Also im Extremfall die Familie loszulassen.

Ist es nicht merkwürdig, dass ausgerechnet in Familien so unendlich viele Verletzungen, Leid, Kummer, Habgier, Betrug, Hass und Gemeinheit stattfinden? Ganz zu schweigen vom seelischen und körperlichen Missbrauch. Im Namen der Familie wird oftmals so ziemlich alles missbraucht, was nur möglich ist.

Natürlich gab und gibt es auch intakte Familien, keine Frage. Es wäre auch traurig, wenn das nicht so wäre. Aber tatsächlich kann man in intakten Familien davon ausgehen, dass hier Wesen zusammengekommen sind, die alle schon ein höheres Bewusstsein haben, während im umgekehrten Fall meistens nur eine höher entwickelte Seele anzutreffen ist. Abgemacht war, die anderen Mitglieder etwas zu lehren, weil sie es in der Geistigen Welt so wünschten, heraus kommt aber in den meisten Fällen, dass die höhere Seele untergebuttert wird.

Wenn ihr verstehen lernt, dass eure Familie sehr wohl weiß, dass ihr anders seid, und nur aus Angst und Hilflosigkeit so mit euch umgegangen ist, dann wird euch leichter werden. Es hat tatsächlich nichts mit euch zu tun. Ihr seid so, wie ihr seid, immer schon goldrichtig gewesen! Ihr seid nur nie verstanden worden. Das ist das ganze Problem.

Löst euch von eurer Familie, wenn sie bis heute kein Einsehen mit euch hat. Das ist der einzige Schritt, der wirklich helfen kann. Lasst los, und zwar auf allen Ebenen!

Es wird euch nichts nützen, wenn ihr euch im Streit von eurer Familie trennt, denn der Schmerz wird weiterhin da sein. Ihr müsst euch auch innerlich lösen. Denkt nicht mehr wie ein Mensch. Denkt nicht mehr, dass die Familie doch über allem stehen müsste. Nein, ihr müsst lernen, über all dem, was euch widerfährt, zu stehen. Ihr müsst euch buchstäblich erheben. Lasst los!

Entlasst euch selbst aus dem alten Denken und den alten Mustern. Ihr seid nicht mehr nur Mensch, ihr seid Engelwesen! Lasst also euer altes Denken hinter euch. Egal, was euch widerfährt, in der Zukunft geht es nicht mehr um euch, weil ihr darüber hinausgewachsen seid. Mit eurem Erwachen verabschiedet ihr euch automatisch von dem Menschen, der ihr einmal wart, und damit auch von all euren Problemen.

Wer versteht, dass er nicht mehr persönlich betroffen ist, den kann auch nichts mehr treffen. Das ist ein grandioses Geschenk. Wir erhalten so die Möglichkeit, aus allen Mustern auszusteigen und lernen, reine Beobachter zu werden. Mit dem Bewusstsein, dass es nicht mehr um uns geht, egal, was noch auf uns zukommt, geben wir unserem Verstand die Möglichkeit, zu verstummen. Wir brauchen nämlich nie mehr unsere Köpfe heißrauchen zu lassen, um dahinterzukommen, warum die Situation so und nicht so ausgegangen ist. Wir brauchen nicht mehr darüber nachzudenken, warum wir uns plötzlich in einem Streit wiederfinden, warum wir uns ein Bein gebrochen haben oder wir krank geworden sind.

Von dem Moment an, wo wir verstanden haben, es geht nicht mehr um uns, wissen wir auch, dass wir gar nichts mehr falsch machen können und uns auch nichts Falsches passieren kann. Egal, was wir tun oder was auf uns zukommt, alles ist richtig.

Habt also kein schlechtes Gewissen mehr, wenn ihr spontan jemandem die Meinung sagt. Macht euch bewusst, dass der andere das gerade gebraucht hat, selbst wenn er euch für ewig böse sein wird. Auch das gehört zur Lehrerschaft. Wie könnt ihr Lehrer der Neuen Zeit sein, wenn ihr euch noch von Irrungen und Wirrungen des Lebens beuteln lasst?

Es ist ungeheuer schwierig zu erklären, wie das gemeint ist, denn es ist tatsächlich eine Gratwanderung. Es geht nicht darum, zu eiskalten Beobachtern zu werden, nein, es geht um das genaue Gegenteil. Mitgefühl ist gefragt, und zwar euer totales Mitgefühl.

Ihr seid vielen schlafenden Engelwesen weit voraus, und sie können nur durch euch lernen, wie das Leben und die Zusammenhänge zu verstehen sind. Ihr könnt sie nur wecken, wenn ihr euch aus euren alten Mustern erhebt, denn ihr müsst wissen, das euer Glanz immer größer wird, je mehr ihr euch von den alten Denkweisen verabschiedet. Und darum könnt ihr mir ruhig glauben: Es geht nicht mehr um euch!

Ist es nicht so, dass so mancher von euch kaum mehr glauben mag, wie er sich in jungen Jahren verhalten hat? Haben nicht viele von euch das Gefühl, mit dem ehemals jungen Geschöpf so gar nicht mehr verbunden zu sein? Bis dahin, dass ihr euch selbst fremd vorkommt? Das ist ein Zeichen dafür, wie gewaltig euer Bewusstsein angestiegen ist. Und möchte einer von euch wieder wie der junge Mensch sein? Nein?

Natürlich nicht, ihr „begrabt" euer altes Ich und lasst euch nur ungern daran erinnern.

So ähnlich dürft ihr jetzt wieder vorgehen. Wieder dürft ihr euer altes Selbst „begraben". Es hat seine Funktion erfüllt. Seid ihm unendlich dankbar, denn es hat euch bis hierher getragen und euch bewusst gemacht.

Verabschiedet dieses Potenzial. Bedankt euch bei ihm und schenkt ihm die Freiheit. Begrabt nichts mehr in eurem Inneren, denn da gehört es nicht hin. Seid dankbar für alles und entlasst es in Liebe ins Universum. Alles strebt nach Freiheit, so auch eure alten Potenziale.

Als Jugendlicher ist man sehr oft aufbrausend, man möchte die Welt verbessern und macht seinen Mitmenschen das Leben nicht gerade leichter. Wer nun denkt, einen störrischen Teenager vor sich zu haben, der irrt, denn der Teenager zeigt nur eines von seinen vielen Potenzialen. Mehr nicht. Das bedeutet, dass der Teenager nicht störrisch IST, sondern gerade auf eines seiner unendlich vielen Potenziale zurückgreift.

Auch das haben wir immer verwechselt. Niemand IST das, wie wir ihn wahrnehmen. Wir bekommen immer nur eine Facette gezeigt oder unterschiedliche Potenziale, aber niemals IST ein Wesen zum Beispiel wirklich mürrisch. Es bedient sich nur dieses Potenzials. Es spielt nur eine Rolle. Und die so perfekt, dass wir alle darauf hereinfallen. Wenn wir das wissen, nämlich dass jeder von uns nur eine Rolle spielt, dann können wir aufhören, andere zu bewerten oder gar zu verurteilen. In Wahrheit ist nämlich nichts von alledem real.

Und genau wie andere Wesen ihre Rollen spielen, sich unterschiedlicher Potenziale bedienen, genauso haben wir das bis jetzt auch getan. Wir haben uns die Rolle ausgesucht, die uns am besten gefallen hat, und langsam ist sie mit uns so verwachsen, dass wir tatsächlich glauben, uns selbst zu kennen.

Andere bestätigen uns ja auch immer wieder, fleißig wie wir sind...

Irrtum! Wir kennen nur unsere Rolle in und auswendig, aber uns, unser wahres Wesen, kennen wir nicht. Leider werden wir ja schon von klein auf geformt. Schnell bekommt das Kind heraus, dass es auf wenig Elternliebe stößt, wenn es nicht immer artig ist. Natürlich versucht das Kind, seine dunkle Seite zu unterdrücken, will es doch von seinen Eltern geliebt werden. Und so sammeln sich lauter kleine Nebenrollen an, die wir auch noch spielen, ja, tatsächlich mit der Zeit meisterhaft beherrschen. Denn so, wie wir in Wahrheit SIND, will uns ja keiner haben, nicht mal die eigenen Eltern...

So beginnt das Rollenspiel also schon im Kleinkindalter, und wir werden zu etwas geformt, was wir gar nicht SIND. Wir entwickeln also eine völlig falsche Vorstellung von uns, wie von allen Dingen.

Und diese Vorstellung gilt es jetzt loszulassen. Du bist nicht das, was du denkst zu sein. Verabschiede dich liebevoll von deiner falschen Einschätzung, schicke auch sie ins Universum. Und habe keine Angst davor, dass so etwas wie Leere entstehen könnte. Es kommt nur etwas Neues herein.

Nämlich DU!

Unter diesem Gesichtspunkt wird klar, warum es in der Neuen Zeit gar nicht mehr um euch gehen kann. Denn so, wie ihr euch immer gesehen habt, gibt es euch nicht mehr. Das Rollenspiel ist vorbei. Und damit auch die Zeit, sich an anderen zu orientieren, oder gar eure Macht an andere abzugeben. Egal, ob an geistliche Führer, an Politiker oder andere Menschen, ihr werdet die Sinnlosigkeit sofort bemerken, aber auch was dahintersteckt: Nämlich die Entmündigung. Wer sich an anderen Menschen orientiert, der entmündigt sich selbst. Gibt er doch damit seine

Eigenverantwortung ab und vertraut darauf, dass andere es schon richten werden.

Wohin andere uns allerdings führen, – bitte weiterlesen…

Die eigene Macht zurückholen

Als Erstes muss geklärt werden, was ich unter „eigener" Macht verstehe, denn dieses Wort hat einen unangenehmen Beigeschmack. Wer das Wort *Macht* hört, zuckt unweigerlich zusammen. Logisch, üben doch Politiker, Wirtschaftsbosse, Religionen wie auch größtenteils unsere eigenen Chefs (aber hier gibt es GOTT sei Dank auch heute noch rühmliche Ausnahmen) im negativen Sinne Macht aus. Diese Macht ist nicht gemeint, sondern viel eher könnte ich dieses Wort mit WILLEN ersetzen. Oder aber mit der Bereitschaft, für alles Verantwortung zu übernehmen. Der Einfachheit halber bleibe ich aber bei dem Wort Macht, da sich besser erklären lässt, worauf ich hinaus möchte.

Meine allererste Frage an dich lautet:

Wofür brauchst du Menschen, die DIR vorschreiben, was du zu tun oder zu lassen hast? Die dir unsinnige Gesetze und noch unsinnigere Vorschriften auferlegen? Die dir dein Geld schamlos aus der Tasche ziehen und dir nicht einmal erlauben, dein Häuschen so zu bauen, wie du es gerne hättest? Die dich in Kriege reinziehen und dich auf allen Ebenen nur bevormunden und gleichzeitig ausbremsen?

Wem nützt das? DIR? Ganz bestimmt nicht!

Nein, Nutznießer sind immer nur diejenigen, die die Macht über uns haben. Und wir, wir selbst haben ihnen einst diese Macht gegeben. Auch das gehörte zum Spiel der Erfahrungen und war infolgedessen auch angemessen. So wie einst das weibliche Prinzip den Rückzug antrat, um dem männlichen Prinzip seinen Raum zu gestatten, so haben wir vor vielen, vielen Jahrhunderten unsere Verantwortung an andere abgegeben.

Wenn ihr euch also bewusst macht, dass wir alle selbst an diesem Dilemma „schuld" sind, weil wir einst unsere Macht bereitwillig abgegeben haben, so lässt das den Schluss zu, dass wir sie uns auch wiederholen können. Und das sollten wir auch, denn im Zeitalter der Neuen Energie ist es völlig unangebracht, sich weiter so bevormunden zu lassen. Und mal ehrlich, ist es nicht ebenfalls schizophren, sich ausgerechnet von Menschen, die noch nicht unser Bewusstsein erlangt haben, regieren lassen zu müssen?

Und ist es nicht tatsächlich so, dass man heutzutage an einer Hand abzählen kann, was man noch darf, ohne mit dem Gesetz in Konflikt zu geraten?

Hühner im eigenen Garten? Unmöglich, das verstößt gegen das Gesetz. Die Asche eurer Verstorbenen in einer Urne auf dem Kaminsims stehen haben? Undenkbar! Das verstößt gegen das Gesetz. Wobei das die albernste Regel ist, die ich jemals gehört habe. Seit wann kann Asche, die noch dazu verschlossen ist, Seuchen übertragen?

Auf manchen Friedhöfen ist es nicht einmal erlaubt, Bilder von den Verstorbenen auf der Grabplatte zu haben.

Wer von euch weiß denn, dass man Verstorbene tatsächlich noch drei Tage in seinem Haus liegen haben darf? Die Bestattungsunternehmer wissen das nur zu genau, sagen es uns aber nicht, weil auch bei ihnen der Satz gilt: *Time is money.*

196

Wo wir hinsehen, gibt es also nur Beschneidungen und Beschränkungen, und zwar mit zunehmender Tendenz.

In was für einer Welt leben wir eigentlich, die uns sogar das Zelten im eigenen Garten verbietet? Ja, schlimmer noch, dass niemand, der eigenes Land besitzt, sein Häuschen dorthin bauen darf, wo er möchte? Dabei gäbe es so viele schöne Plätze, die zum Wohnen einladen würden. Stattdessen steckt man uns in Wohnsilos. Wie vielfältig könnte das Wohnen sein, wenn man uns nur ließe? Egal, ob in Wohnwagen, Zelten, Hochhäusern, Holzhütten, Burgen oder Schlössern. Für jeden Geschmack könnte etwas dabei sein.

Ist es nicht traurig, dass kaum einer seinen Traum vom eigenen Haus tatsächlich verwirklichen kann? Mit tatsächlich meine ich, dass dir deine wunderbaren Ideen gar nichts nützen, da es ja die Bauvorschriften gibt, die dir ganz genau sagen, wie du bauen darfst. Nein, du darfst dich nicht ausdrücken, du hast dich bitteschön anzupassen...

Und damit das auch alle weiterhin tun, sind unsere Politiker den ganzen Tag damit beschäftigt, sich mit Begeisterung neue Reformen und völlig unsinnige Gesetze und Erlasse auszudenken. Gerade in der heutigen Zeit ist deren Eifer kaum noch zu bremsen.

Wozu?

Zum einen, um uns auch noch die letzten Kröten aus der Tasche zu ziehen, und zum anderen spüren auch sie, dass wir uns verändert haben. Sie können es zwar nicht definieren, sehen sich aber gezwungen, uns noch mehr zu maßregeln, als dies ohnehin der Fall ist. Dabei ist in Wahrheit jeder Politiker nichts anderes als ein aufgeblasener Selbstdarsteller. Innerlich sind sie dermaßen leer, dass sie gar nicht anders können, als ihre innere Leere durch Machtposten aufzufüllen.

Je leerer ein Politiker ist, umso größer ist sein Machtbestreben. Je höher die Machtposition, umso größer der Wunsch, andere Menschen klein zu halten. Und das geht nur mit Entmündigen. Nichts anderes machen unsere Politiker mit uns. Sie verdammen uns zur Handlungsunfähigkeit, indem sie uns mit Gesetzen kommen.

Nur, ihr lieben Engelwesen, kein Mensch auf der Welt hat mehr das Recht, andere Menschen zu bevormunden. Diese Zeit muss aufhören. Wir brauchen keine sogenannten Volksvertreter mehr, weil unser Bewusstsein erwacht ist. Im Gegenteil, es wird uns in Zukunft merkwürdig anmuten, dass es Menschen gibt, die sich anmaßen, über Engelwesen bestimmen zu wollen. Bei nüchterner Überlegung ist dies ebenfalls als Blasphemie anzusehen.

Wir alle sind auch GOTT.

Jeder – und zwar unabhängig davon, ob Politiker, Priester, Chef oder ein Mensch im alltäglichem Leben, der versucht, andere zu dominieren, kleinzuhalten oder ihnen Vorschriften machen zu wollen, der versucht in Wahrheit, GOTT Vorschriften zu machen. Wir brauchen also auch keine Kirchenfürsten mehr, die uns in Angst und Schrecken versetzen, damit wir weiterhin gesenkten Hauptes durch die Welt schlurfen und auf die Knie fallen, wenn wir den Papst sehen. Es ist einfach nicht mehr nachvollziehbar, dass wir überhaupt noch unser Haupt vor irgendjemandem beugen. In Wahrheit sind wir alle gleich, niemand ist besser oder schlechter als wir. Der einzige Unterschied besteht in den unterschiedlichen Bewusstseinsstufen. Mal ehrlich, wollen wir uns weiterhin von Menschen bestimmen lassen, die uns bewusstseinsmäßig nicht das Wasser reichen können?

Wir sollten tatsächlich dahin kommen, dass wir nichts mehr hinnehmen, was andere uns auferlegen wollen. Und schon gar nicht sollten wir anderen Menschen unsere Macht in die Hand geben, denn wir selbst haben die Macht! Wir wissen alle aus eigener Kraft, wie wir zu leben haben. Wir brauchen weder auf dem politischen Sektor noch auf der religiösen Seite „Vorbeter", die unser Leben beeinflussen.

- Führen WIR etwa die Länder in den Krieg oder die Politiker?
- Verursachen WIR eine Wirtschaftskrise oder die Wirtschaftsbosse?
- Jagen WIR anderen Menschen eine Höllenangst vor GOTT ein, oder tut dies die Kirche?
- Peitschen WIR uns in einen Fanatismus hinein, der uns gestattet, in den Heiligen Krieg zu ziehen, oder verdanken wir diese Beeinflussung den Religionsführern?
- Zerstören WIR unsere Natur mit Gift und Müll oder sind es die Firmenbosse großer Konzerne?
- Müllen WIR den Weltraum zu oder die NASA?
- Machen WIR uns gegenseitig Angst vor fremden Kulturen, oder wird die Angst nicht künstlich hervorgerufen?

Usw.

Es gäbe noch unendlich viele Beispiele dafür, wie wir alle gegängelt werden, ohne es zu bemerken.

Es ist ein Wunder, dass uns nicht schon vorgeschrieben wird, wann wir in unserer eigenen Wohnung aufs Klo gehen dürfen. Das wird mit Sicherheit auch nicht lange auf sich warten lassen. Wer schon nicht einmal mehr sterben darf, wann und wie er möchte, der darf mit Sicherheit irgendwann auch nicht mehr dann zur Toilette, wann er das Bedürfnis danach hat. Aber wer auch schon nicht auf die Welt kommen darf, wann er will, der kann auch nicht erwarten, dass er wieder gehen darf, wann und wie es ihm passt.

Wir sind alle frei geboren, und nach und nach werden uns die Flügel gestutzt, und das alles im Namen der Gesellschaft. In Wahrheit wird unser Licht ausgeknipst. Das ist es, was mit uns passiert. Je dunkler es um uns wird, desto weniger sehen wir, was mit uns gemacht wird. Wir alle werden so zu Sklaven unserer Systeme und zu Spielbällen der vermeintlich Mächtigen dieser Welt, denn in Wahrheit ist es gar nicht möglich, seine Macht an andere abzugeben. Auch das ist nur eine Illusion.

Noch nie hat ein anderer eure Verantwortung an oder auf sich genommen, um euch Entscheidungen abzunehmen oder in eurem Sinne zu handeln. Das ist ein absoluter Irrglaube. In dem Moment, wo die Menschheit ihre Eigenverantwortung an andere abgab, begannen die katastrophalen Zustände. Wir selbst haben dafür gesorgt, dass wir buchstäblich entmündigt wurden. Und das Rad der Entmündigung dreht sich munter weiter. Nur besser verpackt.

Neustes Beispiel ist das Rauchverbot. In allen öffentlichen Gebäuden und Einrichtungen ist es jetzt bei Strafe verboten. Warum? Weil Rauchen ja so schädlich ist! Vor allem aber für die Nichtraucher! Sieh an, wenn das mal kein Witz in sich selbst ist...

Wer nicht raucht, dem kann es auch nicht schaden, das erst einmal vorab. Aber gut, wir haben diese Pille geschluckt und glauben tatsächlich diesen Blödsinn vom krankmachenden Rauch. Nur, und das wird euch jetzt wundern, nicht das Rauchen selbst macht immer krank, sondern oft die Einstellung dazu.

Denkt daran, ihr seid die MEISTER!!!

Wenn ihr euch einreden lasst, dass Rauchen krank macht, dann werdet ihr auch daran erkranken, und die pedantischen unter den Nichtrauchern sogar an erster Stelle. Glaube macht nicht selig, sondern krank.

Wenn heute bekanntgemacht würde, wie verschmutzt unsere Luft, die wir täglich einatmen, in Wahrheit wäre, nämlich so, dass wir eigentlich an ihr ersticken müssten, würde es zu einem Massensterben kommen. Es reicht aus, dir etwas in dein Bewusstsein einzupflanzen. Das wissen auch die „Großen" dieser Welt. Denn das, was du glaubst, erweckst du auch zum Leben.

Wenn du also glaubst und damit der Überzeugung bist, dass Rauchen krank macht, du aber nicht aufhören kannst, so wirst du tatsächlich daran erkranken. Schuld sind deine ängstlichen Gedanken, die dir von außen, also von irgendjemandem, aufgedrückt wurden. Das genügt, um dein Gesundheitssystem zusammenbrechen zu lassen.

Wie gut, dass niemand von uns die Sprache der Hummeln beherrscht. Wir würden ihr nämlich dann mit Erfolg das Fliegen ausreden. Vom Physikalischen her kann eine Hummel unmöglich fliegen, ihr Körper ist viel zu groß und viel zu schwer. Und dennoch torkelt sie brummend und summend in seliger Unwissenheit durch die Lüfte. Warum? Weil ihr (GOTT sei DANK) niemand sagen konnte, dass sie nicht fliegen kann. Sie hat Flügel und benutzt sie. So einfach ist das.

Ist es nicht merkwürdig, dass nur jemand (ich möchte einmal zu gerne wissen, wer dieser Jemand immer ist) etwas in den Raum zu werfen braucht und tausende bereit sind, alles aufzuschnappen?

Jeden Herbst aufs Neue kommt die Nachricht durch unsere Fernseher, dass eine Grippewelle auf uns zukommt. Und was passiert? Einen Tag später bersten die Arztpraxen auseinander. Jeder hat quasi über Nacht die Grippe bekommen... So viel dazu, wie leicht es ist, Menschen, die ihre eigene Macht abgegeben haben, zu manipulieren.

Aber zurück zur Antiraucherkampagne.

Wenn ich euch hier verrate, dass es gar nicht gegen die Raucher geht, sondern hier nur eine neue Quelle für Einnahmen und Gewinne erschlossen wurde, was sagt ihr dann? Jeder, der gegen das neue Gesetz verstößt, muss mit empfindlichen Geldstrafen (Gewinne) rechnen, aber der eigentliche Clou kommt noch: In Wahrheit möchte sich unsere Gesundheitsministerin nur ganz legal an den Rauchern bereichern, denn in Zukunft werden krank gewordene Patienten als Allererstes gefragt, ob sie Raucher oder Nichtraucher sind.

„Raucher? Aha, ja da müssen sie die Kosten (Einnahmen) für ihre Behandlung selbst übernehmen." Wir „wissen" ja dank der Kampagnen gegen den blauen Dunst, dass Rauchen krank macht, folglich sind die Raucher selbst schuld. Und wer selbst Schuld hat, der muss auch selbst zahlen.

Die Regierung hat sich mit diesem Schachzug ausgerechnet, dass der Anteil an Gewinnen und Einnahmen auf diese Weise höher ist als die Tabaksteuer jemals einbringen würde. Im Gegenteil, ein echter Raucher lässt sich nicht beirren und qualmt fleißig weiter, und somit kann bei ihm zweimal abkassiert werden.

So bekommen wir wenigstens eine Pseudoverantwortung aufgedrückt – immerhin, und derweil stopfen sich völlig „legal" die Regierungen die Taschen mit unseren Geldern voll.

Aber so ganz nebenbei passiert noch etwas: Nämlich unsere Bevormundung. Jemandem das Rauchen zu verbieten, und darauf läuft es hinaus, ist ein ganz klarer Einschnitt in die Privatsphäre. Es wird dir nicht mehr erlaubt, das zu tun, was DU tun möchtest. Und so ist es mit allen Dingen, die von „höheren" Stellen kommen. Zuerst wird immer ein Feindbild erschaffen.

Egal, ob es sich um Länder handelt, mit denen die „Großen" dieser Welt Kriege führen wollen, oder ob jetzt den Rauchern der Kampf angesagt wird: In Wahrheit wird die Menschheit immer nur eingestimmt. So wie sich die Indianer mit Kriegstänzen auf den Kampf vorbereiten, so werden wir mit Parolen, die irgendwie immer aus dem Nichts auftauchen, eingeschworen. Und zwar so lange, bis wir tatsächlich von den Dingen überzeugt sind.

Die sogenannte Vogelgrippe zum Beispiel kann es gar nicht so geben, wie sie dargestellt wird. Vielmehr sterben die meisten dieser Tiere, weil sie nicht robust genug sind, also keine Abwehrkräfte mehr gegen unsere Verschmutzung der Natur haben. Sie fressen Gift, sie atmen Gift, und sie trinken Gift.

Ich sagte ja schon; wenn eines Tages jemand der Menschheit überdrüssig wäre und sie ausrotten wollte, so bräuchte er nur ganz gezielt auf unsere verseuchte Welt aufmerksam zu machen. Und schon würde ein Massensterben anfangen. Uns aber das Märchen von der Vogelgrippe aufzutischen geschieht aus zweierlei Gründen.

Zum einen mag niemand zugeben, wie es um unsere Welt in Wahrheit bestellt ist, und zum anderen wird so ganz nebenbei zu Lasten der Züchter oder Bauern anderen Verbänden der Rücken gestärkt. „Herr Müller-Grabenstein, uns vom Verband der Schweinezucht ist aufgefallen, dass unsere Zahlen drastisch zurückgehen. Das muss sich ändern, also lassen Sie sich mal was einfallen. Ich zähle auf Sie..."

Und so ändern sich in schöner Regelmäßigkeit die Gefahren. Mal sind die Fische nicht zu genießen, dann kommt man uns mit Rinderwahn oder Vogelgrippe, oder dann auch mal mit Schweinepest. Und dabei geht es immer nur ums

Geld. Immer! Und immer auf unsere Kosten. Denn nicht nur, dass wir vor lauter Angst die gerade für krankmachend erklärten Produkte nicht mehr kaufen, nein, es wurde uns auch noch etwas genommen. Nämlich die Freiheit zu essen, was WIR wollen. Denn natürlich weichen wir auf andere Produkte aus, die, ebenso natürlich, auch viel teurer sind. Denn auch das weiß die Industrie, dass sie uns nicht lange mit einer gesundheitlich schädlichen Welle kommen kann. Also muss kräftig während dieser Aktion kassiert werden. Aber was soll es, für unsere Gesundheit greifen wir doch gerne tiefer in die Taschen, oder?

Wir werden also auf allen Ebenen ausgenommen wie die Weihnachtsgänse. Hat sich noch nie jemand von euch gefragt, wie es möglich ist, dass ein Element wie das Wasser teuer bezahlt werden muss? Unser Wasser, dieses kostbare Elixier, ohne das kein Mensch leben kann, ja, ohne das Leben überhaupt nicht möglich ist, muss heute von uns bezahlt werden. Ist das nicht einfach unglaublich? Dabei ist es unser Geburtsrecht, aus allen Brunnen und Quellen frei, also kostenlos, trinken zu dürfen. Natürlich müssen wir die Kläranlagen, Kanalsysteme etc. bezahlen. Aber ohne den Eingriff der Menschen in die Natur hätten wir diese Einrichtungen gar nicht nötig, weil das Elixier Wasser nicht verschmutzt und chemikalienverseucht wäre.

Nun, hätten wir nicht irgendwann unsere Eigenverantwortung an andere abgegeben, so hätte es niemals dazu kommen können. Das ist ein Ergebnis von vielen, wenn man seine Macht abgibt.

Ebenso verhält es sich mit unserem Strom. Die Zeiten wo die Petroleumlampen brannten, sind schlichtweg vorbei. Niemand hat mehr Kerzenleuchter brennen. Heute drücken wir alle auf einen Schalter, und wir haben Licht. Aber zu welchem Preis? Zum einen haben wir uns abhängig gemacht, und zum anderem bezahlen wir auch noch teuer für diese Abhängigkeit.

Auch gibt es in unseren Haushalten keine Kohleöfen mehr. Das heißt, wir sind auch noch vom Öl oder Gas abhängig, wenn wir eine gute Lebensqualität haben wollen. Wer dennoch der Nostalgie wegen so ein Öfchen hat, der darf sich ohne Genehmigung nicht einmal das Brennholz aus dem Wald holen. Das heißt, dürfen darf er schon, er darf sich nur nicht erwischen lassen.

Ich persönlich finde es unglaublich, wozu unsere Machtabgabe geführt hat. Meiner Meinung nach sind Dinge wie Wasser, Holz, Strom, Öl oder Gas das Grundrecht eines jeden Menschen.

Wann werden wir für die Luft, die wir einatmen, bezahlen müssen? Okay, okay, in manchen Luftkurorten wird ja nun auch kräftig hingelangt, aber an sich ist auch das ein Witz. Wenn wir nicht dafür bezahlen müssten...

Das Spiel ist immer das Gleiche. Wir geben die Macht ab, und andere nutzen sie aus.

Natürlich wird das gleiche Spiel auch in unserem Alltag gespielt. Jeder von uns ist von Menschen umgeben, die versuchen, uns auszunutzen. Angefangen von unseren Arbeitgebern, sofern wir noch Arbeit haben, bis hin zu unseren Freunden. Selbst unsere Not wird noch ausgenutzt.

Man denke da nur an Hartz IV... Und warum? Weil wir unsere Macht abgegeben haben. Das hat überall zu Missbrauch geführt. Und der Missbrauch wird immer schamloser.

Selbst die Religionen machen es nicht besser. Auch sie missbrauchen uns. Sie missbrauchen nur geschickter. Sie locken uns mit Zuckerbrot und Peitsche.

Auf der einen Seite zeigen sie uns einen kleinen Ausschnitt aus der Geistigen Welt, und auf der anderen Seite benutzen sie die Geistige Welt und GOTT dazu, um uns Angst einzujagen. „Wenn du nicht... DANN kommen Heulen und Zähneklappern über dich..."

Kurz und gut, ihr lieben Engelwesen, macht euch frei. Holt euch eure Macht zurück.

Ihr braucht weder Regierungen noch Religionen. Sprengt diesen Ring, der um euch gelegt wurde. Hört auf, den Kopf in den Sand zu stecken, steht auf, schaut hin, schaut bewusst hin, und vor allen Dingen hört auf, euch von anderen euer Leben vorschreiben zu lassen. Denn das ist es, was getan wird. Wir leben alle nach den Regeln anderer. Und wo man hinschaut, nur Begrenzungen.

Ich erwähnte ja schon, dass wir meine Zukunftsvision von freien Engelwesen höchstwahrscheinlich nicht mehr erleben werden. Aber wir könnten ja zumindest schon einmal damit anfangen, nicht wahr? Wenn wir schon die Pioniere der Neuen Zeit sind, dann bitteschön auf allen Ebenen!

Wenn ihr euch immer vor Augen haltet, dass ihr Engelwesen seid, dann wird es euch mit der Zeit immer unerträglicher, euch bestimmen zu lassen. Ja, ihr werdet es für unmöglich halten. Und das ist es auch.

Mit dem neuen Bewusstsein, das nun über die Erde geht, wird der Wandel kommen. Nehmen wir weiter alles hin, so sehe ich allerdings buchstäblich schwarz. Wer seine eigene Macht nicht ergreift, der wird buchstäblich überrannt und übermannt. Denn nur so ist es möglich, andere zu überrollen und ihnen etwas aufzuzwängen.

Gerade Deutschland ist dafür bekannt, sich alles gefallen zu lassen. Es ist nicht unsere Mentalität, auf die Straßen zu gehen und zu demonstrieren. Nein, das machen wir am Stammtisch. Da verändern wir die Welt. Im wahren Leben aber finden wir uns mit allem ab. Die Erklärung dafür ist ganz einfach: Gerade in Deutschland leben unglaublich viele inkarnierte Atlanter. Und zwar viele derjenigen, die am Untergang von Atlantis maßgeblich beteiligt waren. Das heißt, Wesen, die ihre Schöpfermacht so missbraucht haben, dass der Untergang von Atlantis kommen musste. Und so haben wir uns geschworen, niemals wieder unsere Macht zu missbrauchen. Von daher wird verständlich, warum wir uns so gut wie alles gefallen lassen.

Ist es da ein Wunder, dass viele Attentäter, auch aus anderssprachigen Ländern und anderen Religionen, es sich zum Ziel gesetzt haben, gerade in Deutschland Fuß zu fassen? Was hier vor sich geht, ist sogar mir unheimlich. Wir sind nämlich schon so unterwandert, dass wir jeden Tag mit der Übernahme rechnen müssen. Unter unseren Augen, also mitten unter uns, werden schon lange Pläne geschmiedet, die verhassten Ungläubigen (also uns) das Fürchten zu lehren.

An diesem Beispiel seht ihr zum einen, wohin Fanatismus führt, aber auch zum anderen, wie wir zu hilflosen Spielbällen für andere werden. Kein Mensch hat das Recht, einem anderen Menschen seinen Willen aufzuzwingen. Aber so lange es Menschen gibt, die sich ihrer eigenen Macht nicht bewusst sind, die also nicht wissen, dass sie NEIN sagen können, wird es immer auf allen Ebenen versucht werden.

Erkennt eure Macht, holt sie euch wieder. Begeistert andere mit eurem neuen Gedankengut. Je mehr, desto besser. Und steht auf!

Damit meine ich jetzt nicht, dass jeder von euch sein Kriegsbeil ausgraben soll, nein, steht innerlich auf. Lasst euch nicht von anderen ins Elend führen. Denn das tun sie. Egal, ob Politik, Religion oder Wirtschaft. Wenn ihr euch vor Augen führt, unter welchen Bedingungen manche von euch „leben" müssen, dann müsste euch doch die kalte Wut aufsteigen. Und sie ist vollkommen berechtigt.

Hört doch ganz einfach auf, zu den Wahlurnen zu gehen. Gebt niemandem mehr eure Stimme. Weder in euren Gemeinden, noch an einen „hohen" Politiker, noch einer Religion. Lasst sie alle im Regen stehen. Macht euch klar, dass in Wahrheit niemand Interesse daran hat, tatsächlich etwas für euch zu tun. Alle, die Machtpositionen bekleiden, denken nur an sich selbst. Nämlich, wie sie noch mächtiger und reicher werden können – auf eure Kosten natürlich...

Lasst euch nicht mehr etwas vorgaukeln, was in Wahrheit gar nicht existiert, denn natürlich sind alle Hohen Tiere darin geschult, euch Sand in die Augen zu streuen. Sagt nicht mehr, dass ihr ja doch nichts ausrichten könnt. Doch, ihr könnt. Holt euch eure Macht wieder. Entzieht sie allen, die meinen, euch Begrenzungen aufzuerlegen.

Und nun kommt das Wichtigste: Schließt euch zusammen! Nur in der Gemeinschaft seid ihr stark. Alleine werdet ihr gegen Windmühlen kämpfen.

Natürlich ist dieses neue Gedankengut schwer verdaulich für eine Nation, die Regeln liebt. Für alles gibt es bekanntlich gerade in Deutschland Vereine oder Verbände. Es muss ja alles seine Ordnung haben… Dabei zeigt es in Wahrheit nur auf, dass jeder, der einem dieser Vereine oder Verbände angehört, zutiefst unsicher ist. Warum? Weil kaum einer seine eigene Macht erkennt. Deswegen schließen wir uns so gerne Vereinen an. Denn nur in der Gemeinschaft können wir uns wenigstens sicher fühlen. So gesehen ist nichts Falsches daran, ein Freund von Vereinen zu sein, wären da nicht die Vereinsregeln.

Wie wäre es mit einem Verband vollkommen ohne Regeln? In dem jedes Geschöpf seine Kreativität mit einbringen dürfte. Wo Menschen sich aus reiner Freude, nur um sich zu begegnen, zusammenfinden können. Und wo es nur eine einzige Regel gäbe: nämlich die des Herzens. Alles andere beschränkt uns nur wieder. Außerdem werden wir wieder in etwas eingebunden, was uns schon wieder jede Menge Kompromisse abverlangt. Warum nur der Hang, sich überall einschränken zu lassen, sogar noch in unserer Freizeit? Ganz klar. Wir sind so eingeschränkt und so begrenzt, dass es uns gar nicht mehr auffällt. Höchstwahrscheinlich würden wir sogar in ein tiefes Loch fallen, wenn die Bevormundung schlagartig aufhören würde.

Neusten Umfragen zu Folge sind viele unserer Mitbürger aus dem Osten total unglücklich darüber, dass die Mauer gefallen ist. Über 70 % sehnen sich nach der alten Zeit zurück. Warum ist das so? Hat es wirklich etwas damit zu tun, dass die Lebensumstände in den neuen Bundesländern immer noch nicht den alten angepasst sind? Nein. In Wahrheit können die Menschen mit ihrer plötzlichen Freiheit auf allen Ebenen nichts anfangen. Wem über Jahrzehnte immer alles abgenommen wurde, wer als Kind schon wusste, wie sein Leben verlaufen würde, weil es für alles strenge Bestimmungen und Regeln gab, wem sogar das Denken abgenommen wurde, den kann und darf man nicht von heute auf morgen einfach loslassen. Das ist sogar sträflich zu nennen. Es ist unmöglich, alleine zu laufen, wenn man es gewöhnt ist, an die Hand genommen zu werden.

Der Osten hätte also vielmehr unsere Unterstützung gebraucht. Das heißt, wir hätten den Menschen unterstützend zur Seite stehen müssen, um sie nach und nach zu entwöhnen. Welche Mutter bringt es übers Herz, ihr Baby von heute auf morgen abzustillen? Tja, aber nichts anderes ist mit den Menschen in den neuen Bundesländern passiert. Sie wurden brutal aus ihrer Sicherheit gerissen. Ist es da ein Wunder, dass sie uns nun ebenso rabiat und radikal antworten? Dabei wäre es so einfach gewesen, wenn „man" die Gesetzmäßigkeiten des menschlichen Miteinanders verstanden hätte.

Nun aber zurück zum Thema. Erkennt eure eigene Macht. Vertraut auf euch selbst und sonst auf niemanden. Seid euch selbst so sicher, dass euch nichts und niemand mehr zu etwas zwingen kann, was ihr nicht wollt.

Auch dazu kann ich wieder einmal aus dem Nähkästchen plaudern.

Als mein erstes Buch, „Wenn der Mond die Sonne berührt" (Smaragd Verlag) erschien, machte ich mich auf und klapperte sämtliche Buchläden hier in Aurich ab, um es vorzustellen. Wenige Wochen später machte ich erneut einen Rundgang und stellte fest, dass es nirgends zu finden war, außer in unserem esoterischem Laden mit dem schönen Namen EINHORN. Auf meine Frage, wieso denn mein Buch nicht ausliegen würde, bekam ich überall eine höchst interessante Gegenfrage: „Sind Sie in unserem Auricher Autoren- und Künstlerverein? Nein? Ja, dann tut es uns leid. WIR unterstützen nur Leute, die in diesem Verein sind!" Wäre ich meiner selbst nicht so sicher, ich wäre stehenden Fußes in diesen Verein eingetreten. Stattdessen vertraue ich darauf, dass meine Bücher schon ihre Leser finden werden. Denn ich schreibe ja für euch, nicht für einen Verein.

Bei meinem zweiten Buch bin ich erst gar nicht mehr herumgegangen, sondern gleich ins EINHORN, die mich und mein Buch mit Begeisterung aufgenommen haben. So einfach ist das.

Wahrscheinlich wäre ich sowieso recht schnell wieder aus diesem Verein geflogen, ja, höchstwahrscheinlich nicht einmal aufgenommen worden, da meine Bücher einen ganz anderen Anspruch haben als die Heimatgeschichten der anderen Autoren (nichts gegen Heimatgeschichten).

Man muss also von sich und seinem Wert überzeugt sein. Und das bitte auf allen Ebenen. Das hat nichts mit Arroganz zu tun, sondern damit, dass man weiß, wer und was man ist. Und das kommt automatisch mit dem erwachenden Bewusstsein.

Ihr werdet merken, dass ihr erst verführt werden sollt, damit man euch später gängeln kann. So können auch all die künstlich erweckten Bedürfnisse auf Dauer nicht standhalten. Sollen sie ja auch gar nicht. Es geht doch nur darum, euch euer Geld für sinnlosen Krempel aus der Tasche zu ziehen. Mal ehrlich, wer braucht schon Pokémons in seinem Leben?

Die sogenannten Trendsetter zerbrechen sich also nur den Kopf darüber, wie sie an euer Geld kommen. Keinesfalls darüber, wie sie euch etwas gutes Neues bescheren können.

Es ist so einfach, wenn man dahinterschaut. Ihr braucht euch nicht einmal Mühe zu geben. Die Erkenntnis wird euch einfach zufallen, und gleichzeitig werden euch die Augen aufgehen.

Ihr werdet euch fragen, wieso ihr das alles nicht schon viel eher erkannt habt? Nun, es war noch nicht so weit. Ihr musstet erst aus eurem Dornröschenschlaf erwachen. Und mit dem Erwachen kommt auch die Einfachheit zurück.

Haltet es einfach

Ja, das Leben könnte so einfach sein... wenn, ja, wenn wir nicht ständig mit Problemen konfrontiert würden.

Wie wir ja schon herausgefunden haben, sind viele Probleme gar nicht unsere, und die, die wir haben, sind größtenteils hausgemacht. In der Neuen Energie kehren wir GOTT sei Dank zur Einfachheit zurück. Das bedeutet, dass wir verstehen lernen, als Beobachter durchs Leben zu gehen.

Wer beobachtet, schaut nur zu. Mischt sich nicht ins Geschehen ein, sondern hat verstanden, dass alles, ja, wirklich alles, seine Berechtigung hat. Ein Beobachter ist auf ganz andere Weise neugierig, als wir dies bis jetzt kennen. Ihn interessiert das Leben, die Natur, die Schicksale anderer, und durch das Beobachten weitet sich sein Horizont. Er versteht, dass der einzige Sinn des Lebens ist, sich am Leben zu erfreuen.

Natürlich werden wir erschüttert sein, wenn uns bewusst wird, wie sehr sich andere Engelwesen durchs Leben quälen. Und ich kann euch sagen, es ist wahrhaftig nicht einfach, den nötigen Abstand zu bewahren. Wie viele von uns leiden mit anderen Engelwesen mit? Kommen nachts nicht in den Schlaf, weil sich ihre Gedanken nur um die Probleme anderer drehen? Wie viele von euch opfern sich regelrecht für andere auf?

Ich kenne so viele Frauen, die neben all ihrer Tätigkeit entweder ihre eigenen Eltern oder die Schwiegereltern pflegen, oftmals bis an den Rand der Erschöpfung.

Ihr herzensguten Engelwesen, es ehrt und adelt euch, dass ihr so eine Hingabe für andere mitbringt, aber was macht ihr da in Wahrheit? Es wird euch nicht schmecken, was ich dazu zu sagen habe. In Wahrheit versäumen nämlich alle, also nicht nur diejenigen, die einen Pflegefall betreuen, sondern alle, die sich bis zur Selbstaufgabe für andere einsetzen, ihr eigenes Leben zu leben.

Natürlich gibt es wie immer und überall Ausnahmen. Es gibt genug Engelwesen, die tatsächlich dazu berufen sind, anderen zu helfen, wo sie nur können. Man sieht ihnen aber auch die Freude über ihre Tätigkeit an. Aber all diejenigen, die sich bis zum Rand der Erschöpfung für andere einsetzen, weil sie das Gefühl haben, diese Verpflichtung eingehen zu müssen, tun sich damit keinen Gefallen. Ihr handelt nämlich oft in Wahrheit nicht aus eurem Herzen heraus, sondern weil euer Verantwortungsgefühl so groß ist. Nur – genau das ist der Grund, warum immer wieder Fälle an die Oberfläche kommen, in denen bekannt wird, dass ältere Menschen misshandelt wurden.

Unser anerzogenes Pflichtgefühl setzt viele von uns dermaßen unter Druck, dass wir selbst der festen Überzeugung sind, aus ganzem Herzen „JA" zu einem Pflegefall in der Familie gesagt zu haben. Aber mit der Zeit erkennen viele, dass sie sich damit übernommen haben. Alles dreht sich nämlich nur noch um die zu betreuende Person. Das muss zwangsläufig zur Überforderung führen, bis dahin, dass einem die Sicherungen durchknallen. Nichts anderes passiert bei all unseren misshandelten Pflegefällen.

Ich finde es zutiefst erschütternd, dass ein alter Mensch, noch dazu ein kranker, der sowieso schon unzählige Schicksale erlebt hat, an seinem Lebensabend solche Qualen erleiden muss. Wenn ich mir vorstelle, ich würde auf andere angewiesen sein und sie würden mir tagelang nichts zu essen oder zu trinken geben, mich mit Schlägen traktieren und mich total verwahrlosen lassen, dann möchte ich doch lieber gleich tot sein. Trotzdem sehe ich auch die Qual derjenigen, die sich zu solchen Handlungen hinreißen lassen. Ich habe tiefes Mitgefühl für beide Seiten.

Wenn wir also wollen, dass so etwas nicht mehr vorkommt, dann müssen wir zurück zur Einfachheit. Und die kommt nur aus dem Herzen.

Bleiben wir bei dem Beispiel von Pflegefällen.

Sollte diese Frage auf euch zukommen, so hört bitte nur auf euer Herz. Wer nicht hundertprozentig aus dem Herzen heraus „JA" dazu sagen kann, der sollte in Zukunft den Mut haben, „NEIN" zu sagen. Damit habt ihr nämlich ein gutes Werk getan. Wir haben nun mal genügend Einrichtungen, die darauf spezialisiert sind, alte und kranke Menschen aufzunehmen.

Habt kein schlechtes Gewissen, wenn ihr euch dafür entscheidet, „NEIN" zu sagen. Oft ist es zum Besten für alle Beteiligten. Diejenigen, die *Wunderwerk Mensch*[*] gelesen haben, werden sich nun vielleicht wundern, wieso ich hier plötzlich befürworte, Menschen in eine Verwahranstalt

---

[*] erschienen im Juni 2007 im Smaragd Verlag

zu geben. Prinzipiell befürworte ich dies immer noch nicht, aber in manchen Fällen ist es zum Schutz aller Beteiligten einfach das Bessere. Und das zu erkennen erfordert Mut.

Es ist besser, euren Angehörigen ein qualfreies, restliches Leben möglich zu machen, als sie bis oder in den Tod zu misshandeln. So einfach ist das. Und tatsächlich, es ist so einfach. Entscheidet bei allem, was ihr tun wollt, immer aus dem Herzen heraus. Und hört auf, die Dinge so zu verkomplizieren. In Wahrheit sind uns nämlich 90 Prozent – wenn nicht noch mehr – all unserer Überzeugungen anerzogen worden. Wir richten uns also alle nach Regeln und Vorstellungen, die irgendwann einmal ein MENSCH gemacht oder erdacht hat.

„Man sagt..." Ja, wer ist eigentlich dieser MAN? Hat IHN oder ES oder SIE schon jemals einer zu Gesicht bekommen? Ich jedenfalls nicht. Mir hat sich bis heute nicht erschlossen, warum ich auf das hören soll, was „man" mir sagt, oder das tun soll, was „man" meint, tun zu müssen. Im Gegenteil, immer wenn ich auf das gehört habe, was „man" von mir erwartete, ging der Schuss nach hinten los. Sehr schnell wurde mir klar, dass ich mich vom großen Unbekannten „man" verabschieden musste.

Und das tat ich auch. Sicherlich nicht unter einfachen Umständen, denn wenn man auf einer kleinen Insel lebt, wo jeder jeden kennt, ist es nicht einfach, bei seiner Wahrheit zu bleiben und sie auch zu leben. Aber immerhin, das machte mich für die anderen zu einer faszinierenden Persönlichkeit. Und sind wir nicht alle mit dem Wörtchen MAN großgeworden?

„Das tut man aber nicht!" „Das darf man doch wohl von dir erwarten?" „Da hat man dir aber übel mitgespielt..." usw.

Als zukünftige Beobachter werdet ihr erkennen und buchstäblich sehen, was in Wahrheit passiert. Und ihr werdet gar nicht mehr anders können, als euch aus all diesen Dramen herauszuziehen.

- Ihr wisst, ihr könnt nicht helfen? Dann lasst es. Verbiegt euch nicht mehr.
- Ihr wollt etwas tun, wovon andere euch abraten? Tut es trotzdem!
- Ihr pfeift auf die gesellschaftlichen Normen? Pfeift laut!

Macht euch frei von allen anerzogenen Regeln und Glaubenssätzen.

Glauben heißt: NICHT WISSEN!

Keiner von uns weiß zum Beispiel, wohin sich die katholische Kirche entwickelt hätte, wenn das andere der zwei gespaltenen Lager den Krieg um die Glaubensfrage der unbefleckten Empfängnis gewonnen hätte. So aber siegten die Vertreter des Irrglaubens, dass Maria unbefleckt gewesen sein muss, schließlich musste doch GOTTES Sohn durch ein Wunder auf die Erde gekommen sein, oder? (Falsch, ein Wunder wäre gewesen, wenn er plötzlich aus dem Nichts aufgetaucht wäre.) Und die halbe Welt glaubt doch tatsächlich dieses irrrationale Possenstück. Genauso gut hätten sich aber auch die anderen durchsetzen können, und wir wären heute nicht so irregeleitet, wie wir nun mal sind.

Alles, woran wir glauben oder was wir beherzigen sollen, egal, ob Religionslehren oder gesellschaftliche Systeme mit ihren Glaubenssätzen, entstammt nicht aus uns selbst, sondern wurde uns von anderen Menschen aufgedrückt. Das macht unser Leben so kompliziert. Wir sind immerzu damit beschäftigt, uns an Regeln anderer zu halten. Diese Verhaltensregeln können so stark sein, dass einige sich nicht einmal zugestehen, wenn sie gleich nach dem Aufstehen wieder müde sind, zurück in ihr Bett zu gehen. Gut, das klappt in den meisten Fällen schon deswegen nicht, weil wir zur Arbeit müssen, aber dennoch, wir erlauben uns einfach nicht das zu tun, wonach uns verlangt.

Warum schlafen wir nicht einmal in einer lauen Vollmondnacht draußen? Das tut „man" doch nicht! Dabei wäre das sogar sehr heilsam für uns. So, wie die Sonne uns mit Lebenskraft versorgt, so hat der Mond heilende Kräfte für uns, die uns unter freiem Himmel zugute kämen.

Warum machen wir nicht die Nacht zum Tag und umkehrt, wenn uns danach ist? Das tut „man" doch nicht.

Warum nehmen wir nicht, so oft es geht, unsere Mitengel in die Arme? Das tut „man" doch nicht. Warum nicht?

Gerade das sollten wir aber bei jeder Gelegenheit tun. Uns in die Arme nehmen oder uns wenigstens liebevoll am Arm berühren oder die Hand ergreifen, wenn wir uns miteinander unterhalten.

In der Geistigen Welt können wir uns so wie hier nicht berühren, also genießt doch gerade das. Habt nicht so eine Scheu davor. Außerdem wird auf diese Weise der Kontakt zu 100 % hergestellt. Du und der andere tretet so in unmittelbare Verbindung zu einander. Jemanden, dem man die Hand hält, kann man außerdem nicht böse sein.

Wäre doch mal ein Tipp für alle Politiker (so lange es sie noch gibt) dieser Welt: Gespräche und Verhandlungen nur Hand in Hand zu führen.

Warum gestehen wir uns nicht offen zu, wenn wir andere Mitengel anziehend finden? Das tut „man" schon mal gar nicht. Nein, natürlich nicht. Dafür werden viele gezwungen, ein heimliches Verhältnis zu haben. Ist es nicht traurig, dass wir gezwungen werden, zu lügen und zu betrügen? Nur weil „man" das in unserer Gesellschaft nicht tut? Und obendrein gibt es auch noch kostenlos ein schlechtes Gewissen dazu...

Warum verkneifen wir uns unsere Gefühle? Die zeigt „man" um GOTTES Willen bloß nicht! In der Öffentlichkeit Gefühle zu zeigen ist dermaßen verpönt, dass es mich nicht wundert, in einer immer rauer werdenden Gesellschaft zu leben. Wer seine Gefühle nicht leben darf, kann auch keine entwickeln. Das heißt, bevor sie überhaupt an die Oberfläche kommen dürfen, werden sie schon erstickt. Wie können wir da erwarten, dass rücksichtsvoll miteinander umgegangen wird? Wo soll dieses Bewusstsein herkommen? Wer seine eigenen Gefühle nicht kennt, der weiß auch nicht, wie andere empfinden. Und ist es nicht so, dass wir immer schmerzunempfindlicher werden? Unsere so rau gewordene Gesellschaft ist für viele von uns schon normal. Und all diejenigen, die noch genügend Gefühle besitzen, befinden sich in psychiatrischer Behandlung. Dort wird ihnen aber nur beigebracht, wie sie sich der rauen Wirklichkeit anpassen können.

Auch wir werfen mit Sätzen wie: „Das solltest du dir aber nicht so zu Herzen nehmen", nur so um uns. Kein Wunder, dass es gerade in unseren Breitengraden so viele Herzinfarkte gibt. Das Herz ist der Motor unseres Lebens. Es beherbergt aber auch Liebe und Gefühl. Wer immer seine Gefühle unterdrückt, wer also nicht weinen darf, wann immer ihm danach zumute ist, wer nicht wütend sein darf, wenn er gerade wütend ist, und wer nicht einmal lachen darf, wenn er es möchte, und sei es in der Kirche, wer niemals das tun darf, was er möchte, ja, der muss sich nicht wundern, wenn das Herz stehenbleibt.

Allerdings bleibt es auch irgendwann stehen, wenn es einen zu großen Mangel an Liebe im Leben gibt. Unabhängig davon, ob man selbst nicht in Lage ist, Liebe zu geben, oder ob man sich ein Leben lang nach Liebe verzehrt. Mangel an Liebe und Gefühl ist schlecht für unser Herz.

Übrigens, an dieser Stelle ein Tipp für alle Löwen unter euch. (Löwen deswegen, weil der Löwe unter anderem das Herz regiert!)

Erkrankungen des Herzens machen sich als erstes in den Waden bemerkbar. Das Sternzeichen Löwe zählt zu den festen Zeichen. Ihm gegenüber, also in Opposition, steht der Wassermann, der die Unterschenkel regiert. Also achtet darauf, wenn ihr mehr als „normal" an Wadenschmerzen leidet. Natürlich empfehle ich euch nicht, zu eurem Arzt zu gehen und ihm zu sagen: „Herr Doktor, ich habe die letzte Zeit solche Wadenschmerzen, schauen Sie doch mal nach, was mit meinem Herzen los ist." Aber zu wissen, wonach geschaut werden sollte, ist schon eine große Hilfe.

Unsere Gefühle sind, wie schon erwähnt, unser Lebensmotor. Und ausgerechnet unsere Gefühle wurden und werden uns aberzogen. „Man" zeigt keine Gefühle. Ich aber kann euch nur raten: Holt sie euch wieder, sie sind das Wichtigste, was ihr habt!

Warum also räumen wir nicht einfach mal in unserer Gefühlswelt auf? Warum weisen wir zum Beispiel unsere Politiker nicht in ihre Schranken? Denn auch sie tragen ein großes Maß Verantwortung an dem, wie wir uns fühlen.

Wer fühlt sich schon gut, wenn er ausgebeutet und ausgenutzt wird? Denn nichts anderes tun sie. Milliarden von Steuergeldern werden buchstäblich zum Fenster hinausgeworfen. Nicht nur, dass sie uns finanziell ausbluten lassen, nein, sie beschneiden dank unzähliger unsinniger Reformen und Gesetze auch noch unser aller Leben auf ein Minimum.

Und auch die Kirchen nehmen uns ein großes Stück der persönlichen Freiheit weg. Und das, was noch übrigbleibt, nehmen wir uns selbst. Ist doch eigentlich zum Lachen, oder? Da geben wir uns selbst den Rest! Und das alles nur, weil wir uns selbst nicht mehr vertrauen und unsere eigene Macht in die Hände anderer gegeben haben.

Aber hätten wir nicht auch die Macht, sie uns zurückzuholen? Denn wenn wir uns dessen bewusst werden, dass wir inzwischen unser Vertrauen doppelt und dreifach bezahlen müssen, ja, dass wir ihnen mit unserem Geld und unserem Kopfsenken erst zu diesem Missbrauch verholfen haben, müssten wir große Wut auf uns selbst bekommen Denn in Wahrheit wird Missbrauch mit uns betrieben. Jedes System ist ein Missbrauch am Menschen. Jedes! Es dient nur dazu, uns klein zu halten. In Wahrheit möchte „man" gar nicht, dass wir unser Licht leuchten lassen.

Nelson Mandela hat es wunderbar in seiner Antrittsrede als Präsident von Südafrika ausgedrückt. Hier ein Auszug:

„Unsere tiefste Angst ist nicht,
dass wir unzulänglich sind.
Unsere tiefste Angst ist,
dass wir grenzenlos Macht in uns haben.
Es ist unser Licht, und nicht unsere Dunkelheit,
vor dem wir uns am meisten fürchten."

Stimmt!

Besser kann ich es gar nicht ausdrücken. Nicht nur wir selbst haben Angst vor unserem Licht, nein, andere auch. Und deswegen wurde und wird die Menschheit mit allerlei unsinnigen Regeln und Systemen geknebelt.

Aus Angst vor uns selbst haben wir einst unsere Verantwortung und unsere Macht in die Hände anderer gelegt. Die wiederum waren von Anfang an (ebenfalls ängstlich, weil unsere Macht ja noch bekannt war) bemüht, unsere Macht, also unser Licht, kleinzuhalten. Bis zum heutigen Tag. Und ist es nicht bemerkenswert, dass mit steigendem Bewusstsein die Fesseln drastisch angezogen werden?

Wenn wir unsere Macht nicht wieder an uns nehmen, werden wir erstickt. Und das, weil wir inzwischen gewohnt sind, auf das zu hören, was „man" uns sagt, so dass wir nicht einmal auf die Idee kommen, die Dinge zu hinterfragen. Wir nehmen sie schlichtweg als gegeben hin. Und dabei ist in Wahrheit nichts gegeben. Alle Systeme sind uns mehr oder weniger aufgedrängt worden. Und alle Systeme machen uns im Grunde genommen nur das Leben schwer. In Wahrheit halten uns sogar alle Systeme vom eigentlichen Leben ab. Durch die mannigfaltigen Gebote, Vorschriften, Erwartungen usw. werden wir buchstäblich beschnitten.

Es kommt nämlich gar nicht darauf an, was ein Mensch zu tun oder zu lassen hat, oder was er glaubt oder nicht glaubt, sondern es kommt darauf an, wie ein Mensch es versteht, sich mit all seinen Facetten zu leben.

Ich zum Beispiel wollte schon früh aus diesem gesellschaftlichen Druck heraus, und so beschloss ich, nach der Lehre dort zu arbeiten, wo andere Urlaub machen - auf einer Insel. Und es war die beste Entscheidung, die ich treffen konnte. Denn trotz Arbeit hatte ich immer das Gefühl, auf der Sonnenseite des Lebens zu stehen. So habe ich lange Jahre wirklich in und mit Freude gelebt.

Nach der Saison ans Festland zu fahren war für mich die ersten zwei Jahre so ein Kulturschock, dass ich ganz auf die Insel zog. Dieser unterdrückten Lebensfreude der Menschen auf dem Festland zu begegnen bereitete mir körperliches Unbehagen. Es war, als befände ich mich in einem Kessel von Trostlosigkeit. Das war es ja auch wohl.

Damals wie heute grassiert sie, die Trostlosigkeit. Mit der Tendenz steigend. Und warum? Weil „man" uns das Leben verbietet.

Fangt an, auf eure eigene Stimme zu hören. Macht euch frei von dem, was andere euch sagen. Das ist die neue Einfachheit. Ihr werdet sehen, dass das Loslösen von alten Wertvorstellungen das Leben ungemein ver-einfacht. Sucht nicht mehr nach komplizierten Wegen, sondern nehmt den einfachen Weg. Hört auf euer Herz. Und wie durch Zauberhand wird alles einfach. Mit dem Be-wusstsein, dass alle Dramen um euch herum ja gar nichts mehr mit euch zu tun haben, lebt es sich von Haus aus einfach. Ihr könnt nämlich eine Menge ablegen.

Wenn ihr es dann noch schafft, euch immer wieder hinter eure imaginäre Mauer zu stellen, so werdet ihr auch nicht mehr so schnell in private Dramen anderer verwi-ckelt. Gleichzeitig trainiert ihr ein globales Bewusstsein. Auch das verhilft dazu, euer Leben einfacher zu gestalten. Denn wenn ihr es schafft, immer wieder aus Situationen herauszutreten und euch quasi die Gegebenheiten von oben zu betrachten, kommt ihr zwangsläufig auf Ebenen an, die euch gut beraten. Auf eure eigenen Seinsbereiche nämlich. Und die wollen euch zu eurem Besten dienen. Deswegen ist euer wahrer Seinsbereich der beste Ratgeber, den ihr haben könnt.

Macht euch frei von menschlichem Denken. Das hat bis jetzt nur Unglück über euch und die Menschheit gebracht. Sucht nicht mehr nach Hintergründen, sucht aber auch nicht mehr nach Lösungen. Die kommen nämlich ganz von alleine. Lasst euch kein X für ein U vormachen.

Macht ein Fest aus allem. Unterdrückt euer Erwachen nicht mit völlig hirnrissigen Verhaltensregeln oder Meinungen anderer, sondern fangt an, euch zu erheben.

Lasst euren inneren Engel fliegen! Keine Angst, er wird euch mitnehmen. Ganz bestimmt. Wie könntet ihr euch selbst zurücklassen? Er wird euch in Welten entführen, von denen ihr nicht einmal zu träumen gewagt habt.

Denkt daran, die Quelle kommt zu uns. Das heißt, ihr erlangt all eure Fähigkeiten wieder. Das heißt auch, dass „man" euch nicht mehr für blöd verkaufen kann. Das ist die Einfachheit, von der ich hier spreche. Je weniger wir uns an all die menschlichen Bestimmungen und Vorschriften halten, umso einfacher wird es für uns. Ihr müsst es nur erlauben. Vertraut eurem inneren GOTT. Auf diese Weise wird alles einfach. Dann werdet ihr sehen, dass alles, was euch umgibt, auch GOTT ist. Jedes Engelwesen und jeder Engelmensch, der euch begegnet, ist Auch-GOTT. Jedes Tier, jede Pflanze, jeder Regentropfen, alles, ja, wirklich alles, ist Auch-GOTT.

GOTT IST einfach.
Und du? Du bist Auch-GOTT.
Also halte es einfach.
Gestehe dir zu, Auch-GOTT zu SEIN.
GOTT denkt nicht.
GOTT ist reines Bewusstsein. GOTT IST.
Öffne dich dem GOTT in dir. Denn wenn du das tust,
erlaubst du anderen Engelwesen, ihr Licht anzuzünden.
Auch das wusste schon Nelson Mandela.

*„Wir wurden geboren, um die Herrlichkeit GOTTES,
die in uns ist, zu offenbaren.
Sie ist nicht nur in einigen von uns,
sie ist in jedem von uns.
Wenn wir unser eigenes Licht erstrahlen lassen,
geben wir unbewusst unseren Mitmenschen
die Erlaubnis, dasselbe zu tun."*

Das Licht in die Welt tragen

Für all diejenigen, die sich verzweifelt fragen, wie sie jemals aus all den gesellschaftlichen Systemen herauskommen können, kommt hier eine tröstliche Antwort:

Es reicht aus, euer Bewusstsein zu öffnen und euch innerlich zu befreien. Ja, tatsächlich. Das alleine reicht schon aus, den Dingen ihre Macht zu entziehen. Oder, anders ausgedrückt, fangt an, den Dingen keine Energie mehr zu geben. Je mehr Menschen sich über irgendetwas ereifern, sich sogar buchstäblich im Bewerten überbieten, umso dichter werden die Dinge.

All die sinnlosen Diskussionsrunden, egal, ob im Fernsehen übertragen oder am heimischen Herd geführt, führen nur dazu, alles zu verdichten und es damit erst recht entstehen zu lassen. Versteht, dass ihr die Meister seid.

Sobald ihr etwas bewertet, egal, ob in Gut oder Schlecht, gebt ihr Energie hinein, und deswegen tritt gerade immer das ein, was ihr gar nicht haben wolltet. Um es einfacher auszudrücken: Hört auf zu denken! Das mag nun seltsam anmuten, aber mit unseren Gedanken bewegen wir buchstäblich die Energien. Wir geben also kraft unserer Gedanken die Richtung vor. Dann sprechen wir aus, was wir denken, und teilen uns anderen mit. Die wiederum denken nun ihrerseits darüber nach und besprechen sich ebenfalls mit andern usw. Schon kommt ungewollt eine Lawine ins Rollen, und später wundern wir uns, warum wir von einem Desaster ins nächste fallen.

Sagt nicht schon der Volksmund: „Reden ist Silber, Schweigen ist Gold"? Ganz klar war schon bekannt, was es anrichtet, zu viel zu reden.

Der einfachste Weg, aus all diesen Dingen herauszukommen ist, ihnen keine Beachtung mehr zu schenken. Hört auf, Politiker zu wählen. Wer keine Stimme mehr bekommt, kann sich später auch nicht auf eure Kosten profilieren. Und niemand kann euch mehr zwingen, in den Krieg zu ziehen. Gebt ihnen allen keine Stimme mehr. Denn wenn ihr das tut, werdet ihr bald keine mehr haben.

Wer genau hinsieht, kann jetzt schon erkennen, dass wir nicht mehr nur auf kleiner Ebene entmündigt werden, nein, nun geht es mit großen Schritten auf Europa zu. Ganz Europa soll EINS werden...

Aber ganz bestimmt dachten und denken die Politiker nicht zu unserem Wohl! Die sogenannten EU Vorschriften sehen vor, ganz Europa zu einem Einheitsbrei zu machen. Das heißt, auf lange Sicht wird es keine unterschiedlichen Kulturen mehr geben. Was für ein Clou. Da hat „man" doch ganz Europa im Sack und kann damit Millionen von Menschen vorschreiben, wie sie in Zukunft zu leben haben.

Lasst es also. Gebt niemandem mehr eure Stimme. Sie ist viel zu wertvoll, als dass ihr sie als Perle vor Säue werft. Hört auf, euch immer das Neuste vom Markt andrehen zu lassen. In dem Moment, wo ihr es kauft, ist es nämlich schon wieder Schnee von gestern. Die Trendsetter suchen schon wieder nach etwas Neuem, um euch das Geld aus der Tasche zu ziehen.

Hört auf, euch Gedanken um euer Seelenheil zu machen. Ihr seid von Geburt an **heil**-ig. Vertraut also euch selbst, anstatt auf Vorbeter zu hören, die sich auf Schriften beziehen, die so alt sind wie Methusalem. Ihr selbst seid auch GOTT. Ihr braucht also keine Vermittler, die euch, anstatt ins Licht zu führen, Lügen erzählen und euch in Angst und Schrecken versetzen.

Hört auf, euch Gedanken um eure Gesundheit zu machen. Der Körper hat ein eigenes wunderbares Selbstheilungssystem. Nährt den Körper nicht mit angsterfüllten Gedanken. Alle Menschen, die zum Arzt gehen (wobei das natürlich legitim ist und ich auch jedem anrate, es weiterhin zu tun), werden in Wahrheit nicht von den Ärzten geheilt oder von den Medikamenten, sondern nur von der Vorstellung, dass ein anderer oder ein Medikament geholfen hat. In Wahrheit heilt sich der Körper immer selbst. Allerdings nur, sofern noch genug Lebenswille da ist.

Hört auf, euch um die Ernährung zu sorgen. Ihr könnt essen, was ihr wollt, wenn ihr mit gutem Gefühl esst. Und alles, was ihr euch in Liebe zubereitet, wird euch nicht schaden. So einfach ist das. Versteht, dass immer mit euren Ängsten gespielt wird! Und immer auf eure Kosten. Und zwar im doppelten Sinne. Sogenannte Bioprodukte sind immer noch erheblich teuerer als normale Nahrungsmittel. Nur, und jetzt dürft ihr euren Verstand einmal einschalten, wofür bezahlt ihr eigentlich so teuer? Glaubt ihr tatsächlich, dass es so etwas wie Bioanbau gibt? Wo soll der denn sein? Auf dem Mond?

Machen wir uns doch bitte nichts vor. Mutter Erde ist überall schwer belastet und dort, wo sie es augenscheinlich nicht so schwer ist, wird früher oder später der Wind dazu beitragen, Schadstoffe auf eure Bioäpfelchen zu legen.

Und noch eines muss bemerkt werden:

Es nützt euch gar nichts, wenn ihr die oftmals, nun sagen wir mal, geschmacklosen Bioprodukte mit Todesverachtung herunterwürgt, nur weil sie so gesund sind. Widerwillen trägt nicht gerade zu einer gesunden Ernährung bei...

Wenn wir verstehen lernen, uns von all den unsinnigen Regeln und Glaubensvorstellungen zu befreien, dann wird langsam aber sicher etwas Neues in Erscheinung treten, nämlich UNSER Licht. Es war schon immer da. Es war nur zugeschüttet. Zugeschüttet von Vorschriften, Ansichten, Systemen, Märkten, Meinungen, Gesetzen und Moralvorstellungen, aber auch Denkweisen. All das war sicherlich einmal angemessen. Die Betonung liegt auf war! Denn – wir entwickeln uns ja zurück in die Zukunft. Und das bedeutet absolute Freiheit!!!

Wenn ihr also euer Licht entfachen wollt, entrümpelt euch. Macht euch frei, von allen (Wert)Vorstellungen dieser Welt. Macht euch frei von eurem begrenzten Denken. Und zwar innen wie außen! Erlaubt euch, euch auszudehnen und so GOTT in euch zu wecken. Er wartet schon so lange darauf.

Seid ihr es nicht müde, immer wieder das Gleiche zu erleben? Und zwar nicht nur in diesem Leben, sondern auch in allen anderen? Immer wieder gegen Gesetze und

Vorschriften anzurennen, macht müde. In dem Moment, wo wir all das loslassen, kann die Wandlung kommen. Und natürlich kann sie nur von innen her kommen. Das heißt, DU bist gefragt, und zwar nur DU!

Jetzt hast du zum ersten Mal wahrhaftig die Wahl. Du kannst entscheiden, ob du weiter so misshandelt werden möchtest, denn nichts anderes geschieht hier, oder ob du dich erheben möchtest.

Du möchtest dich erheben? Gut so! Nimm deine Meisterschaft an. Denn wer bist DU, dass „man" DIR vorschreiben darf, was du zu tun oder zu lassen hast? Du bist ein Geschöpf GOTTES. Also auch GOTT! Und GOTT macht „man" keine Vorschriften. Du weißt aus eigener Kraft und der in dir wohnenden Liebe, was du verantworten kannst und was nicht. So einfach ist das. Du brauchst nur auf DEIN Herz zu hören. Mehr bedarf es nicht, um zu leben. Wer auf sein Herz hört, der hat auch Mitgefühl für andere. Und hier schließt sich der Kreis.

Wirkte es bis jetzt vielleicht stellenweise so, als wenn wir alle zu ungeheuren Egoisten werden sollen, so wird ab hier deutlich, dass genau das Gegenteil der Fall ist. Wir müssen uns tatsächlich erst von allen alten Vorschriften, Vorstellungen und Begrenzungen frei machen, um wahrhaft mitfühlende Wesen sein zu können. Tun wir dies nicht, sind wir immer nur damit beschäftigt, unsinnige Regeln einzuhalten. Mit anderen Worten, wir sind viel zu abgelenkt, um unsere Reise nach innen antreten zu können. So lassen sich niemals wahre Liebe, Freude, Gefühl, Spiritualität und Mitgefühl entwickeln. Unmöglich, da wir uns in einem Lebenskampf befinden. Denn es ist ein Kampf, den wir alle führen – ein Kampf zwischen dem, wer wir wirklich sind und eigentlich unser Leben lang SEIN wollen, und dem, was von uns erwartet wird, wie wir zu sein haben.

All die Spirituellen unter uns haben trotz enormer Kenntnisse nur an der Oberfläche gekratzt. Viele wunderbare Weisheiten sind uns schon zugefallen, keine Frage, aber das ist nur der Anfang. So lange wir uns nicht vollkommen aus dem Kreislauf der menschlichen Gedankenmuster erheben, so lange wir uns im Außen noch unterdrücken lassen, werden die wahren Wunder noch auf sich warten lassen. Vergesst nicht, dass das Außen nur euren inneren Zustand widerspiegelt. Das heißt, wir alle haben uns innerlich noch nicht befreit.

Ich weiß, es ist ein starkes Stück, von euch zu verlangen, dass ihr Traditionen, die doch so lange Bestand hatten, ja, die für viele von euch auch einen Wert hatten und haben, einfach aufzugeben. Aber wenn wir uns der Neuen Energie anpassen wollen, führt kein Weg daran vorbei.

Als kleiner Trost sei gesagt: In Wahrheit geben wir gar nichts auf, was von Bedeutung ist, sondern wir gewinnen nur, und zwar in jeder Beziehung. Geben wir all das auf, kommen wir an unseren Ursprung zurück. Unser Ursprung ist es, freie Lichtwesen zu sein! Und Lichtwesen können gar nicht anders, als Mitgefühl für sich selbst wie auch für andere zu haben, weil sie sich und andere viel zu sehr lieben. Mitgefühl zu haben bedeutet, dass man sich selbst alles verzeihen kann, was man vermeintlich falsch gemacht hat, und dadurch eine tiefe Liebe zu sich selbst und somit automatisch für alle anderen entwickeln kann. Mitgefühl ist also nichts anderes als die Liebe zum Leben und zu allem, was lebt.

Wer braucht da noch unsinnige Gesetze und Vorschriften? Allein euer neues Bewusstsein wird das Licht in die Welt tragen.

Bildlich gesprochen könnte ich es mit einem Staffellauf vergleichen. Selbst wenn eure eigene Flamme, also euer Licht, noch nicht für alle sichtbar in den Himmel lodert, so könnt ihr dennoch andere Menschen damit „anstecken". Es nützt niemandem, wenn euer Licht einsam und verlassen vor sich hinglimmt. Gerade spirituelle Menschen neigen dazu, ihre Wahrheit für sich zu behalten. Auch das ist im Zeichen der Neuen Energie nicht mehr angesagt.

Wie wollt ihr anderen Engelwesen die Erlaubnis geben, ihr Licht anzuzünden, wenn ihr eures ständig sorgsam verbergt? Nein, brennt offen. Zeigt der Welt euer Licht und macht anderen Mut, steht ihnen zur Seite, erinnert sie leise daran, dass auch sie Engel sind. Lebt ihnen vor, worauf es ankommt. Lehrt sie, jeden Tag so zu leben, als wenn es ihr erster Tag wäre. Auch das ist neu. Sagte ich früher, lebe jeden Tag so, als wenn er dein letzter wäre, so muss es heute heißen: LEBE jeden Tag so, als wenn es dein erster wäre!

Und das kann ich natürlich auch begründen. Denn mit all unseren neuen Erkenntnissen ist es tatsächlich so, dass wir eine völlig neue Wahrnehmung entwickeln.

Wir werden Dinge sehen, die uns vorher nie aufgefallen sind, und sei es, dass wir entdecken, wie wunderschön blau der Himmel ist. Als erwachende Engel, die ihre Augen zum ersten Mal in dieser Welt aufschlagen, seid ihr quasi neu geboren. Ihr verfügt über ein völlig anderes Bewusstsein, und deswegen muss es im Zeitalter der Neuen Energie heißen: Lebe so, als wenn jeder Tag dein erster wäre.

Holt euch das Staunen der Kinder wieder zurück. Holt euch die unbändige Lebensfreude der Kinder zurück. Seid neugierig auf die Welt, die sich euch zeigen möchte. Spielt mit euren Kräften, erprobt sie, wie Kinder es tun. Seid authentisch wie unsere Kinder. Seid so herrlich offen (und zwar für alles), wie nur Kinder es sein können. Werdet ganz und gar zu Kindern.

Schon Jesus wusste: „Wenn ihr nicht werdet wie die Kinder, werdet ihr nicht ins Himmelreich eingehen." Und er hat genau das damit gemeint.

Die Neue Energie verhilft uns also, mit vollem Bewusstsein wieder die Reinheit, aber auch das Wissen von Kindern zurückzubekommen. Darum sage ich: Lebt jeden Tag so, als wenn es euer erster Tag wäre.

Es gibt so viel Wunderbares zu entdecken. Wer mit offenem Herzen in die Neue Welt schaut, der wird tatsächlich Wunder sehen können. Aber nicht nur sehen, er wird sie auch vollbringen können. Möglich macht dies euer absolutes Vertrauen. Das Vertrauen in euch selbst, und das Vertrauen zur Quelle. Allein durch euer Vertrauen öffnen sich für euch die Sternentore, und ihr könnt tatsächlich zaubern.

Zeigt anderen Engelwesen, wie einfach es ist, das Leben zu genießen. Lehrt sie, von falschen Vorstellungen Abstand zu nehmen. Zeigt ihnen, wie einfach das Leben ist, wenn man sich von all den Dogmen befreit hat. Lehrt sie, geduldig ihre Begrenzungen aufzuheben. Das ist damit gemeint, wenn ich sage, tragt euer Licht in die Welt.

Fast könnte es schon kirchlich anmuten. Denn ich könnte auch sagen: „Verkündet die frohe Botschaft." Nämlich die Botschaft, dass jeder ein Engel ist und jeder von uns unbegrenzte Möglichkeiten hat. Aber das hätte für mich als fast ewige Nichtkirchenanhängerin einen fahlen Beigeschmack, und deswegen spreche ich lieber davon, euer Licht in die Welt zu tragen.

Habt tiefes Mitgefühl für alles und jeden und lehrt jedes Engelwesen die Freude am Leben.

Holt die Menschen aber bitte immer da ab, wo sie gerade stehen. Das heißt, ihr müsst tatsächlich so ein Einfühlungsvermögen entwickeln, dass ihr ganz genau wisst, wem ihr welche Ratschläge geben könnt. (Ratschläge geben soll jedoch nicht damit verwechselt werden, andere bekehren zu wollen.) Habt mit all denen eine Engelsgeduld, die euch nicht verstehen können. All das zusammengenommen heißt für mich: Das Licht in die Welt tragen.

Zeichen des erwachenden Bewusstseins

Wer den Ruf der Neuen Energie hört, das heißt, wer dem Erwachen seiner eigenen Göttlichkeit auf Seelenebene zustimmt, der wird feststellen, dass es nicht ohne Begleiterscheinungen abläuft.

Sagte ich schon, dass der Neue Weg kein einfacher ist? Lasst euch aber nicht davon einschüchtern, denn alles geht vorüber! Das ist gewiss.

Herzstörungen

Ein weit verbreitetes Phänomen sind Herzstörungen.

Von Herzstolpern – Flimmern – Aussetzern ist alles möglich, und nicht selten sind diese Störungen so massiv, dass (berechtigterweise) Panik aufsteigt. Bitte versteht, unser Körper muss sich erst an die Neue Energie anpassen, und allen Organen voran unser Herz. Es ist ja schließlich unser Lebensmotor. Diese Störung wird gerne unter den Tisch gekehrt, weil sonst die Gefahr besteht, dass niemand mehr Lust auf die Neue Energie hätte. Nun, da bin ich zu ehrlich, um diese Störung nicht anzusprechen.

Ihr könnt versuchen, diese Störungen wegzuatmen, aber meine Erfahrung (und zwar nicht nur meine) hat gezeigt, dass es leider nicht immer klappt. Manchmal hilft das bewusste Atmen, manchmal hilft es, mit seinem Körper zu sprechen, manchmal hilft Bewegung, aber all unsere schönen neuen Potenziale helfen eben (noch) nicht immer. Das Einzige, was euch in diesem Fall wirklich hilft, ist der Gang zum Arzt. Nur er kann euch die Sicherheit geben, ob ihr tatsächlich Herzprobleme habt. Wenn nicht, ist diese Störung wohl der Neuen Energie zuzuschreiben.

Ziehen und Schmerzen im Körper

Körperliche Symptome können auch Schmerzen oder Ziehen im Nacken, in den Schultern oder im Rücken sein.

Verwöhnt euch ganz besonders in dieser Zeit. Denn auf energetischer Ebene verändert sich eure DNA. Das kann auch gar nicht anders sein, denn ihr geht wieder zurück zu euren Wurzeln. Besser ausgedrückt, ihr entwickelt euch zu eurer Göttlichkeit zurück. Darum macht euch keine Sorgen, sondern fangt an, euren Körper zu verwöhnen. Gönnt euch liebevolle Massagen und alles andere, was euch dazu einfällt, damit ihr euch wohlfühlt.

Tiefe Traurigkeit

Das Nächste, was viele von euch feststellen werden, ist das Gefühl einer tiefen Traurigkeit, und zwar scheinbar grundlos.

Und doch ist sie berechtigt, denn auf energetischer Ebene lässt du deine gesamte Vergangenheit als Mensch los. Auf der einen Seite möchtest du in die Neue Energie hineinspringen, aber auf der anderen Seite bedeutet es, Abschied zu nehmen von allen Leben, die du jemals gelebt hast. Da du dieses Spiel von ganzem Herzen geliebt hast, verspürst du eine tiefe Traurigkeit, die ganz natürlich ist. Liebe Gewohnheiten loszulassen schmerzt immer. Aber – auch das geht vorüber!

Weinen ohne offensichtlichen Grund

Das Nächste, was dir passieren kann ist, dass du immer öfter ohne ersichtlichen Grund in Tränen ausbrichst. Das hängt mit dem Abschiednehmen zusammen, ist aber auch ganz oft ein Mittel, die Alte Energie aus dir herauszuschwemmen. Das wird ebenfalls vorübergehen.

Plötzlicher Wechsel in deinem Beruf

Ein weit verbreitetes Symptom ist ein plötzlicher Wechsel in deinem Beruf oder deiner Karriere. So, wie du dich in deinem Inneren veränderst, so spiegelt sich dies auch in deinem Außen wider. Mach dir keine Sorgen, früher oder später kommt der neue Beruf auf dich zu. Es kann sein, dass du in kürzester Zeit mehrmals den Job wechselst, aber das ist alles in Ordnung. Schließlich willst du ja etwas finden, was zu dir als neues Wesen passt.

Rückzug von familiären Bindungen

Im Zeichen der Neuen Energie wirst du das Gefühl bekommen, dich von deiner Familie und von deinen Freunden zu entfernen. Auf energetischer Ebene löst du nur die alten Bande. Daher kurzzeitig das Gefühl der Entfremdung. Auch das wird vorübergehen, denn du wirst eine neue Beziehung zu ihnen entwickeln.

Ungewöhnliche Schlafmuster

Zu den ungewöhnlichsten Begleiterscheinungen gehört wohl das neue Schlafmuster. Es kann nämlich sein, dass du in vielen Nächten immer zwischen 2:00 und 4:00 Uhr morgens aufwachst. Auf energetischer Ebene durchlebst du ein sogenanntes volles Programm. Das heißt, du hast so viel innere Arbeit zu tun, dass du zwischendurch aufwachst, um „Luft zu holen". Solltest du nicht mehr einschlafen können, steh auf. Das ist immer noch besser, als sich im Bett herumzuwälzen. Und – denk daran – auch das geht vorüber.

Intensive Träume

Zu den nächtlichen Schlafunterbrechungen gesellen sich intensive Träume. Gerade jetzt können eine Zeitlang ungewöhnlich viele Alpträume auftreten. Aber auch sie sind kein Grund zur Beunruhigung, sondern zeigen nur auf, dass du tatsächlich alte Energien in dir entlässt. Auch das legt sich wieder.

Physische Desorientiertheit

Manchmal wirst du dich ganz schön ungeerdet fühlen, was kein Wunder ist, schließlich bewegst du dich ja buchstäblich zwischen zwei Welten. Die alte Energie möchte entlassen werden, und die Neue Energie hereinkommen. Das führt zwangsläufig zu einem physischen Ungleichgewicht. Die beste Hilfe ist, viel Zeit in der Natur zu verbringen. Das wird dich stabilisieren.

Vermehrte Selbstgespräche

Immer öfter wirst du dich dabei ertappen, Selbstgespräche zu führen. Du bist keineswegs dabei, verrückt zu werden, sondern erklimmst nur eine neue Ebene der Kommunikation. Auf diese Weise findest du heraus, dass du selbst dir auf alle Fragen eine Antwort geben kannst. Deine Selbstgespräche sind also nur ein spielerischer Anfang, mit deinem GOTT in dir Kontakt aufzunehmen.

Gefühle von Einsamkeit, selbst wenn du dich in Gesellschaft anderer befindest

So, wie du vielleicht das Bedürfnis entwickeln kannst, dich von anderen Menschen zurückziehen zu wollen, so kann es aber auch sein, dass du dich in Gegenwart anderer total einsam fühlst. Wer den Weg der Neuen Energie gehen will, geht zunächst einmal auch einen einsamen Weg. Denn – noch verstehen die anderen nicht, in welcher Entwicklung du gerade steckst. Das ruft ein Gefühl der Einsamkeit hervor. Aber auch der Verlust deiner Geistigen Helfer löst in dir Einsamkeitsgefühle aus.

Kleiner Trost – auch das ist nur vorübergehend, da du diesen leer gewordenen Raum mit Liebe und Christusbewusstsein füllen wirst.

Verlust deiner Leidenschaften

Ebenso kann es sein, dass du dich eine Zeitlang völlig leidenschaftslos und antriebslos fühlen wirst. Also, dass du zu nichts, aber auch gar nichts mehr Lust hast. Das ist vollkommen in Ordnung! Ja, mach es dir selbst zum Geschenk, einmal NICHTS zu tun. Rede dir kein schlechtes Gewissen ein, sondern genieße deinen Müßiggang. Ähnlich wie ein Computer hast du dich heruntergefahren, damit du Zeit hast, eine neue Software aufzuspielen. Gönn dir die Zeit. Es lohnt sich.

Ein tiefer Wunsch, „nach Hause" zu gehen

Das ist womöglich das Schwierigste aller Symptome, und vielleicht auch die größte Herausforderung. Es kann nämlich sein, dass du den tiefen und überwältigenden Wunsch verspürst, nach Hause zu gehen. Das hat nichts mit Selbstmordabsichten zu tun und auch nichts mit Wut und Frustration. Es gibt einfach nur einen Teil in dir, der gerne nach Hause möchte. Kein Wunder. Du hast nämlich alle deine karmischen Zyklen vollendet. Und dein Vertrag für dieses Leben ist ebenfalls schon erfüllt.

Wenn du dich für die Neue Energie entscheidest, beginnst du in Wahrheit ein völlig neues Leben, während du gleichzeitig in deinem physischen Körper bleibst. Das weckt Erinnerungen in dir. Du weißt wieder, wie schön es auf der anderen Seite ist. Und das bringt dich in Zwiespalt.

Magst du wirklich noch freiwillig hierbleiben, jetzt, wo du es doch gar nicht mehr „nötig" hättest? Natürlich wirst du von der Geistigen Welt liebevoll aufgenommen. Und natürlich ist es ganz allein deine Entscheidung, zu gehen oder zu bleiben, aber mal ehrlich, jetzt bist du schon so weit gekommen, hast dich von allen alten Verstrickungen gelöst, hast deinen „Vertrag" erfüllt, und hast somit ganz klar die Chance, ein Licht für andere zu sein. Es wäre doch zu schade, wenn du jetzt an diesem Punkt aufgeben würdest. Du wirst gebraucht!

Die Geistige Welt und Spirit brauchen dich hier. In der Geistigen Welt (um es wieder einmal salopp auszudrücken) nutzt du niemandem. Du wirst **hier** gebraucht! Außerdem, wer denkt, dass er ruhig gehen kann, weil es ja ein Leichtes ist, schnell wieder zu inkarnieren, der irrt. Gerade weil wir uns im Aufstieg befinden, gerade weil Mutter Erde und ihre Bewohner gemeinsam in die Neue Energie gehen, ist der Andrang von Seelen, die genau DAS ebenfalls miterleben wollen, riesengroß. Das heißt, jeder, der Träger der Neuen Energie ist, wird lange, lange warten müssen, bis er wieder die Chance erhält, noch einmal auf Mutter Erde wandeln zu können, da er sich in der Schlange der Seelen, die es bis jetzt nicht geschafft haben, hinten anstellen muss. Auch hier gilt: Wer zuerst kommt, mahlt zuerst!

Tatsächlich haben schon tausende von Seelen eine Reise zu Mutter Erde gebucht. Das heißt, die Chancen für eine schnelle Wiederkehr sind daher im Moment denkbar ungünstig. Also überlegt euch bitte viermal, ob ihr tatsächlich nach Hause wollt, oder ob ihr nicht doch lieber noch ein Weilchen hier bleibt. Ihr braucht nämlich nicht mehr zu sterben, nur um wieder in eurer Heimat zu sein.

Je tiefer ihr in das Mysterium der Neuen Energie eintaucht, umso eher habt ihr Zugang zur Geistigen Welt. Ja, ihr werdet euch sogar hin und her bewegen können. Ganz wie ihr wollt. Also denkt gut darüber nach, ob ihr tatsächlich nach Hause wollt oder nicht. Wollt ihr nicht lieber den wunderbaren Kristallkindern, die jetzt hereinkommen, eine Chance geben? Sie brauchen Engelwesen wie euch. Denn nur ihr könnt sie erkennen. Nur ihr könnt sie verstehen, und nur ihr könnt sie begleiten und lehren, ihre Energien in dieser Welt richtig einzusetzen.

Ich sagte ja schon, dass die Geistige Welt oder die Quelle von uns lernt. Und so ist die Geistige Welt entzückt davon, was sich hier auf Mutter Erde gerade abspielt. Jeder will bei diesem großen Übergang dabei sein. Aber sie brauchen DICH! Sie brauchen Lehrer! Und dafür lohnt es sich doch hierzubleiben, oder?

Für all die auftauchenden Symptome gibt es übrigens ganz einfache Hilfsmittel: ATMEN und BEWEGUNG, vorzugsweise an der frischen Luft! Und bildet Gruppen, in denen ihr euch austauschen könnt. Auch das ist sehr, sehr hilfreich. Den Weg der Neuen Energie muss und sollte niemand alleine gehen.

Die Neuen Kinder

Ja, es gibt Neue Kinder. Wunderbare Kinder.

Wunderbar deswegen, weil sie schon alles mitbringen, was sie für die Neue Energie wissen müssen. Alles, was wir uns mühsam angeeignet haben, bringen diese Kinder schon mit. Das heißt, es kommt eine Generation herein, die das neue Bewusstsein schon in sich trägt.

Diese Kinder können zum Beispiel allein nur durch ihre Anwesenheit heilen. Wenn sie dich mit ihren Augen ansehen, wirst du spüren, dass sie deine gesamte Seelenessenz wahrnehmen können. Für sie wird es ganz normal sein, zwischen den Welten zu „springen". So, wie es für sie normal sein wird, Wunder zu vollbringen. Und sie werden dazu beitragen, dass die Neue Erde fertiggestellt werden kann. Es gibt sie nämlich schon, die Neue Erde auf der spirituellen Ebene. Viele von uns arbeiten in der Nacht zusammen mit anderen Engelwesen an ihrer Vollendung. Und viele von uns werden, nachdem wir uns von Mutter Erde verabschieden, gleich zur Neuen Erde gehen, weil sie mindestens so wunderbar zu werden verspricht wie die Geistige Welt.

Aber bleiben wir bei den Neuen Kindern, die jetzt schon Kristallkinder genannt werden und direkt aus dem Licht kommen. Sie tragen die Regenbogenfarben in sich, was nichts anderes bedeutet, als dass sie mit allen Fähigkeiten geboren werden, die wir uns hier gerade versuchen zurückzuerobern.

Es sind sanfte Kinder. Damit meine ich, dass ihre Grundschwingung eine sanfte ist und diese Kinder mit dem Herzen sehen. Im Moment studieren sie uns und unsere Entwicklung. Sie bringen alle unsere vergessenen Fähigkeiten mit und lehren später andere, was alles möglich ist.

Sie brauchen unsere ganz besondere Zuwendung. Denn genau wie die Indigokinder werden sie anfangs auch nur von spirituellen Eltern verstanden. Sie brauchen uns, die wir auf den Weg in die Neue Energie sind, damit sie nicht an ihrer Mission verzweifeln. Wir helfen ihnen in den ersten Jahren, ihren Fähigkeiten zu vertrauen, denn anfangs werden sie sich in einer Welt behaupten müssen, die sie nicht verstehen wird. (Ich sagte ja schon, ich müsste ein ganzes Buch über das Zusammenleben mit unseren Kindern schreiben, und wer weiß, vielleicht tue ich das auch.) Schaut in die Augen eurer Kinder, und ihr werdet SEHEN, dass sie etwas Besonderes sind.

Liebt sie aus ganzen Herzen, lernt, was ihr von ihnen lernen könnt, und seid dankbar, ein Kristallkind in eurem Heim zu haben. Lasst sie so, wie sie sind, verbiegt sie nicht mit altmodischen Erziehungsmethoden und redet ihnen um Himmels Willen nicht ihre angeborene Spiritualität aus. Sie sind Träger der Liebe und des Lichts. Sie sind es, die unsere restlichen, noch schlafenden Engelwesen hier auf der Erde wachküssen werden. Und zwar allein, indem sie ihnen vorleben, was möglich ist.

Begleitet sie liebevoll, denn sie werden tatsächlich Probleme haben, sich der schweren Energie der Erde anzupassen.

Das Potenzial für die Kristallkinder war schon lange zu sehen und ist nur fälschlicherweise oft auch den Indigokindern zugeordnet worden. Darum hier eine Bitte an alle Seher, Medien und Channels dieser Welt: „Nehmt nicht einfach alles, was sich euch zeigt, auf, sondern hinterfragt die Dinge sehr genau!"

Potenziale zu sehen bedeutet nicht, dass sie auch so eintreffen, wie ihr sie seht. Manchmal fehlt der richtige Zusammenhang, und manchmal bedeutet es nicht einmal, dass das Gesehene auch eintreffen muss. Ihr seht oft nur einen kleinen Ausschnitt von hunderten von Möglichkeiten (Potenzialen). Ihr habt also Recht, und auch wieder nicht. Nicht umsonst sage ich meinen Klienten immer, dass ich nur Tendenzen des Möglichen sehe, nichts aber davon eintreffen muss.

Und hier sind wir wieder bei den Potenzialen, die euch umgeben. Ihr könnt zu hundert verschiedenen Wahrsagern gehen, und ihr werdet hundert abweichende Antworten auf eure Fragen bekommen. Heißt das nun, dass alle Wahrsager dieser Welt nichts taugen? Natürlich nicht! Sondern jedes Medium greift nur auf das Potenzial, das es erreichen kann. Das ist die simple Erklärung für die vielen unterschiedlichen Antworten.

Ihr habt so unendlich viele Potenziale um euch herum, und sie alle stehen zu eurer Verfügung. Das heißt, ihr könnt sie für euch nutzen, oder auch nicht. Je nachdem, was euch ein Medium oder ein Wahrsager vermittelt, könnt ihr das Gesagte annehmen, oder auch nicht. Eure innere Stimme sagt euch schon, was der richtige Schritt für euch ist. Also macht es auch wenig Sinn, über Kartenleger zu schimpfen, die scheinbar völlig danebengelegen haben.

Dennoch möchte ich euch bitten, Abstand von all den Astrologen und Kartenlegern zu nehmen, die ihre Dienste per Telefon oder per Fernseher anbieten. Sicher ist es möglich, über Telefon und Fernseher Kontakt herzustellen, aber dennoch sind gerade in diesem Metier sehr oft keineswegs echte oder seriöse Wahrsager zu finden (natürlich gibt es auch auf diesem Sektor rühmliche Ausnahmen). Aber in der Regel gehen seriöse Wahrsager nicht ins Fernsehen, wie sie überhaupt die breite Öffentlichkeit scheuen. Aber bitte, spürt selbst hinein. Wenn ihr zu viel Geld habt... Jeder wie er mag. Ich kann und will hier nur Ratschläge geben.

Heißen wir also die Neuen Kinder willkommen. Gebt ihnen ein warmes Zuhause. Ein Zuhause, wo Liebe, Respekt, Freude am Leben, Spiritualität und Zuwendung normal sind. Lehrt sie, dass es normal ist, spirituelle Fähigkeiten zu haben. Je nach Umfeld schützt sie aber auch. Das heißt, sagt ihnen, dass andere Kinder vielleicht anders sind als sie und sie deswegen nicht verstehen können. Also lehrt sie auch, sich in der „rauen Wirklichkeit" zurechtzufinden. Dafür braucht ihr unendliches Fingerspitzengefühl. Denn wie alle Kinder möchten auch Kristallkinder dazu gehören. Behandelt sie also ganz normal.

Vereinzelt gibt es übrigens schon Kristallkinder, und ich durfte auch schon eines kennenlernen. Das Kind konnte Aura sehen und war auch sonst sehr begabt darin,

Dinge zu sehen, die andere nicht wahrnehmen konnten. Für mich war sofort klar, dass ich es mit einem Kristallkind zu tun hatte. Für die Mutter auch. Aber anstatt ihr Kind einfach nur zu lieben und es unbeschwert Kind sein zu lassen, verfiel sie darin, ihr Kind als etwas Besonderes zu behandeln. Und so schleppte sie das Kind von einem Therapeuten zum nächsten...

Und genau das wollen diese Kinder nicht. In ihrer natürlichen Bescheidenheit wollen sie keine Extrabehandlung. Sie wollen einfach nur Kind sein. Ihre Kindheit gestaltet sich schon schwer genug, weil sie anders sind als andere. Da müssen wir ihnen nicht noch unnötig das Leben erschweren.

Unterstützt sie, wo ihr könnt, aber haltet sie von Psychologen und anderen Therapeuten fern. Beschert ihnen also keine unnötigen Dramen. „Haltet" sie einfach.

Keine Dramen mehr

Im Zeichen der Neuen Energie verabschiedet sich so nach und nach auch das Drama. Was sind nun aber Dramen? Ein Drama ist zum Beispiel, dass so viele Menschen den Sinn des Lebens nicht erkennen. Noch dramatischer ist es, dass auf Grund dessen so viel Kummer und Leid geschieht. Ebenfalls ein Drama ist es, nicht zu wissen, dass man selbst der Meister seines Lebens ist und diese Unwissenheit zu allerlei unschönen Erfahrungen führt. Ganz zu schweigen von den Dramen der Welt, die da heißen: Terrorismus, Gewalt, Missbrauch, Armut, Sklaverei, Krieg usw.

Und zu guter Letzt rede ich hier natürlich auch von all den zwischenmenschlichen Dramen. Sei es, dass sich ganze Familien wegen einer Erbschaft verfeinden oder wunderbare Freundschaften oftmals wegen Nichtigkeiten auseinandergehen. Wohin mein Auge blickt, überall nur Dramen. All diese Dramen bestimmen unser Leben. Ja, manchmal denke ich, dass es der Menschheit ohne Dramen wohl zu langweilig würde...

Nein, Spaß beiseite. Dramen begleiten uns nur, weil wir bis jetzt keine Ahnung davon hatten, dass wir selbst sie in unser Leben gerufen haben. Aber das wird jetzt anders. Und ich kann wieder nur sagen: GOTT sei DANK!

Mit unserem neuen Bewusstsein werden die Dramen aus unserem Leben verschwinden. Und das ist versprochen! Ihr werdet nämlich in Zukunft recht schnell erspüren, wo eure Anteilnahme, euer Einsatz und eure Hilfe benötigt werden. Mit Hilfe der kleinen imaginären Mauer werdet ihr immer den nötigen Abstand zu allen Ereignissen haben.

Wer kennt sie nicht, die Menschen, die mit ihren immer gleichen Problemen zu uns kommen? Wie Moskitos umschwirren sie uns und tauchen immer dann auf, wenn es uns so gar nicht passt. Hat nicht jeder von uns so einen Moskito um sich herumschwirren? Mit immer dem gleichen Gesumme? Manche von uns beschäftigen sich über Jahre so mit den Problemen anderer. Aber mal ehrlich, haben eure Ratschläge oder hat euer Einsatz irgendetwas verändert? Nein? Das kann es auch gar nicht. Genau wie Moskitos umschwirren euch diese Menschen, summen euch die Ohren voll und zapfen fleißig von eurer Energie ab. Sie wollen gar keine Hilfe. Sie wollen nur eure kostbare Energie. Was macht man in der Regel, wenn man von einem Moskito belästigt wird? Genau – wir klatschen drauf...

Nun möchte ich hier natürlich nicht dazu ermuntern, den menschlichen Moskitos eins zu klatschen – nein, ganz bestimmt nicht – aber mein Rat ist es, sie abzuwimmeln. Wenn ihr in Zukunft Menschen in eurem Umfeld habt, die euch immer nur ihr Leid klagen, aber im Gegenzug dazu nicht einen Ratschlag von euch annehmen, so schickt sie in die Wüste. Das hat nichts mit Härte zu tun, sondern mit Selbstschutz. Ihr seid das Wichtigste in eurem Leben. Und ihr müsst zusehen, dass es euch gut geht.

Menschliche Moskitos saugen euch eure gesamte Energie ab. Während sie satt und zufrieden nach Hause gehen, seid ihr total ausgelaugt. Kein Wunder, eure schöne Energie hat euch euer Moskito abgezapft. Schluss damit. Denn das ist für euch ein Drama. Erkennt, dass diese Menschen gar keine Hilfe wollen, sondern in den meisten Fällen nur eure Energie. Nicht nur, dass sie eure Energie anzapfen, nein, sie halten euch auch immer wieder von eurem Leben ab. Getreu dem Motto der Neuen Energie kann ich nur wiederholen: Haltet sie einfach! Sobald ihr erkennt, einen Moskito in eurem Umfeld zu haben, verdrückt euch. Lasst eure Türen zu. So einfach ist das. Und schon habt ihr ein Drama weniger in eurem Leben.

Die Neue Energie beschert uns eine wunderbare Einfachheit. Aber auch die dazugehörige Klarheit zu unterscheiden. Ihr werdet immer wissen, wann ein Mensch tatsächlich eure Hilfe benötigt und wann nicht. Und ihr werdet einfache Lösungen für alles finden. Die Zeit der schweren Gänge ist vorbei. Ihr könnt mit allem, was euch begegnet, leicht und locker umgehen, sofern ihr diesen Weg wählen wollt. Natürlich könnt ihr euch immer noch für ein Drama entscheiden, aber da muss ich die Frage stellen: WOZU?

Warum noch das Drama Krankheit wählen, wenn es auch ohne sie geht. Denkt daran, auch wenn ihr krank seid, so liegt das Potenzial der Gesundheit direkt daneben. Und ihr könnt darauf zugreifen. Ihr könnt es zu euch herunterladen. Ihr müsst nicht mehr durch das Krankheitsdrama gehen. Es sei denn, ihr wollt es.

Keine Dramen mehr in seinem Leben zu haben bedeutet, dass sich das Leben in Zukunft auf das Wesentliche beschränkt. Nämlich allein auf dich! Du bist tatsächlich der Mittelpunkt der Welt. Du – nicht die anderen.

Es geht im Leben nur darum, dass du es dir so schön wie möglich machst, um dich selbst zu erkennen.

Während wir alle in der Alten Energie dazu aufgefordert wurden, uns dem Außen, und damit den anderen, zuzuwenden, schwingt dieses Pendel nun zurück. Nun geht die Reise nach innen. Zu dir. Und du wirst Unglaubliches entdecken. Nämlich dich in deiner ganzen göttlichen Schönheit. Je mehr du in deine Tiefen abtauchst, umso höher wirst du schwingen. Auch das scheint wieder einmal ein Paradoxon zu sein. Aber daran haben wir uns ja schon gewöhnt.

Sich also weiterhin mit all den Dramen ringsherum zu beschäftigen, ist überhaupt nicht ratsam. Versteht, dass all die Dramen um euch herum, aber auch eure eigenen Dramen, reine Ablenkungsmanöver sind. Wer im Außen beschäftig ist, hat logischerweise keine Zeit mehr, die Reise nach innen anzutreten. Diese bei jedem immer wieder auftretenden Gefühle, etwas Wichtiges im Leben versäumt zu haben, rühren allein daher.

Eure Seele weiß ganz genau, dass eure Art zu leben nicht die richtige ist. Daher dieses immer wieder wehmütige Raunen: „Sag, war da nicht noch mehr? Und wolltest du dich nicht auch selbst entdecken?" Genau, darum geht es nämlich jetzt. In der Neuen Energie dürfen wir uns endlich selbst entdecken. Und das geht nur, indem ihr euch aus dem Karussell des kollektiven Lebens zurückzieht. Lasst die anderen andere sein und wendet euch euch selbst zu. Vermeidet es, euch in die Dramen anderer reinziehen zu lassen und vermeidet in Zukunft eigene Dramen. Denn ihr braucht all eure Energie für euch selbst. Die Reise in euer Innerstes erfordert eure ganze Aufmerksamkeit. Findet heraus, wer ihr in Wahrheit seid.

Ihr habt einen Körper, aber ihr seid nicht der Körper.

Ihr habt einen Namen, aber ihr seid nicht dieser Name.

Ihr habt eure Angewohnheiten, aber ihr seid sie nicht.

Ihr habt alle ganz bestimmte Charaktereigenschaften, aber ihr seid sie nicht.

Jeder von euch hat sein eigenes Sternzeichen, aber ihr seid es nicht.

Genauso wenig wie ihr Geld sein könnt, wenn ihr welches habt.

Ihr habt alle diese Dinge nur zur Verfügung, aber ihr seid sie nicht. Diese Erkenntnis ist revolutionär. Alles, von dem ihr jemals dachtet, dass es euch ausmacht, hat in Wahrheit nicht viel mit euch zu tun.

Ihr denkt zum Beispiel, dass ihr sehr hilfsbereit seid... Nun, das stimmt so nicht, denn ihr lebt nur einen winzig kleinen Aspekt von dem, wer ihr in Wahrheit seid.

Ihr mögt eure angeblich schlechten Eigenschaften nicht an euch? Nun, auch hier kann ich euch sagen, ihr seid sie nicht. Sie sind kein Teil von euch. Sie sind nur Aspekte, die ihr je nach Wahl ausleben könt oder nicht.

Kommt aus dem Drama des Bewertens heraus. Macht euch nicht selbst nieder, wenn ihr entdeckt, auch garstig sein zu können. Aber sonnt euch auch nicht mehr in euren sogenannten positiven Eigenschaften. All das sind nur Illusionen. Sie wurden geschaffen, damit ihr auf Mutter Erde existieren könt. Damit ihr lernt, euch zu erfahren. Denkt an den Vergleich, den ich auf früheren Seiten schon ansprach.

Ihr seid lediglich in eine Rolle geschlüpft. Ihr spielt den Warmherzigen oder den Bösen. Aber ihr seid es nicht. In eurer reinen Essenz seid ihr Auch-GOTT. Und das ist nicht zu vergleichen mit der menschlichen Existenz.

Im Zeitalter der Neuen Energie geht es allein darum, das GÖTTLICHE Prinzip auf die Erde zu holen oder, anders ausgedrückt, den in jedem Menschen liegenden GOTTESFUNKEN zu entfachen. Wir als die Kuriere GOTTES, die wir so viel für IHN entdeckt und ausgelebt haben, bekommen nun das Geschenk, uns als Engel in menschlicher Gestalt erfahren zu dürfen. In Zukunft ist es vorbei mit dem Dreiklang: Körper, Seele und Geist. In der Zukunft heißt es: Körper, Seele, Geist und GOTT.

Wir haben nun also einen Vierklang. Kein Wunder, wir verabschieden uns ja auch von der Dritten Dimension, nicht wahr? Die Zahl Vier bedeutet Ausdehnung. Und wir werden uns ausdehnen. Diese Zahl schafft das Potenzial der Unendlichkeit und damit selbstverständlich auch unendliche Fähigkeiten. Warum also noch unsere Zeit mit unnötigen Dramen vertrödeln?

Erinnert euch daran, wenn ihr bemerkt, dass andere ihre Dramen spielen oder ihr selbst in solche hineinschlittern wollt. Alles ist nur getürkt. Nichts davon ist in Wahrheit real. Und wenn es sich noch so dramatisch anhört.

Natürlich ist es stellenweise unmöglich, dieses allseits beliebte Spiel von heute auf morgen abzustellen. Schon alleine, weil viele noch schlafende Engel dich nicht verstehen würden. Man stelle sich vor, da kommt ein Häufchen Elend zu dir, klagt dir sein Leid, und du grinst nur und sagst: „Ätschi bätsch, alles, was du gerade durchmachst, ist nur Einbildung..." Nein, das geht gar nicht. Habt tiefes Mitgefühl für alle diejenigen, die an ihren Dramen festhalten wollen. Denkt immer daran, dass auch für euch tausende von Leben lang das Drama ein ständiger Begleiter war.

Seid ihnen also eine Stütze, aber lasst euch nicht mehr mit hineinziehen! Ihr werdet für jeden, der zu euch kommt, die richtigen Worte finden, aber auch die passende Lösung. Sie wird euch zufallen, und zwar ohne dass ihr in das Drama hineingeht!

Da wir mit Hilfe der Neuen Energie in ein völlig anderes Schwingungsmuster hineinkommen, als wir dies noch mit der Zahl Drei hatten, bewegen wir uns mit der Zahl Vier in die Quantenphysik hinein. Das bedeutet schlichtweg, dass jeder von uns tatsächlich in Zukunft wunderbare Quantensprünge machen wird. Natürlich immer nur unter der Voraussetzung, man ist gewillt, mit der Neuen Energie mitzugehen.

Nach wie vor bleibt auch das alte System, also die Dualität, bestehen. Es kann auch gar nicht anders sein, da das Bewusstsein bei vielen Engelwesen noch schläft. Damit diese Wesen nicht vollends verschlafen, hilft Mutter Erde ebenfalls mit, diesen Quantensprung zu vollziehen.

Mutter Erde ist genau wie wir ein wunderbares gigantisches Wesen. Über Jahrtausende hat sie unser Blut, unseren Schweiß und unsere Tränen in sich aufgenommen. Sie hat uns ernährt und Halt gegeben. Auch sie ist es mittlerweile müde, das alte Spiel mitzumachen. Sie reinigt sich davon auf ihre Weise, und sie tut das mit Hilfe der vier Elemente: Feuer, Erde, Wasser, Luft. Erdbeben, Stürme, Überschwemmungen und Feuersbrünste sind Zeichen dafür, dass Mutter Erde sich von all diesem Ballast befreit.

In unseren Augen spielen sich natürlich Dramen ab, aber versteht, dass es keine sind. Es hat auch nichts damit zu tun, dass unsere Umwelt angeblich so verpestet sein soll und Mutter Natur sich nun an uns rächt. Sorry, aber warum sollte sie dies tun? Welche Mutter rächt sich schon an ihrem Kind? Wir sind heute nicht mehr verpestet, als wir es vor hundert Jahren schon waren. Und Mutter Erde weiß sehr wohl, wie sie sich von all den Schadstoffen befreien kann. Immer schon hat es sogenannte Naturkatastrophen gegeben. Und diese erfüllen nichts anderes als den Zweck, Mutter Erde zu reinigen. Und wenn ich euch erzähle, dass die Menschheit schon mehr als einmal an dem heutigen Punkt gestanden hat, wird deutlich, dass Mutter Erde die Letzte ist, die sich an ihren Kindern rächen will. Sie hat nur ihre eigenen Methoden, sich von alten Schwingungen zu befreien.

Lasst euch also keinen Bären aufbinden. Denn auch mit der Umwelt wird nur an euch verdient (Klimaschutz muss her, das heißt CO2-Steuer, Umweltcent auf die Lohnsteuer und Autobahnmaut für Pkw).

Anstatt euch Angst um die Umwelt einreden zu lassen, solltet ihr lieber genau hingesehen. Denn mit eurer Angst verdienen die Angstmacher Milliarden! Sicher ist es nicht von der Hand zu weisen, dass sich gravierende Veränderungen anbahnen. Unsere Ozeane sind gnadenlos überfischt, unsere Tiere (die, die wir essen) überzüchtet, der Boden überdüngt usw., aber ist dies wirklich ein Grund, in Panik zu verfallen? Könnte es nicht viel eher ein Zeichen für einen großartigen Wandel sein?

Wenn es keine Fische mehr gibt, können wir sie auch nicht mehr essen. Ebenso verhält es sich mit unserem Schlachtvieh. Irgendwann wird es nämlich nicht mehr genug Futter für alle geben. Weder für die Tiere noch für den Menschen. Auch daraus braucht kein Drama gemacht zu werden. Ganz bestimmt nicht. Wir Engelwesen sind nämlich nicht dazu bestimmt, weiterhin Fisch oder Fleisch zu essen. Das waren wir übrigens noch nie. Unsere Nahrung war Obst, Gemüse, Korn und Nüsse. So war es im Ursprung gedacht. Aber irgendjemand muss irgendwann die Bibel falsch verstanden haben. Von wegen: „Macht euch die Tiere untertan..." Ungeachtet der zehn Gebote, wo mehr als eins mit der universellen Gesetzmäßigkeit übereinstimmt, deswegen zitiere ich eins hier, in dem es ganz klar heißt: „DU sollst nicht töten", werden Tiere ermordet, um sie zu verspeisen. Wieso regen sich die Kirchenfürsten eigentlich nicht darüber auf? Sie sind doch sonst immer so schnell bei der Hand, die Bibel zu zitieren. Ach so? Weil sie selbst keine Kostverächter sind? Verstehe...

Aber gut, unter dem Aspekt, dass alles erfahren werden sollte und wollte, ist es in Ordnung gewesen, auch diese Erfahrung zu machen. Wobei die Betonung auf GEWESEN liegt! Als zukünftige Engelwesen können wir gut auf diese Art der Ernährung verzichten.

Wir brauchen keine Tiere mehr zu töten, um uns am Leben zu erhalten. Einige Tierarten sind sowieso nur hier inkarniert, um die Energie zu halten. Da wir Menschen aber jetzt in die Neue Enerige gehen, werden sich einige Tierarten verabschieden, also aussterben, und andere werden kommen. Das regelt sich von alleine und wäre für mich persönlich überhaupt kein Drama, sondern ein klares Zeichen dafür, dass wir tatsächlich einem Wandel unterliegen.

Abgesehen davon, dass wir aufhören sollten, Tiere qualvoll zu mästen, bis hin zu der wirklich unwürdigen und bedauernswerten Haltung vieler Tiere und ihrem noch tragischeren Ende kann es gar nicht anders sein, als dass sich auch hier ein Bewusstseinswandel vollzieht. Kein Mensch, und Engelwesen schon mal gar nicht, benötigt zum Überleben Fisch oder Fleisch. Das gehört zur Alten Energie. In der Neuen Energie werden wir uns von Licht und Farben „ernähren". Und das ist für mich überhaupt keine Frage, da wir alle Lichtwesen sind. Je mehr unser Bewusstsein ansteigt, umso mehr wird sich unser Widerwille gegen Fleisch oder Fisch regen.

All denjenigen unter euch, die sich nun fragen, ob ich nicht doch eher in eine Klapsmühle gehöre, sei gesagt, dass ich selbstverständlich das Potenzial der Lichtnahrung ausprobiert habe. Und zwar schon in den neunziger Jahren. Als Löwin, die alles selbst ausprobieren muss, bevor sie ihr Wissen mit anderen teilt, habe ich natürlich auch dieses Potenzial ausprobiert! Über drei Monate lang habe ich nichts anderes als Wasser, Säfte und Tee zu mir genommen und, nebenbei bemerkt, kein Gramm abgenommen. Mehrmals am Tag habe ich mich in die Natur gestellt, meine Hände gen Himmel gestreckt und um „Nahrung" gebeten. Und jedes Mal war ein starkes warmes Kribbeln zu spüren, und ich merkte, wie ich mit Energie versorgt wurde.

Hätte ich damals nicht meinen heutigen Mann kennengelernt, seines Zeichens Meisterkoch, so würde ich höchstwahrscheinlich auch heute noch reine Lichtnahrung zu mir nehmen. Da er aber darauf bestand, mich auch kulinarisch zu verwöhnen, habe ich mir Schritt für Schritt das Essen wieder angewöhnt. Und ich muss sagen, es hat sich gelohnt. Was wäre mir sonst alles an Leckereien entgangen...

Da ich schon immer in vielen Dingen meiner Zeit voraus war, weiß ich heute, was in Zukunft möglich sein wird. Es ist also keineswegs ein Drama, wenn unsere Tiere sich von uns verabschieden. Aber keine Sorge, und das gilt für alle, die mit Genuss und gerne Fleisch essen: Es wird noch einige Jährchen dauern. Bis dahin ehrt die Tiere, bedankt euch bei ihnen, dass sie euch zur Verfügung stehen, und schon allein damit habt ihr die Energie umgewandelt.

Es wäre auch kein Drama, wenn unsere Felder nichts mehr hergeben würden. Aber bevor das passiert, wird ebenfalls noch einige Zeit ins Land gehen. Verabschiedet euch also von jeglichem Drama-Denken. Nichts, was euch oder anderen geschieht, ist tatsächlich ein Drama. Alles hat seinen Sinn.

So, wie ihr sicherlich schon oft im Laufe eures Lebens Jahre später festgestellt habt, dass euer größtes Unglück in Wahrheit ein Segen für euch war, so dürft ihr getrost anfangen, in jedem Drama den dahinter verborgenen Segen zu erkennen. Und ihr werdet sehen, jedes Drama verliert so seinen Schrecken. Das kann auch gar nicht anders sein, denn die Welt und die Menschheit befinden sich auf dem Weg zum Quantensprung. Das bedeutet schlicht und ergreifend, dass alle alten Vorstellungen und Ansichten langsam verblassen und keine Gültigkeit mehr haben werden angesichts der vielen neuen Möglichkeiten, die uns die Zukunft bringt.

Bist du bereit für diesen Sprung?

Der Quantensprung

Bis heute fragen sich Wissenschafter, Okkultisten, Mystiker, Spiritisten aber auch Otto Normalverbraucher, wieso der Mayakalender 2012 schlagartig aufhört. Nun, diese Kultur wusste natürlich um die Entwicklung der engelmenschlichen Geschichte. Und ihren Berechnungen zufolge würde die Menschheit bis zum Jahre 2012 aus ihrem Dornröschenschlaf erwacht sein und sich wieder mit SPIRIT verbunden haben. Dem kann ich nur zustimmen. Denn so stand es geschrieben. Nicht nur, dass jedes Engelwesen seine eigenen Lebensbücher hat und seine Entwicklung mehr oder weniger festlegt, nein, auch die Kollektivseele der Menschheit hat ihr eigenes Lebensbuch. Und so stand geschrieben, dass wir alle bis zum Jahre 2012 den Sprung in die nächste Dimension wagen wollten.

Es ist nicht das erste Mal in unserem Erdendasein, dass wir versuchen, diesen Sprung auch hinzubekommen. In Wahrheit hatten wir schon mehr als einmal die Gelegenheit dazu, sie aber immer wieder verstreichen lassen oder sie ins Gegenteil umgekehrt. All das ist vollkommen in Ordnung, und es gibt keinen Grund, uns selbst dafür zu verachten. Es war eben unser Wille, noch ein bisschen auf die alte Art und Weise auf Mutter Erde herumzuspielen.

Alle großen Kulturen, die scheinbar spurlos von der Erde verschwunden sind, haben nichts anderes getan, als den Quantensprung ohne uns zu vollziehen. Inkas, Mayas, Atlanter, die Priesterinnen und Druiden von Avalon, Camelot und wie sie alle heißen sind uns also nur vorausgeeilt. Das lag einzig an ihrem hohen Bewusstsein. Sie waren, wenn wir so wollen, unserer Zeit weit voraus und existieren auch heute noch. Nur in anderen Dimensionen. Es gibt sie also noch, die edlen Ritter von Camelot... So, wie es auch Atlantis, Lemurien und Avalon noch gibt.

Alle ausgelöschten Kulturen existieren also weiterhin. Und so brauchen wir keine Angst davor zu haben, mit einem Schlag ausgelöscht zu werden. Das wird nicht passieren. Wir wechseln nur die Dimension.

Nun könnte so manch einer auf die Idee kommen, dass wir mit der Neuen Energie einem Weltuntergang entgegengehen könnten. Schließlich gibt es nun mal in allen alten Schriften mehr als nur einen Hinweis auf solch ein Ereignis. Vorab sei gesagt, dass die Theorie des Weltuntergangs für sich genommen schon ein Widerspruch ist. Wohin sollte Mutter Erde denn UNTERgehen können? Zu glauben, dass Mutter Erde untergehen könnte, ist also ein Widerspruch in sich. Wir wissen alle, wie unser Weltraum beschaffen ist, weiterhin von Weltuntergang zu sprechen entbehrt also jeder Realität. Vielmehr ist hier – wie immer – etwas völlig falsch interpretiert worden. Mit Weltuntergang war immer gemeint, dass jedes Mal, wenn Mutter Erde und die Menschheit die Chance hatten aufzusteigen (so wie jetzt auch wieder), sie stattdessen aus dem Licht wieder in die Dunkelheit gefallen sind.

Ich erwähnte ja schon, dass wir mehr als einmal die gleiche Chance hatten wie heute, sie aber nicht genutzt haben. Sich dem Licht entgegenzustrecken bedeutet Aufstieg. Sich vom Licht abzuwenden bedingt logischerweise den Abstieg und damit den „Untergang". Also, keine Sorge, Mutter Erde wird so, wie wir den Weltuntergang verstehen, niemals untergehen. Es sei denn, ein nervöser Politiker drückt aufs falsche Knöpfchen, aber dann dürfte sie eher explodieren...

Findet ihr nicht auch, dass Politiker, was das betrifft, viel zu gefährlich für uns alle sind? Schon allein deswegen sollten die Politiker abgeschafft werden. Mutter Erde jedenfalls kann allenfalls noch ein paar Milliarden Jährchen darauf warten, bis sie erneut die Chance erhält aufzusteigen. So, wie sie es immer getan hat. Aber sie wird nicht untergehen. Sie mag eine Zeit lang in Eis erstarren oder ein großes Hitzefeld sein, aber untergehen? Nein.

Aber was sie kann ist, mit all ihrer Fracht, also mit uns, scheinbar zu verschwinden. Gäbe es einen Nachbarplaneten, mit dem wir im ständigen Kontakt wären, könnte dieser feststellen, dass wir uns scheinbar auflösen. Und so ähnlich könnt ihr euch den bevorstehenden Quantensprung vorstellen. Unsere materielle Dichte ist im Begriff, sich aufzulösen, so dass Mutter Erde für andere nicht mehr sichtbar sein wird. Und dennoch existiert sie weiterhin.

Wir lösen uns nicht auf. Keine Bange. Wir wechseln nur die Dimensionen, weil wir in ein neues Schwingungsfeld eintreten. Euer Bewusstsein, eure Spiritualität, eure Suche nach der Wahrheit, eure Hartnäckigkeit und eure Sehnsucht nach SPIRIT haben das möglich gemacht.

Wissenschaftler beobachten schon seit einiger Zeit, dass sich das Magnetfeld der Erde verschiebt. All diejenigen, die schon von der wunderbaren Wesenheit Kryon gehört haben, wissen, dass er vom Magnetischen Dienst ist und seine Arbeit am Magnetfeld der Erde beendet hat. Nicht nur wir Engelwesen bereiten uns auf den Aufstieg vor, nein, auch die Geistige Welt. Wir bekommen tatkräftige Unterstützung von ihr. Die Vorbereitungen zum Aufstieg sind also abgeschlossen, und folgerichtig brauchen wir nicht mehr bis zum Jahr 2012 warten.

Und nun kommt sie, die ungeschminkte Wahrheit:

Wenn du diese Zeilen liest, hat sich der Aufstieg schon vollzogen.

Die Geistige Welt hat für dieses Ereignis ein neues Datum herausgegeben, nämlich den 18. September 2007. Oh, du hast gar nichts davon gemerkt? Habe ich nicht versprochen, dass es keinen Weltuntergang geben wird? Nun magst du etwas erstaunt aus der Wäsche schauen und dich leise fragen, wieso du von diesem Ereignis nichts mitbekommen hast? Tja, liebes Engelwesen, es ist ähnlich wie mit deiner Meisterschaft. Auch diese hast du schon längst in deiner Engeltasche...

Nein, verstehe, dass du ein multidimensionales Wesen bist. Das bedeutet, du bist gleichzeitig an mehreren Stellen. Hier auf Mutter Erde spielst du Mensch. Gleichzeitig bist du aber auch in den Geistigen Welten zu Hause.

Es ist nicht mehr so, dass wir nur nachts zu unserer Heimat zurückkehren, nein, inzwischen sind viele von uns auch tagsüber in der Geistigen Welt. Das erklärt auch, warum so viele von euch sich so erschöpft fühlen. Denn die meisten von euch arbeiten im Moment zusammen mit den Geistigen Wesenheiten am Aufstieg. Und natürlich macht es große Freude, sich auf der Neuen Erde aufzuhalten. Das Problem ist nur, dass ihr es noch nicht bewusst wahrnehmen könnt. Aber das kommt noch. Auch das ist versprochen. Jedenfalls ist dies die simple Erklärung dafür, dass ihr von dem großen Quantensprung nicht viel oder sogar gar nichts mitbekommen habt. Aber dennoch wird sich einiges ändern. Seid achtsam und achtet auf die Kleinigkeiten.

Wundert euch nicht, wenn ihr immer öfter das Gefühl habt, neben euch zu stehen. Es hat etwas mit der Veränderung eurer Struktur zu tun. Die Grenzen zwischen Diesseits und Jenseits heben sich langsam auf. Ich kann euch nur raten, euch so oft wie möglich zu erden. Atmet euch regelrecht in Mutter Erde hinein oder stellt euch vor, ein Baum mit starken Wurzeln zu sein, die tief in die Erde reichen.

Wundert euch auch nicht, wenn ihr plötzlich Gedanken lesen könnt oder euch Lösungen für Probleme aus heiterem Himmel zufallen. Und vor allen Dingen wundert euch nicht über eure neue Kreativität. Ihr werdet wunderbare Ideen aus der Geistigen Welt auf die Erde bringen. Wunderbare Ideen für ein besseres Leben und zum Wohle aller Engelwesen.

Schon heute wird zum Beispiel mit Hilfe der Geistigen Welt, allen voran Nicola Tesla, an der Erfindung neuer Energien gearbeitet. Tesla war zu Lebzeiten ein Genie. Seine Experimente mit Energie waren so bahnbrechend, dass man ihm keine Chance gab. Tesla hatte unter anderem herausgefunden, wie die Menschheit kostenlos zu Strom kommen konnte, noch dazu umweltfreundlich. Das passte nicht in eine Welt, die auch damals schon in erster Linie Geld verdienen wollte... Aber jetzt ist die Zeit reif und Tesla arbeitet wieder mit einigen unserer Wissenschaftler. Wir dürfen also gespannt sein.

Ausgestattet mit all unseren Fähigkeiten, die uns nach dem Quantensprung buchstäblich in den Schoß fallen werden, können wir tatsächlich auch auf der materiellen Ebene eine Neue Erde schaffen. Und dennoch, machen wir uns nichts vor: Ein großer Teil der Engelwesen schläft immer noch. Und nicht alle wollen, oder besser gesagt, wollten bei diesem Ereignis dabei sein. Viele verabschieden sich vorzeitig von Mutter Erde und ziehen es vor, diese aufregende Zeit aus der Geistigen Welt zu beobachten. Das erklärt, warum gerade in heutiger Zeit so viele Unglücke mit Todesfolge passieren (Flugzeugabstürze sind oftmals eine Kollektiventscheidung).

Für mich war es anfangs seltsam zu beobachten, dass immer mehr Menschen in meinem Umfeld an Krebs erkrankten. Da ich nebenbei auch noch ein bisschen berufstätig bin, kam ich immer öfter mit Menschen zusammen, die mir ganz offen von ihrer Krankheit erzählten. Es waren eindeutig zu viele, und nur wenige haben es geschafft. Auf meine Frage, was wohl vor sich geht, kam auch prompt die Antwort: Diese Menschen wollen den Übergang nicht mitmachen. Sei es, dass es sie überfordert, sei es, dass sie nichts damit anfangen können, sei es dass sie zu einem späteren Zeitpunkt wieder hier sein wollen, um einfach nur zu genießen, sei es warum auch immer, sie wollen gehen. Das tröstet natürlich ungemein.

Auch haben wir in den letzten Jahren verstärkt Naturkatastrophen hinnehmen müssen. Das hat nichts mit Weltuntergangsvorboten zu tun, sondern damit, dass Mutter Erde sich auf ihre Weise von Alten Energien befreit. Und wer genau hinsieht, wird erkennen, dass sie bemüht ist, so wenigen Menschenleben wie möglich zu schaden. Diejenigen, die dennoch bei solchen Katastrophen sterben, gehören zu denjenigen, die gehen wollten. So hilft Mutter Erde ihnen auf ganz legale Weise, von der Erde zu gehen.

Seht ihr, auch daraus müsst ihr kein Drama machen. Alles ist gut. Jeder von uns ist da, wo er sein möchte. Alle haben die gleichen Chancen, aber jeder von uns hat seinen freien Willen.

Natürlich kannst du sagen, Quantensprung hin, Quantensprung her, meine Sache ist das nicht, niemand wird es dir verübeln. Wirklich niemand. Du darfst entscheiden, wann und wie du diesen Aufstieg vollziehen willst. Die Tatsache, dass er schon geschehen ist, zeigt dir, dass du die Wahl hast. Es gibt keinen Grund, traurig darüber zu sein, weil du ihn verpasst hast. Du kannst nichts verpassen. Du kannst deinen persönlichen Aufstieg dann in Angriff nehmen, wenn du bereit dazu bist. Das Potenzial des Aufstiegs ist geschaffen, und du kannst jederzeit, und wenn es erst nach weiteren fünf Leben der Fall sein wird, deinen persönlichen Aufstieg vollziehen.

Das Datum ist also nicht entscheidend, sondern entscheidend ist, dass von diesem Tag an das Potenzial für alle zu nutzen ist. Ganz egal, wann ihr euch dafür entscheidet. Wie ihr wisst, passiert immer alles gleichzeitig. Und so hat jeder seinen persönlichen Aufstieg schon hinter sich gebracht. Jetzt erfahrt ihr nur noch den Weg dahin. Ganz wie bei eurer Meisterschaft. Ihr habt alles schon erreicht. Ihr seid euch nur noch nicht dessen bewusst.

Der Crimson Circle

Ein Buch über die Neue Energie zu schreiben und den Crimson Circle nicht zu erwähnen erscheint mir einfach nicht stimmig. Auch wenn ich persönlich mit manchen Dingen, die inzwischen aus dem Crimson Circle erwachsen, nicht einverstanden bin, komme ich nicht darum herum, ihn zu erwähnen.

Wer oder was ist der Crimson Circle?

Der Crimson Circle ist ein globales Netz von menschlichen Engeln, die zu den ersten gehören, die sich in die Neue Energie hineinbewegen. Die Wesenheit **Tobias** vom Crimson Circle der Geistigen Welt wird von Geoffrey Hoppe, auch bekannt als „Cauldre", in Golden, Colorado, USA, seit 1999 gechannelt. Die Texte sind für jedermann frei, also kostenlos im Internet zugänglich. In Amerika unter www.crimsoncircle.com und in Deutschland unter www.shouds.de.

Die Geschichte der Wesenheit **Tobias**, die vor langer Zeit auf der Erde weilte, kann auf der Crimson Circle Webseite nachgelesen werden. Sein Leben findet Erwähnung in dem biblischen „Buch Tobit" (aus den Apokryphen). Einmal im Monat findet ein Livechanneling statt, welches im Internet auch live übertragen wird. Wer also Interesse hat, die Wesenheit **Tobias** oder auch andere Wesenheiten wie **Kuthumi** oder **St. Germain** einmal live zu erleben, kann sich einwählen und zuhören oder zusehen.

Die Wesenheit **Tobias** bezeichnet uns menschliche Engel als **Shaumbra**, was so viel bedeutet wie Familie.

Die Familie des Crimson Circles'. Seit 1999 finden diese Channelings statt, und ihr könnt euch vorstellen, wie viel Material inzwischen zusammengekommen ist.

In meinem Fall verhält es sich so, dass ich zwar erst sehr spät vom Crimson Circle erfahren habe, aber trotzdem ab 1999 „geschult" wurde. Immer wieder wachte ich morgens auf und berichtete meinem Mann, dass ich Unglaubliches erfahren hätte! Unglaublich Wichtiges für die Menschheit! „Ja, erzähl doch mal, was war es denn, mein Liebling?" Erwartungsvoll glitzerten mich seine Äuglein an –, und ich brach zusammen. Ich wusste es nicht mehr. Beim besten Willen konnte ich meine Erkenntnisse nicht wiedergeben. Sie waren weg. Einfach so weg. Und das, obwohl ich, wenn ich nachts wach wurde, der festen Überzeugung war, es am nächsten Morgen ganz bestimmt noch zu wissen. Das Einzige, was sich mir eingeprägt hatte, war, dass es soo EINFACH war. Das Leben, unsere Existenz und die Zusammenhänge mit der Geistigen Welt waren EINFACH. So einfach, dass es schon wieder unglaublich erschien. Natürlich tröstete ich mich mit dem Gedanken, dass zum richtigen Zeitpunkt auch die Informationen wieder auftauchen würden, aber dennoch war ich gefrustet. Zu gerne hätte ich alle Informationen auf einmal in mein Bewusstsein geholt.

Zwei Dinge prägten sich mir besonders ein. Einmal diese unglaubliche Einfachheit und zum anderen, dass es auf Grund der Einfachheit zu einem kompletten Umdenken kommen muss. Und schnell erwuchs in mir der Gedanke, dass nichts, aber auch gar nichts, so ist, wie es zu sein scheint. Ja, das traf es am besten.

Und so machte ich mich ab 1999 auf, die Welt mit anderen Augen zu sehen. Immer öfter trat ich aus dem Geschehen heraus und betrachtete mir die Dinge quasi von oben. Damit hatte ich eine ganz andere Sichtweise, die ich global nannte. Selbstredend, dass ich für viele meiner Visionen verlacht wurde, aber das störte mich nicht im Geringsten. Dafür liebten meine Klienten mich für meinen Weitblick.

Als mir 2006 die Texte von **Tobias** in die Hände fielen, traute ich meinen Augen kaum. Dort stand das geschrieben, was ich in meinen nächtlichen Schulungen erfahren hatte. Auch standen dort viele Dinge nachzulesen, die ich schon seit Jahren vertrat. So ist dieses Buch keine Zusammenfassung aus den mittlerweile acht Serien des Crimson Circles (die neunte hat gerade angefangen), die jeweils aus ca. 400 Seiten bestehen, sondern eine Zusammenfassung meiner inneren Wahrheit, die zufällig mit den Texten übereinstimmt. Obwohl, so zufällig nun auch wieder nicht. Die Wahrheit IST. Und so ist es nun einmal leider auch wahr, dass mittlerweile vieles von **Tobias'** wunderbaren Botschaften recht merkwürdig ausgelegt wird.

Tobias erinnert uns immer wieder daran, dass wir Schöpfer sind und JEDER von uns Lehrer für andere ist, und ermuntert uns, kreativ zu sein. Und genau das wird von einigen missverstanden. So kann man heutzutage an teuren Seminaren teilnehmen, um sich danach „*Qualifizierter Lehrer der Neuen Energie*" nennen zu dürfen.

Was ein totaler Widerspruch zu **Tobias'** Lehren ist! Auch wird der Shaumbra Markt überschwemmt von all den plötzlich erwachenden *Künstlern*, die ihre Kreationen ebenfalls für viel Geld anpreisen. Nebenbei bemerkt, jedes Kindergartenkind bringt bessere Bilder hervor. Und jedes Kind kann oftmals besser singen oder sogar schöneren Schmuck herstellen. All das hat nichts mit Kreativität zu tun, sondern mit Geldverdienen.

Shaumbra ist also mittlerweile zu einem Markt geworden. Das zeigt mir, dass die Lehren von **Tobias** von einigen noch nicht wirklich mit dem Herzen verstanden wurden, was aber nicht weiter tragisch ist. Alles hat seine Berechtigung. Und ich erwähne dies nur, damit ihr seht, dass die Alte Energie immer noch vorhanden ist. Es bleibt tatsächlich jedem freigestellt, in welchen Topf er greifen möchte. Und das ist das Tröstliche an der Neuen Energie. Sie ist da, sie steht jedem zur Verfügung, aber sie muss nicht angenommen werden.

Dein Wille geschehe. Du bist der MEISTER!

Trotzdem rate ich jedem, der bereit ist, sich mit den Texten von **Tobias** auseinanderzusetzen, bitte auch am Anfang der Serien einzusteigen, also im Jahr 1999.

Auch wenn viele von uns zum Crimson Circle gehören, so macht es wenig Sinn, sich in der Mitte oder gar in die aktuellen Serien einzuklinken. Was nützt dir das schönste Auto, wenn du keinen Führerschein besitzt? Auch wenn du in deinem Herzen zur Familie des Crimson Circles gehörst, muss dein Bewusstsein langsam an diese Energie herangeführt werden. Sie will nämlich auch verstanden werden. Es nützt dir nicht viel, wenn du vom Herzen her weißt, was für ein wunderbares Wesen du bist und was für grandiose Fähigkeiten du hast. In diesem Fall solltest du es WISSEN. Also verstehen.

Und somit hat unser menschlicher Verstand seine Daseinsberechtigung wieder.

And so it is.

(Tobias Abschlusssatz nach jedem Channeling)

Nachwort

Manches mag sich in diesem Buch befremdlich anhören, und sicherlich fragt sich der eine oder andere, wie unsere Welt ohne Gesetzte, Politiker und Religionen funktionieren soll. Nun, das weiß ich auch nicht. Das Einzige, was ich weiß ist, dass es nur eine logische Schlussfolgerung unserer Entwicklung ist.

Wir haben uns vom reinen Menschsein erhoben, sind aus unserem Dornröschenschlaf erwacht und bewegen uns nun in Richtung Heimat. Nicht anders ist die Neue Energie zu verstehen. Sie ist ein Tanz auf dem Regenbogen und birgt unendlich viele Potenziale.

Wir dürfen aufhören, uns selbst immer wieder zu beschränken und einzugrenzen. Wir dürfen uns nun buchstäblich erweitern und ausdehnen. Wir erkennen alle früher oder später, dass jeder von uns Auch-GOTT ist. Und allein dieser Erkenntnis werden wir es eines Tages zu verdanken haben, dass alle diejenigen, die uns Engelwesen dominieren oder gängeln wollen, zur aussterbenden Rasse gehören.

Wir alle sind Auch-GOTT. Somit brauchen wir niemanden mehr, der uns Vorschriften machen will. Wir wissen nämlich alle aus uns selbst heraus, wie wir uns in Zukunft verhalten sollten. GOTT in uns wird es uns sagen. So einfach ist das.

Sicherlich wird niemandem verborgen geblieben sein, dass gerade die Religionen dieser Welt bei mir keinen Fuß in die Tür setzen können. Allen voran die katholische Kirche. Ehrlich gesagt, verstehe ich von den anderen Religionen einfach zu wenig, außer dass auch sie die ursprünglichen Botschaften entweder falsch auslegt oder falsch wiedergeben haben. Fakt aber bleibt, dass sie, egal, welche Religion, einfach zu viel Unglück über die Menschen gebracht haben. Nämlich, indem sie mit Gewalt versucht haben, Menschen zu zwingen, an etwas zu glauben und ihnen immer wieder einhämmerten, wie sie GOTT-gefällig zu leben hätten und sie damit teilweise komplett von der Wahrheit und vom Leben abgeschnitten haben.

Jeder, der versucht, anderen seinen Willen aufzuzwingen oder seine Meinung notfalls mit Gewalt einzutrichtern, handelt in meinen Augen verbrecherisch. Nun, und dazu gehören nun mal auch die Religions- oder auch Sektenführer. Außerdem mache ich einen erheblichen Unterschied zwischen der Kirche und den Lehren großer Meister. Egal, ob Jesus, Mohammed, Manitu oder Buddha, um nur einige zu nennen, sie alle waren großartige Meister. Meister des Lichts nämlich. Und alle waren bemüht, den Menschen das Licht zu bringen. Ihre Lehren sind für mich tatsächlich Heilslehren, nicht aber das, was die Kirchen später daraus gemacht haben.

Das ist allein meine Meinung und meine Wahrheit, und ich erhebe nicht den Anspruch, sie verteidigen zu müssen, oder gar, dass sie Anhänger finden soll. Ihr seid die Meister!!!

Jedem von euch steht es selbstverständlich frei, über mein Buch oder meine Meinung zu machen Dingen zu denken, was er will. Vielleicht legt ihr es sogar enttäuscht

276

weg und sagt: „Was für ein Käse – und dafür habe ich Geld ausgegeben?"

Ich wette mit euch, Jahre später werdet ihr mich wieder aus dem Schrank holen.

Vielleicht habe ich euch aber auch zum Nachdenken angeregt oder neugierig gemacht.

Und sicherlich gibt es viele unter euch, die auf all ihre unbewussten Fragen in diesem Buch Antworten oder auch Bestätigung für das finden, was sie schon wussten.

Alles ist möglich, und alles ist gut.

So einfach ist das.

Ich jedenfalls danke euch für euer Vertrauen.

Herzlichst,
Hanne Reinhardt

Hanne Reinhardt
Wunderwerk Mensch
Engel des Lichts
256 Seiten, A5, broschiert
ISBN 978-3-938489-42-0

Wer oder was ist der Mensch?
Sind wir wirklich nur auf der Welt, um zu arbeiten, zu essen, zu streiten oder zu lieben? Oder verbirgt sich hinter der Fassade Mensch etwas so Großartiges, dass es uns den Atem verschlägt, wenn wir es erfahren? Die Autorin, selbst ein Channelmedium der Geistigen Welt, vermittelt behutsam eine völlig neue Sichtweise des Menschseins mit all seinen Aspekten und zeigt auf, dass alles, auch der Mensch, reine Energie ist. Zahlreiche neue Sichtweisen und Hilfen werden angeboten, wie man sich die Energien zunutze machen kann. Ebenso werden die Gesetzmäßigkeiten zwischen Himmel und Erde ausführlich erklärt. Am Ende wird allen eine ungemein tröstliche Botschaft zuteil.

Anjana Gill
SOS – Rette deine Seele
… denn du bist so viel mehr!
240 Seiten, A5, gebunden, 4-farbig, mit Lesebändchen
ISBN 978-3-938489-68-0

In diesem Buch geht es um dich!
Wirst auch du von den Erwartungen und festgelegten Strukturen der Gesellschaft gelenkt? Lebst du das selbst bestimmte Leben, das du haben könntest und das dein Geburtsrecht ist? Nein? Dann geht es dir wie den meisten Menschen.
Lass dich von deiner Seele an die Hand nehmen. Sie zeigt, dir, was für dich richtig ist, und führt dich liebevoll auf deinen persönlichen Königsweg. Dieser Weg beendet die Gefangenschaft in der oberflächlichen Welt und führt dich zu den Tiefen deines Selbst. Beginne zu entdecken, wer du wirklich bist – ein strahlender Diamant –, denn in dir steckt so viel mehr…

Ulrike Passern
Harmonie statt Angst
336 Seiten, A5, gebunden, mit Lesebändchen,
ISBN 978-3-938489-70-3

Erzengel Emanuel erklärt aus Sicht der Geistigen Welt, wie und wodurch Ängste entstehen und welchen Einfluss sie auf den Körper ausüben können. Anhand dieser Erklärungen wird verständlich, wie wir unsere Ängste erkennen und auflösen können, damit wieder Lebensfreude in unseren Alltag einkehren kann. Ein wichtiges Kapitel widmet die Autorin dem Thema physische Krankheiten, die durch Ängste entstehen, damit die Ursache bewusst gemacht sowie be- und verarbeitet werden kann. So werden die Selbstheilungskräfte im Körper geweckt und ein weiterer Schritt in ein „neues" Leben voller Harmonie getan.
Mit einem völlig neuen Ansatz zur Raucherentwöhnung.

Kerstin Simoné
Thoth – Die Offenbarungen
Band I
344 Seiten, A5, gebunden, mit Lesebändchen
ISBN 978-3-938489-67-3

Wie können wir mit unserem Körper und unserer Seele kommunizieren und Heilung auf allen Ebenen des materiellen Seins erreichen? Was geschieht derzeit innerhalb unserer Galaxie, und welche Auswirkungen haben diese Ereignisse für die Menschheit? Wie weit ist all dies mit für den Klimawandel verantwortlich? Woher kommt jener mächtige kosmische Informationsstrahl der Liebe, und welche Möglichkeiten haben wir jetzt, ein Teil jener Phase der Neuausrichtung zu werden? Öffnen Sie Ihr Herz, tauchen Sie ein in die Sphären von Thoth und erleben Sie eine vollkommene Neuausrichtung Ihres Geistes. Diese und noch viele weitere interessante Themen führen Sie immer tiefer in die Sphären der Heilung Ihres Selbst sowie der Neuprogrammierung des Geistes.

Jahn J Kassl
Licht – Heilung durch Gott
136 Seiten, A 5, gebunden, mit Leseband
ISBN 978-3-938489-66-6

Wie befreien wir uns von destruktiven Gefühlen und Vorstellungen, die uns auf dem Weg ins Licht blockieren und unseren Alltag erschweren? Wie können wir Emotionen wie Neid, Zorn, Hass, Eifersucht, Gier, Trauer und Ängste endgültig aus unserem Alltag verbannen? Es ist SEIN Licht, das wirkt – das Licht aus der göttlichen Quelle allen Seins! Wir erkennen die Strukturen dieser lähmenden Seinszustände und können sie auflösen – im Ozean der Liebe. Als Hilfe schickt Gott uns eine Anrufung, die uns den Weg zu ihm ebnet, und so ist es möglich, persönlich und klar mit IHM zu kommunizieren. JETZT kann jeder direkt mit Gott in Verbindung treten, und durch SEINE Allgegenwart ist Heilung in einem noch nie vorhandenen Ausmaß möglich.

Margit Steiner
Lady Nada - Aktivierung der inneren Heilkraft
Rituale für den Alltag
104 Seiten, A5, gebunden, mit Lesebändchen
ISBN 978-3-938489-71-0

Lady Nada, Meisterin der Lebensfreude und Hingabe, hilft uns, unsere tiefe, innere Weiblichkeit zu erkennen und zu unserer inneren Urkraft zu gelangen, damit das Bild der inneren, heilen Frau, die wir gerne sein möchten, Teil unserer Persönlichkeit werden kann. Durch die Verankerung dieses vollkommenen Wesens tief in unserem Herzen legen wir den Grundstein zu einem glücklichen und erfüllten Leben. Einfache Rituale (auch für Kinder), Meditationen und Übungen, die die Autorin alle selbst im Alltag ausprobiert hat, helfen uns, mit Leichtigkeit aus den Mustern und Erfahrungen unserer Vergangenheit auszusteigen.

Josch van Veen
Affirmationen des Herzens
Kartenset mit 49 Herzkarten
ISBN 978-3-938489-64-2

Dieses Kartenset beleuchtet die drei Aspekte Sein, Körper und Miteinander eines jeden Menschen und ist wie ein Tarot zu verwenden. Jeweils sieben Kartenpaare aus den drei genannten Aspekten stehen in Wechselwirkung zueinander und regen dazu an, die eigene Ausrichtung zu überprüfen und gegebenenfalls zu verändern. Hinzu kommen sieben weitere Herzkarten mit blanko Schreibfeldern, die mit eigenen Affirmationen beschrieben werden können – ein liebevolles Geschenk für sich selbst und/oder andere. Der Umgang mit den Affirmationen des Herzens verändert zuerst uns selbst liebevoll und dann unsere Begegnung mit anderen, denn diese Karten öffnen das Herz und lassen uns das Göttliche im anderen erkennen.
Set mit insgesamt 49 liebevoll gestalteten Herzkarten.

Hanne Reinhardt
Wenn der Mond die Sonne berührt
64 Seiten, Großformat, vierfarbig, gebunden
mit wunderschönen vierfarbigen Illustrationen
ISBN 978-3-938489-34-5

Dieses ist die Geschichte von zwei ungewöhnlichen Schwestern, die auf wundersame Weise mit dem Schicksal von Sonne und Mond verbunden sind. Beide sind mit außersinnlichen Fähigkeiten gesegnet. Eines Nachts erhalten sie Besuch von der Elfenkönigin, die sie behutsam auf ihre Zukunft vorbereitet. Schließlich trennen sich ihre Wege, und jede der Schwestern findet ihre Bestimmung. Da jedoch die Sehnsucht nach einem Wiedersehen immer größer wird, findet der Hohe Priester der Sonne einen Weg, sie nach Jahren der Trennung wieder zusammenzuführen. Und so dürfen sich die beiden wieder in den Armen liegen. Wenn dieses geschieht, hält die Welt den Atem an ...
Aber warum das so ist – das ist das Geheimnis dieses zauberhaften Märchens.

Hanne Reinhardt
Eine himmlische Geschichte
56 Seiten, Großformat, gebunden
mit wunderschönen vierfarbigen Illustrationen
ISBN 978-3-938489-56-7

Mia lebt zusammen mit anderen Bewohnern im Himmel und hat gerade ihren besten Freund Tobi „verloren". Tobi hatte sich (wie viele Seelen) dazu entschlossen, auf die Erde und in einem menschlichen Körper wiedergeboren zu werden, und daher fühlt sich Mia einsam. Und so dauert es nicht lange, bis auch Mia sich dazu entschließt, Tobi zur Erde zu folgen. Zahlreiche Vorbereitungen müssen getroffen werden, und gemeinsam mit ihrem persönlichen Schutzengel Raphaelo verbringt sie viele Stunden und lernt dabei alles, was sie später als Mensch wissen muss.